中传学者文库编委会

主　任： 廖祥忠　张树庭
副主任： 蔺海波　李　众　刘守训　李新军　王　晖
　　　　　杨　懿　柴剑平

成　员（按姓氏笔画排序）：

王廷信　王栋晗　王晓红　王　雷　文春英
龙小农　付　龙　叶　龙　刘东建　刘剑波
任孟山　李怀亮　李　舒　张绍华　张　晶
张根兴　张毓强　林卫国　郑　月　金　炜
金雪涛　周建新　庞　亮　赵新利　徐红梅
贾秀清　高晓虹　隋　岩　喻　梅　熊澄宇

中传学者文库

主编／柴剑平　执行主编／龙小农　副主编／张毓强　周建新

拓扑传播与传媒经济基础

昝廷全自选集

昝廷全　著

中国传媒大学出版社
·北京·

图书在版编目（CIP）数据

拓扑传播与传媒经济基础：昝廷全自选集 / 昝廷全著. -- 北京：中国传媒大学出版社，2024.8.

（中传学者文库 / 柴剑平主编）.

ISBN 978-7-5657-3735-0

Ⅰ.G206.2-05

中国国家版本馆 CIP 数据核字第 2024Q6S455 号

拓扑传播与传媒经济基础：昝廷全自选集
TUOPU CHUANBO YU CHUANMEI JINGJI JICHU: ZAN TINGQUAN ZIXUANJI

著　　者	昝廷全
责任编辑	于水莲
封面设计	锋尚设计
责任印制	李志鹏
出版发行	中国传媒大学出版社
社　　址	北京市朝阳区定福庄东街 1 号　　邮　编　100024
电　　话	86-10-65450528　65450532　　传　真　65779405
网　　址	http://cucp.cuc.edu.cn
经　　销	全国新华书店
印　　刷	北京中科印刷有限公司
开　　本	710mm×1000mm　1/16
印　　张	14.25
字　　数	220 千字
版　　次	2024 年 8 月第 1 版
印　　次	2024 年 8 月第 1 次印刷
书　　号	ISBN 978-7-5657-3735-0/G·3735　　定　价　73.00 元

本社法律顾问：北京嘉润律师事务所　郭建平

总　序

媒介是人类社会交流和传播的基本工具。从口语时代到印刷时代，再经电子时代至今天的数智时代，媒介形态加速演变、融合程度深入发展，媒介已然成为现代社会运行的基础设施和操作系统。今天，人类已经迈入媒介社会，万物皆媒、人人皆媒，无媒介不社会、无传播不治理。今天，无论我们怎么用力于信息传播的研究、怎么重视信息传播人才的培养都不为过。

中国传媒大学（其前身为北京广播学院）作为新中国第一所信息传播类院校，自1954年创建伊始，即与媒介形态演变合律同拍、与国家发展同频共振，努力探索中国特色信息传播人才培养模式、构建中国信息传播类学科自主知识体系，执信息传播人才培养之牛耳、发信息传播研究之先声，被誉为"中国广播电视及传媒人才摇篮""信息传播领域知名学府"。

追溯中传肇始发轫之起源、瞩望中传砥砺跨越之未来，可谓创业维艰而其命维新。昔日中传因广播而起，因电视而兴，因网络而盛，今天和未来必乘风破浪、蓄势而上，因人工智能而强。在这期间，每一种媒介兴起，中传均吸引一批志于学、问于道、勤于术的

学者汇聚于此，切磋学术、传道授业，立时代之潮头，回应社会需求，成为学界翘楚、行业中坚，遂有今日中传学术研究之森然气象，已历七秩而弦歌不断，将传百世亦风华正茂。

自新时代以来，中传坚守为党育人、为国育才初心，励精图治、勠力前行，秉承"系统治理、创新图强、交叉融合、特色发展"的办学理念，牢牢把握高等教育发展大势、传媒业态发展趋势，瞄准"智能传媒"和"国际一流"两大主攻方向，以世界为坐标、以未来为向度，完成了全面布局和系统升级，正在蹄疾步稳、高质量推动学校从传统高等教育向未来高等教育跨越、从传统传媒教育向智能传媒教育跨越、从国内一流向世界一流跨越，全力建设中国特色、世界一流传媒大学。

中国特色、世界一流，在于有大先生扎根中国大地，汇聚古今、融通中外；在于有大先生执教黉门，学高为师、身正为范；在于有大先生躬耕杏坛，敦品积学、启智润心。习近平总书记更强调，高校教师要立志成为大先生，在教书育人和科研创新上不断创造新业绩。中传广大教师素来以做大先生为毕生职志，努力成为新时代"经师"与"人师"的统一者，做真学问、立高品行，践履"立德树人"使命。

2024岁在甲辰，欣逢中传建校70华诞，学校特邀约部分学者钩玄勒要、增删批阅，遴选已公开刊发的论文汇编成集，出版"中传学者文库"，意在呈现学校在学科建设、科学研究、服务行业实践等方面的最新成果，赓续中传文脉，谱写时代新声。

文库汇聚老中青三代学者，资深学者渊渟岳峙、阐幽抉微；中年学者沉潜蓄势、厚积薄发；青年学者踌躇满志、未来可期。文库与五十周年校庆所出版的"北广学者文库"相承接，大致可勾勒中传知识生产薪火相传、三代辉映之概貌，反映中传在构建中国特色新闻传播类、传媒艺术类、传媒技术类学科体系、学术体系和话语体系方面的耕耘与收获，窥见中国特色信息传播类学科知识体系构建的发展脉络与轨迹。

这一构建过程，虽筚路蓝缕，却步履铿锵；虽垦荒拓野，亦四方辐辏。一批肇始于中传，交叉融合、具有中国特色的学科，如播音主持艺术学、广播电视艺术学、传媒艺术学、数字媒体艺术学、政治传播学等，从涓涓细流汇入滔滔江河，从中传走向全国，展现了中传学者构建中国自主知识体系的学术想象力和创新力。文库展示的虽然是历史，实则是呈现今天；看似是总结过去，实则是召唤未来。与其说这套文库的出版，是对既有学术成果的展示，毋宁说是对未来学术创新的邀约。

回首过往，七秩芳华。我们深知，唯有将马克思主义基本原理与中华优秀传统文化相结合，才能推动中华学术创造性转化和创新性发展，推动中国自主知识体系的构建。我们深知，唯有准确把握媒介形态演变的脉动、深刻认知媒介形态变革所产生的影响，才能推动中国信息传播类学科自主知识体系的构建与时俱进。

展望未来，星辰大海。我们深知，以人工智能为代表的产业和科技革命正迅疾而来，媒介生态正在加速重构，教育形态正在全面重塑，大学之使命与价值正在被重新定义；我们深知，唯有"胸怀国之大者"、面向世界科技前沿、面向经济主战场、面向国家重大需求，才能确保中传始终屹立于中国乃至世界传媒教育发展之潮头。

如何应对人工智能带来的深刻变革，对中传而言是一场要么"冲顶"、要么"灭顶"的"兴亡之战"。我们坚信，不管前方是雄关漫道，还是荆棘满途，唯有勇敢直面"教育强国，中传何为？"这一核

心命题，奋力书写"智能传媒教育，中传师生有为！"的精彩答卷，才能化危为机，奋力开创人工智能时代中传智能传媒教育新纪元。

功不唐捐，芳华七秩；风帆正举，赓续创新。

是为序。

第十四届全国政协委员，中国传媒大学党委书记、教授、博士生导师

前　言

　　根据2024年1月22日中国学位与研究生教育学会官网发布的《研究生教育与学科专业简介及其学位基本要求（试行版）》，广告与传媒经济被正式列为新闻传播学下的独立二级学科。从某种意义上来讲，这是对传媒经济学的一种"追认"。实际上，中国传媒大学早在2022年就在新闻传播学下以"传媒经济学"名义招收博士生和硕士生，而且可能是全国最早以"传媒经济学"名义招收研究生的大学。

　　直到现在，我还清晰地记得，当时我是媒体管理学院院长，在新闻传播学下自主增列"传媒经济学"的申请材料由我负责，我校是全国第一个以"传媒经济学"名称招收博士生的单位。现在社会上，有个别专家或单位试图把他们说成是传媒经济学的第一，这是不符合历史事实的。在中国传媒大学成立70周年的历史时刻，把这个"历史事实"记录下来，也许正好符合校庆的本意和精神。

　　我一直坦诚，我的主业是系统经济学，从事传播和传媒经济研究对我来说，属于"未曾设计的呈现"。但是，由于传媒大学是以传媒为特色的专业性综合大学，当时我又担任媒体管理学院院长，所以不得不带头熟悉传媒、研究传媒。也许是天道酬勤，这种"人在江湖，身不由己"的无奈选择，竟然为学校赢得了"传媒经济学"的全国第一，开拓了"拓扑传播学"这一崭新的传播学研究方向。

知网根据我以往发表的文章，把我的研究工作归结为三个方向：一是经济理论与经济思想史，二是新闻与传媒（经济），三是非线性科学与系统科学。由此可见，时至今日，传媒经济学也已经成为我学术生涯的"构造性元素"。

我的学科背景，决定了我切入传播与传媒经济研究的便利入口和途径只能是哲理与数理，这与具有新闻传播学背景和传媒一线工作经历的学者有很大的不同。我曾经把经济学研究划分为哲理、数理与技理三个基本层次。类似地，传媒经济研究一样存在同构的三个层次：哲理、数理与技理。我本人有关传媒经济的工作主要集中在哲理与数理两个层次，属于传媒经济基础研究的范畴，这也是将本书取名为《拓扑传播与传媒经济基础》的根本原因。

昝廷全

目 录

拓扑传播学初探 ··· 001
论传播的分类及其数学模型 ··· 017
论传媒与传媒经济系统
　——兼谈传媒经济学的研究对象及方法 ······························ 025
论传媒经济学与系统经济学之间的关系 ·································· 031
传媒经济学研究的历史、现状与对策 ····································· 042
诺贝尔经济学奖获得者与传媒经济研究 ·································· 053
制度边界的类型与意义 ·· 060
传媒价值定律的实证研究 ·· 066
传播有效性原理的粗传递模型 ·· 078
手机"碎片时间"价值的"长尾理论"分析 ································· 087
一种基于粗交流的博弈分类方法 ··· 094
信息粗传递及其传播学意义 ··· 097
文化折扣与文化增值的本质及其数学模型 ······························· 104
信息自组织：价格形成的传播机制与模型 ······························· 111
智能传播系统模型及其经济学意义 ·· 127
元宇宙经济的基本哲理框架 ··· 143
元宇宙经济研究：数理与应用理法 ·· 157
系统营销的三个基本原理 ·· 171

临界战略初探 ……………………………………………………………… 175

层级战略 …………………………………………………………………… 180

制度的拓扑模型 …………………………………………………………… 186

关于系统经济学研究的若干问题 ………………………………………… 191

复杂系统的泛系聚类方法 ………………………………………………… 203

经济学研究的三个基本层次：哲理、数理与技理
　　——兼论经济学家的标准与分类 …………………………………… 212

拓扑传播学初探*

一、信息传播渠道

根据申农（Shannon）的信息传播模型[①]，信息发送者、信息接收者和信息传播渠道是信息传播的三大基本要素，我们首先从定义信息传播渠道开始我们的讨论。

定义 1（信息传播渠道） 设 X 是由信息发送者和接收者构成的拓扑空间，a 为信息的发送者，b 为信息的接收者，如果存在一个连续的映射：$\sigma: I \to X$，满足 $\sigma(0) = a, \sigma(1) = b$，则称 σ 为从 a 到 b 的一个传播渠道，这里 $I = [0,1]$。

设 $\sigma: I \to X$，是 X 中从信息发送者 a 到接收者 b 的一个传播渠道，则由 $\bar{\sigma} = \sigma(1-t)$，$t \in I$，定义的 σ 的逆道。$\bar{\sigma}: I \to X$ 是指 X 中从信息接收者 b 到信息传播者 a 的信息反馈渠道。根据传播渠道的这种对称性，我们称 σ 为连接信息发送者 a 和信息接收者 b 的一个信息传播渠道，而无须指明 a 和 b 哪一个是信息的发送者和信息的接收者（见图 1）。

应当着重指出的是，上面定义的信息传播渠道是一个映射，而不是映射的像 $f(I)$。例如，根据信息传播渠道的定义，由 $\sigma(t) = t$，$t \in I$ 确定的映射 $\sigma: I \to R_1$ 和由 $\Gamma(t) = t^2$ 所确定的映射 $\sigma: I \to R_1$ 都是连接 0 和 1 的信息传

---

* 本文原载于《中国传媒大学学报（自然科学版）》2006 年第 1 期，收入本书时略有删改。

① SHANNON C, WEAVER W. The mathematical theory of communication [M]. Urbana: University of Illinois Press, 1949.

播渠道，但它们是两个不同的映射，因而是 0 和 1 之间的两个不同的信息传播渠道。但如果只看映射像，显然有 σ（X）= Γ（I）= $\bar{\sigma}$（I）。

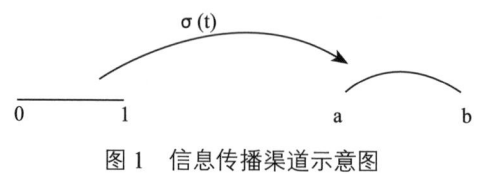

图 1　信息传播渠道示意图

二、信息传播渠道的同伦

从数学上讲，上节中定义的信息传播渠道是指定义在闭区间 I =[0，1] 上的一个连续映射。现在我们考虑更为一般的情况，即信息传播渠道的同伦问题。

为了研究信息传播渠道的同伦问题，我们要拓宽研究范围，考虑一般的连续映射情况。设 X 和 Y 分别是由信息发送者和信息接收者组成的拓扑空间，$f, g : X \to Y$ 是从 X 到 Y 的两个连续映射或者两个信息传播渠道。我们先来分析一下 f 连续地形变为 g 是什么意思。直观上，f 连续地形变为 g 可以看成有一组以 t ∈ [0,1] 为参数的连续映射（信息传播渠道）$\{f_t : X \to Y : t \in [0,1]\}$ 使得 $f_0 = f, f_1 = g$。这里要求当 t 在区间 I 上连续变动时，f_t 以一种连续的方式变动。也就是说，f_t（x）同时连续地依赖于 t ∈ I 和 x ∈ X。所以，如果存在一个连续映射 F：X×I→Y 使得 F（t，x）= f_t（X），t ∈ I，x ∈ X 的话，F 的连续性可描述信息传播渠道的连续形变 f_t。

定义 2（信息传播渠道的同伦）　设 X 和 Y 分别是由信息发送者和信息接收者组成的拓扑空间，$g_0, g_1 : X \to Y$ 是连续映射，为两条不同的信息传播渠道。如果存在连续映射 F：X×I→Y 使得对所有 x ∈ X 成立，F（x，0）= g_0（x），F（x，1）= g_1（x），我们就说信息传播渠道 g_0 同伦于信息传播渠道 g_1，记作 F：$g_0 \cong g_1$：X→Y，或简记为 F：$g_0 \cong g_1$。这时，我们称 F 为从信息传播渠道 g_0 到 g_1 的一个同伦或伦移（见图 2）。

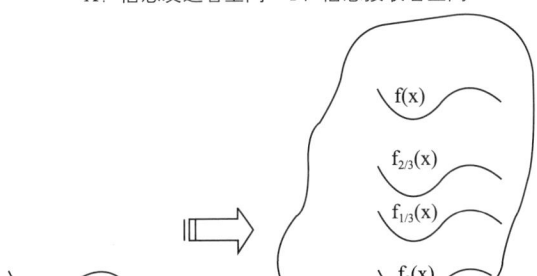

图 2 渠道同伦示意图

定理 1 设 X 和 Y 分别是信息发送者和信息接收者构成的两个拓扑空间，M（X,Y）是从 X 到 Y 的所有信息传播渠道的集合，则在集合 M（X,Y）中，同伦关系是一种等价关系。

证明： 为证渠道同伦关系是一种等价关系，就要证同伦关系满足自反性、对称性和传递性。

（1）根据信息传播渠道同伦的定义，设 f，g：X→Y 是两个连续的映射，则存在连续映射 F（x，t）：X×I→Y，满足 F（x，0）= f，F（x，1）= g。

令 F（x，t）= $f(x)$，x∈X，t∈I，显然满足 F（x，0）= f，F（x，t）= f，即 F：$f \simeq f$：X×I→Y。也就是说，渠道同伦关系是自反的。

（2）设渠道 f 与 g 同伦，即 $f \simeq g$：X→Y，则有 F：X×I→Y 使得 F：$f \simeq g$：X→Y，定义 F：X×I→Y 为 F(x,t) = F(x, 1−t)，x∈X，t∈I，就知 F：$g \simeq f$：X→Y。渠道同伦关系是对称的。

（3）设渠道 f 与 g 同伦，g 与 h 同伦，即 $f \simeq g$：X→Y，$g \simeq h$：X→Y，则有 F：X×I→Y 和 G：X×I→Y 使得 F：$f \simeq g$：X→Y 和 G：$g \simeq f$：X→Y。定义 H：X×I→Y 为

$$H(x, t) = \begin{cases} F(x, 2t) & (x \in X, 0 \leq t \leq 1/2) \\ G(x, 2t-1) & (x \in X, 1/2 \leq t \leq 1) \end{cases}$$

由粘接定理，H 为连续映射，并且对所有的 x ∈ X

$H(x, 0) = F(x, 0) = f(x)$

$H(x, 1) = G(x, 1) = h(x)$

由此 $H: f \simeq g: X \to Y$。因此，渠道同伦关系是传递的。所以，渠道同伦关系是等价关系。证毕。

渠道的同伦关系是一种等价关系，这一结论具有重要的传播学价值。据此，我们可以把从 X 到 Y 的渠道集合分成许多等价类，把每个等价类称为一个渠道同伦类。在只有单一信息发送者 a 和信息接收者 b 的情况下，这一结论的含义才是我们可以把 a 与 b 之间的所有信息传播渠道分成若干渠道等价类。属于同一等价类的渠道具有相同的传播特点，从传播学意义上讲，可以认为它们是没有区别的。属于不同等价类的渠道具有不同的特点，因此，必须区别对待。

现在，我们来讨论渠道的乘积和复合，我们首先给出渠道乘积的定义。

定义 3（渠道乘积） 设 $\alpha, \beta: I \to X$ 是 X 中的两条信息传播渠道，符号 $\alpha(1) = \beta(0)$，

$$\text{定义 } \alpha * \beta(t) = \begin{cases} \alpha(2t) & t \in [0, \frac{1}{2}] \\ \beta(2t-1) & t \in [\frac{1}{2}, 1] \end{cases}$$

根据粘接定理，$\alpha * \beta$ 是 X 中的一条信息传播渠道。我们称 $\alpha * \beta$ 为渠道 α 与渠道 β 的乘积。

由上面的定义不难看出，渠道乘积相当于把两个渠道首尾相接地串联起来，前一半时间用两倍的速度走完渠道 α，后一半时间用两倍的速度走完渠道 β。因此，只有当 $\alpha(1) = \beta(0)$ 时渠道乘积才有意义。其传播学的直观含义就是信息的接力棒式的传播。

关于渠道复合，我们有如下一般性定理。

定理 2 设 $f_0 \simeq f_1: X \to Y$，$g_0 \simeq g_1: Y \to Z$，则 $g_0 \circ f_0 \simeq g_1 \circ f_1: X \to Z$。

证明： 设 $F: f_0 \simeq f_1: X \to Y$，$G: g_0 \simeq g_1: Y \to Z$，$H: X \times I \to Z$

我们定义

$H(x, t) = G(F(x, t), t), x \in X, t \in I$

则有：

H(x, 0) = G(F(x, 0), 0) = $g_0(f_0(x))$ = $g_0 \circ f_0$

H(x, 1) = G(F(x, 1), 0) = $g_1(f_1(x))$ = $g_1 \circ f_0$

所以，H：$g_0 \circ f_0 \cong g_1 \circ f_1$。证毕。

这个定理使我们在处理渠道复合时，可以将若干因子渠道换成与之同伦的渠道，其结果仍与原来的渠道复合同伦的渠道复合。

三、传播空间与舆论的形成

前面我们讨论了渠道之间的同伦关系，它首先取决于所讨论的连续映射，同时还先决地受到赖以建立渠道的传播空间的制约。这里的传播空间是指以信息接收者集合为基础所构成的拓扑空间。

如果传播空间 Y 是单点空间或欧氏空间的凸集，则从任意拓扑空间 X 到传播空间 Y 的任意两条渠道都是同伦的。也就是说，设 V 是 n 维欧氏空间 R^n 中的一个凸集，设 X 是一个拓扑空间（信息发送者空间），f_0, f_1：X→V 是从 X 到 V 的信息两条渠道，我们都有渠道 f_0 同伦于渠道 f_1，即 $f_0 \cong f_1$：X→V。事实上，对每一点 x∈X，连结 $f_0(x)$ 和 $f_1(x)$ 的直线段整个位于 V 内。对于每一点 x∈X，让 $f_0(x)$ 沿着上述直线段匀速地滑到 $f_1(x)$，整体上我们就得到一个从渠道 f_0 到渠道 f_1 的同伦。具体说来，我们可以定义映射 F：X×I→V 为 F(x, t) = (1−t)$f_0(x)$ + t$f_1(x)$，x∈X，t∈I。显然，F 是连续的，并且有 F(x, 0) = $f_0(x)$，F(x, 1) = $f_1(x)$，x∈X。所以渠道 f_0 与渠道 f_1 同伦，即 F：$f_0 \cong f_1$：X→V。

下面，我们较为详细地讨论一下传播空间的一些特点与舆论形成机制问题。

定义 4 设 X 和 Y 是两个不同的传播拓扑空间。若存在连续映射，f：X→Y 和 g：Y→X，满足 g$\circ f$ = I_x：X→X 和 $f\circ$g = I_y：Y→Y，我们就说传播空间 X 和 Y 具有相同的伦型，记为 f：X $\cong$ Y。这时称 f 为从传播空间 X 到传播空间 Y 的一个同伦等价，同时称 g 为 f 的同伦逆。

与证明渠道同伦关系是一种等价关系相类似,传播拓扑空间之间的同伦关系也是一种等价关系。据此,我们可以根据传播空间的伦型对不同的传播空间进行分类。伦型相同的传播空间所具有的性质被称为伦型不变性。传播空间的伦型不变性是传播学所要研究的具有共性的问题。与此同时,伦型不同的传播空间各具特点,我们必须分类对待。认识到这一点,对我们加深对信息传播过程和信息传递规律的认识具有重要的帮助作用。一般认为,在传播空间中,当持某种观点的成员数 n 大于某个临界值 n = N 时,即认为舆论形成,这是"相对舆论"的定义。本文采用"绝对舆论"的定义,"绝对舆论"是指传播空间中的所有成员都持有相同的观点。在以下的讨论中,我们用传播空间 X 的成员 x 代表 x 的观点。

定义 5 设 X 是一个传播空间,x^0 是 X 中的任一点。若 X 上的恒同映射 $I_x : X \to X$ 同伦于把 X 的每一点都送到 x^0 的常值映射 $e_{x_0} : X \to X$,我们就说传播空间 X 是可形成舆论的,或者说传播空间 X 是可压缩的。

下述定理给出了形成舆论的充分必要条件。

定理 3 传播空间 X 可形成舆论的充要条件是,传播空间 X 与单点空间具有相同的伦型。

证明: 先证必要性。(1)设传播空间 X 可形成舆论,即有 $x^0 \in X$ 使得 $I_x \cong e_{x_0} : X \to X$,其中 e 是满足 $e(X) = \{x_0\}$ 的常值映射。按对任意 $x \in X$,$f(x) = x_0$ 定义 $f : X \to \{x_0\}$,按 $g(x_0)$ 定义 $g\{x_0\} \to X$,则 f 与 g 均为连续映射。同时,不难验证

$$g \circ f = g \circ e_{x0} = e_{x0} \cong I_x : X \to X$$

$$f \circ f = I_{\{x0\}} \cong \{x^0\} \to \{x^0\}$$

所以,$X \cong \{x^0\}$,$\{x^0\}$ 是一个单点空间,必要性得证。

再证充分性。

设传播空间 X 与单点空间具有相同的伦型,即存在连续映射 $f : X \to \{y^0\}$ 和 $g : \{y^0\} \to X$,使得 $g \circ f \cong I_x : X \to X$,$f \circ g \cong I\{y^0\} : \{y^0\} \to \{y^0\}$

设 $g(y^0) = x^0$,对所有 $x \in X$ 取 $e(X) = x^0$ 得到常值映射 $e : X \to X$,于是

$$e = g \circ f \cong I_x : X \to X$$

所以传播空间 X 可形成舆论。证毕。

在一般的情况下，传播空间 X 并不是总能形成一个共同的"舆论点"，用拓扑空间①的术语来讲就是传播空间 X 不能收缩到 X 的某一点，但却可以连续地形变收缩为传播空间 X 的真子空间 G 而不变动 G 中的点。在这种情况下，我们称传播空间 X 可以形成一个"舆论区域"。

定义 6 设 G 是传播空间 X 的一个真子空间，若有连续映射 F：X×I→X，使得对所有 x∈X，H(x, 0)=x，H(x, 1)∈G 而对所有 x∈G，H(x, 1)=x，我们就称传播空间 X 是可形成"舆论区域"的，H 是 X 到 A 上的一个"舆论收缩"，同时称 G 为传播空间 X 的一个"舆论收缩核"。

如果把上述定义中的条件对"所有 x∈G，H(x, 1)=x"改为对所有的 x∈G 和 t∈I 都有 H(x, t)=x，我们就称 H 是 X 到 G 上的"强舆论收缩"。"舆论收缩"与"强舆论收缩"的区别在于：前者 G 中的点可以变化，后者 G 中的点始终保持不动。由此，我们引进如下"舆论"与"舆论核"的概念。

定义 7 设 G 是传播空间 X 的真子空间，若存在 X 到 G 上的一个连续映射 g：X→G，使得对每点 x∈G 有 g(x)=x，我们就称 f 为传播空间 X 到 G 上的一个舆论，并且称 G 为传播空间 X 的一个"舆论核"。

与信息传播渠道相类似，舆论也是一个映射，而不是映射像，即舆论是 f，而不是 $f(X)$。这样我们就用拓扑学方法提出了舆论的一个严格数字定义，这对于传播学和舆论形成机制的研究具有重要的意义。

四、Osgood 传播系统的基本群模型

在传播学中，最基本的传播模式就是 Shannon 传播系统。在 Shannon 传播系统的基础上，发展出了许多更加贴近现实和更加复杂的传播模式，如奥

---

① 赛佛林，坦卡德.传播理论：起源、方法与应用[M].郭镇之，孟颖，赵丽芳，等译.北京：华夏出版社，2000.

斯古德（Osgood）模式、施拉姆（Schramm）模式、纽科姆（Newcomb）模式、韦斯特利－麦克莱恩（Westley-Maclean）模式和格伯纳（Gerbner）模式等。[①] 本文利用拓扑学方法，建立了 Osgood 传播系统的基本群模型，并讨论了 Osgood 传播系统的一些拓扑性质。

申农传播系统是信息论创始人申农及其同事韦弗为解决工程问题而发展起来的机械传播模式，它没有考虑人类传播的问题。奥斯古德在申农传播模式的基础上，根据自己的意义理论（Theory of meaning）和一般心理语言过程（Psycho linguistic processes in general）提出了在一个个体内同时具有发射和接收功能的模式。在这个模式中，他将符号的"意义"列入了研究范围，而在申农传播模式中对信息的定义特地排除了意义。

在申农传播模式中，信源、信宿、发射者和接收者是相互独立的，这对工程应用问题来讲通常是正确的。但是，人类传播系统的情况要复杂得多，一个个体通常兼具信源和信宿的功能，同时作为发射者和接收者，通过许多反馈机制对自己编码的消息进行解码。人们通常把具有上述特点的传播系统称为 Osgood 传播系统。

我们用 X 表示 Osgood 传播系统，X 显然是一个拓扑空间。设 $x_0 \in X$ 是 X 的一点，表示 Osgood 传播系统的一个个体，根据 Osgood 传播系统的特点，它的每一个个体既是发射者，又是接收者，结合昝廷全[②]的结论，在 X 中存在始点和终点都在 x_0 的渠道（连续数学映射），我们称其为 X 中以 x_0 为基点的一个环型渠道，简称环道。在一般情况下，以 x_0 为基点的环型传播渠道可能不止一条，我们把 X 中以 x_0 为基点的环型传播渠道的全体记为 $\Omega(X, x_0)$。

环型渠道是一种特殊的渠道，因此，昝廷全关于渠道的讨论对 $\Omega(X, x_0)$ 中的元素全部成立。显然，$\Omega(X, x_0)$ 中的所有的环道都是端点固定的（x_0），因此，$\Omega(X, x_0)$ 中先决地确定了定端同伦意义上的等价关系。把环

---

① 林金坤. 拓扑学基础 [M]. 北京：科学出版社，2002.
② 昝廷全. 逼近定律与经济系统工程 [J]. 经济学动态，2005（11）：54-58.

道作为渠道按定端同伦等价所划分出来的渠道类被称为环道类。将 X 中以 x_0 为基点的环道类的全体记为 $\pi_1(X, x_0)$。根据瞥廷全的结论,以 x_0 为基点的任意两个环道都可以相乘。因此,瞥廷全引进的渠道乘积 $\alpha*\beta: I \to X$ 中的运算 $*$ 是 $\pi_1(X, x_0)$ 中的一个运算。

定理 4 Osgood 传播系统的环道类集合 $\pi_1(X, x_0)$ 在运算 $*$ 的意义上成为一个群,被称为 Osgood 传播系统 X 的以 x_0 为基点的基本群。

证明: ①显然运算 $*$ 是可结合的。

② $\pi_1(X, x_0)$ 中存在关于运算 $*$ 的单位元,即将 I 中所有点映射到 x_0 的常值映射 e 所在的环道类。

③ $\pi_1(X, x_0)$ 中任一元素都有关于运算 $*$ 的逆元素,即对任一环道 α,都存在环道 α 的逆道 $\bar{\alpha}$,$\alpha*\bar{\alpha}$ 是这样一个渠道:先用一半的时间以两倍的速度走完环道 α,后一半时间用两倍的速度逆行回来。

五、Osgood 传播系统基本群之间的同构

前面在构造 Osgood 传播系统的基本群时,我们首先要选定 Osgood 传播系统 X 中的一点 x_0 作为基点,并将 X 的以 x_0 为基点的基本群记为 $\pi_0(X, x_0)$。如果选择 Osgood 传播系统中的另一点 $x_1 \in X$ 作为基点,我们就会得出基本群 $\pi_1(X, x_1)$。一般来讲,基点的选取可能会影响 Osgood 传播系统的基本群的结构。这样,随着基点选取的不同,我们就会得出 Osgood 传播系统不同的基本群。下面的定理 5 描述了 Osgood 传播系统的基本群的一个重要性质。

定理 5 设 X 表示 Osgood 传播空间,x^0 和 x^1 是 X 的两个点,$\rho: I \to X$ 是 X 中连结 x^0 到 x^1 的一个渠道,则有 $\pi_0(X, x^0) \cong \pi_1(X, x^1)$。

证明: 如果我们定义映射 $P: \pi_0(X, x^0) \to \pi_1(X, x^1)$ 和映射 $Q: \pi_1(X, x^1) \to \pi_0(X, x^0)$,同时证明它们都是群的同态,并且 $QoP = I: \pi_0(X, x^0) \to \pi_0(X, x^0)$,$PoQ = I: \pi_1(X, x^1) \to \pi_1(X, x^1)$,则 $P: \pi_0(X, x^0) \to \pi_1(X, x^1)$ 就是一个同构,即有 $\pi_0(X, x^0) \cong \pi_1(X, x^1)$。

现在我们开始证明，定义映射 $P: \pi_0(X, x^0) \to \pi_1(X, x^1)$ 为

$P([\alpha]) = [\bar{\rho}]*[\alpha]*[\rho]$，$[\alpha] \in \pi_0(X, x^0)$

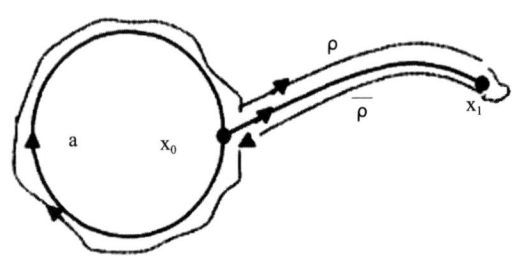

图 3　映射 P（·）示意图

由图 3 不难看出，$[\bar{\rho}]*[\alpha]*[\rho]$ 是 Osgood 传播系统中以 x^1 为基点的环道，故有 $P(\pi_0(X, x^0)) \in \pi_1(X, x^1)$。

设 $[\alpha]$，$[\beta]$ 为 Osgood 传播系统中以 x^0 为基点的两个不同环道类，则有 $[\alpha]$、$[\beta] \in \pi_0(X, x^0)$

则按定义

$P([\alpha]*[\beta]) = [\bar{\rho}]*[\alpha]*[\beta]*[\rho] = [\bar{\rho}]*[\alpha]*[\rho]*[\bar{\rho}]*[\beta]*[\rho] = [\alpha]*\rho([\beta])$

故 $P: \pi_0(X, x^0) \to \pi_1(X, x^1)$ 是一个同态。

同理可证，如果定义映射 $Q: \pi_1(X, x^1) \to \pi_0(X, x^0)$ 为

$Q([\sigma]) = [\rho]*[\sigma]*[\bar{\rho}]$，$[\sigma] \in \pi_1(X, x^1)$，

则

$Q: \pi_1(X, x^1) \to \pi_0(X, x^0)$ 也是一个同态。

对于任一 $[\alpha] \in \pi_1(X, x^0)$，容易验证

$(Q \circ P)([\alpha]) = Q(P([\alpha])) = Q([\bar{\rho}]*[\alpha]*[\rho]) = [\rho]*[\bar{\rho}]*[\alpha]*[\rho]*[\bar{\rho}] = [\alpha]$

于是 $Q \circ P = I: \pi_0(X, x^0) \to \pi_0(X, x^0)$。

同理 $P \circ Q = I: \pi_1(X, x^1) \to \pi_1(X, x^1)$。

综上所述，$P: \pi_0(X, x^0) \to \pi_1(X, x^1)$ 是一个同构，即有 $\pi_0(X, x^0) \cong \pi_1(X, x^1)$。

根据定理 2，分别以 Osgood 传播空间中的两个点 x^0 和 x^1 为基点的两个不同环道类的集合之间的同构关系完全由 x^0 与 x^1 之间的渠道 ρ 确定，我们不

妨将其记作 $\rho^{\#}$。

根据定理 2，如果 Osgood 传播系统属于联通的拓扑空间，则对任意的 $x^0 \in X$ 和 $x^1 \in X$，都有：

$\pi_1(X, x^0) \cong \pi_1(X, x^0)$

在这种情况下，如果我们只对 Osgood 传播系统的基本群感兴趣，就以 $\pi_1(X, x)$ 记它的基本群，而不标明以哪一点为基点，因为以 X 的任何一点为基点所得到的基本群都是同构的，从代数结构的角度来讲都是没有差别的。

现在我们简要讨论一下 Osgood 传播系统基本群平凡的渠道连通空间（单连通空间）的情况。按照 Osgood 传播系统基本群的几何含义，单连通空间是这样一种渠道连通空间，它的每一条环道都可以在该空间中连续地收缩成一条常值渠道，并且只有一个发射者和接收者的传播空间，R^n 及 R^n 中的凸集，都是单连通空间的典型例子。按照任一条环道都可以收缩为一条常值渠道的直观说法，不难证明，当 $n \geq 2$ 时，n 维球面是单连通空间，但与欧氏空间中的凸集不同，S^n 属于不可形成舆论的传播系统，而 R^n 中的凸集是可形成舆论的可缩空间。

单连通空间与可缩空间的区别在于，前者可以连续地收缩成一个常值映射，后者可以收缩为其中的一个点或一个子集。关于单连通空间，我们有以下定理。

定理 6 设 Osgood 传播系统 X 是单连通的，则 X 中任意两条起点和终点分别相同的渠道都是定端同伦的。

证明： 设 α、$\beta : I \rightarrow X$ 是 Osgood 传播系统中的两个渠道，

$\alpha(0) = \beta(0) = x^0$，$\alpha(1) = \beta(1) = x^1$，则 $\alpha * \beta : I \rightarrow X$ 是以 x^1 为基点的一条环道。由于 X 单通道，$\alpha * \beta \sim e_{x^1}$。另外，$\alpha * \alpha \sim e_{x^0}$。因此，$\alpha \sim \alpha * e_{x^1} \sim \alpha * \alpha * \beta \sim e_{x^0} * \beta \sim \beta$，即 $\alpha \sim \beta$。

六、Osgood 传播系统基本群的伦型不变性

现在，我们转而讨论 Osgood 传播系统的伦型不变性。首先讨论不同的

Osgood 传播系统之间的连续映射对相应的环道的作用和对相应的基本群的作用。

定义 8 设 X 和 Y 是两个不同的 Osgood 传播系统，$x^0 \in X$，$f: X \to Y$ 是一个连续映射。若 α 和 β 是 X 中的以 x^0 为基点的两条等价的环道，则显然 $f \circ \alpha$ 和 $f \circ \beta$ 是 Y 中以 $f(x^0)$ 为基点的两条等价的信息环道。于是，可以定义

$f_\#: \pi_0(X, x^0) \to \pi_1(Y, f(x^0))$ 为

$f_\#([\alpha]) = [f \circ \alpha]$。

容易验证，设 $[\alpha],[\beta] \in \pi_1(X, x^0)$，则 $f_\#([\alpha]*[\beta]) = f^\#([\alpha])*f^\#([\beta])$，由此知，$f_\# \pi_1(X, x^0) \to \pi_1(Y, f(x^0))$ 是一个同态，被称为连续映射 f 的诱导同态。

定理 7 设 X、Y、Z 是三个不同的 Osgood 传播系统，$x^0 \in X$，则有：

（1）若 $f: X \to Y$ 和 $g: Y \to Z$ 都是连续映射，则

（2）$(g \circ f)_\# = g_\# \circ f_\#: \pi_0(X, x_0) \to \pi_1(Z, g(f(x_0)))$

若 $f \simeq h: X \to Y$ 并且 $F: f \simeq h$，则

$h_\# = \rho\# \circ f_\#: \pi_0(X, x_0) \to \pi_1(Y, h(x_0))$，

其中 $\rho\#: \pi_1(Y, f(x_0)) \to \pi_1(Y, h(x_0))$ 是按 $\rho(s) = F(x_0, s)$ 定义的从 $f(x_0)$ 到 $h(x_0)$ 的渠道 $\rho: I \to Y$ 确定的同构 $\rho\#: \pi_1(Y, f(x_0)) \to \pi_1(Y, h(x_0))$。

证明：（1）设 $[\alpha] \leftarrow \pi_0(X, x_0)$，则

$(g \circ f)_\#([\alpha]) = [g \circ f \circ \alpha] = g_\#(f \circ \alpha) = g_\#(f_\#([\alpha])) = (g_\# \circ f_\#)([\alpha])$

即 $(g \circ f) = g_\# \circ f_\#$

（2）设 $[\alpha] \in \pi_0(X, x0)$，根据题设有 $F: X \times I \to Y$ 使得 $F(x, 0) = f(x)$，$F(x, 1) = h(x)$，$x \in X$，

要证 $h_\#([\alpha]) = (\rho\# \circ f_\#)([\alpha])$，就是要证

$h \circ \alpha \sim \rho * (f \circ \alpha) \circ \rho$

参照图 4，在左边的三角形，让 $g_s(t) = G(t,s)$ 定义的传播渠道 $g_s: I \to Y$ 以三倍的速度沿 ρ 走，但走到 $(1-s)/3$ 为止；在右边的三角形，让 g_s 以三倍的速度沿 ρ 走，但从 $t = (s+2)/3$ 开始；在中间利用同伦 F 从 $f \circ \alpha$ 变到 $h \circ \alpha$。

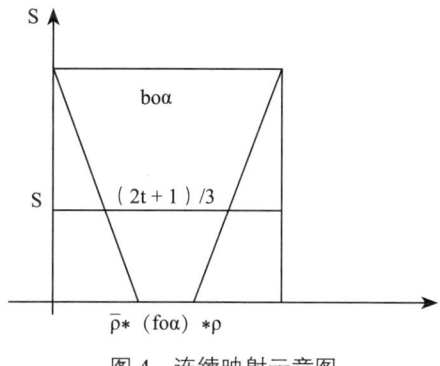

图 4 连续映射示意图

注意参数 s 的水平线与中间部分之交的长为 (2s+1)/3，(t-(1-s)/3)*(3(2s+1)) = (3t+s-1)/(2s+1)，我们得到所需的定端同伦 G: I×I→Y 的表达式为

$$G(t,s) = \begin{cases} \rho(1-3t) & 0 \leq t \leq (1-s)*3 \\ F(\alpha((3t+s-1)*(2s+1)), s) & (1-s)*3 \leq t \leq (s+2)*3 \\ \rho(3t-2) & (s+2)*3 \leq t \leq 1 \end{cases}$$

根据粘接定理，G(t, s) 是连续映射，并且

G(t, 0) = (ρ*(ρoα)*ρ)(t), G(t, 1) = (hoα)(t), t ∈ I

G(o, s) = G(1, s) = h(x₀), s ∈ I

即 hoα ∽ ρ*(foα)*ρ，证毕。

下面，我们就来证明 Osgood 传播系统基本群的伦型不变性。

定理 8 设 X 和 Y 是两个具有相同伦型的渠道连通的 Osgood 传播系统，则有 $\pi_1(X) \cong \pi_1(Y)$

证明：根据题设 X ≅ Y，有连续映射 f: X→Y 和 g: Y→Z，使得 gof ≅ I: X→Z，fog ≅ I: Y→Y

任取一点 $y^0 \in Y$，记 $x^0 = g(y^0)$，则有连续映射诱导的同态

$f_\#: \pi_1(X, x^0) \to \pi_1(Y, f(x^0))$

$g_\#: \pi_1(Y, f(x^0)) \to \pi_1(X, g(f(x^0)))$

根据定理 4，有

$$g_\# \circ f_\# = (g \circ f)_\# = \rho\# \circ 1_\# = \rho\# : \pi_1(X, x^0) \to \pi_1(X, g(f(x^0)))$$

其中 $\rho\#$ 是定理 4 由 $g \circ f$ 到 I 的伦移确定的同构。由此可见，$f_\# : \pi_1(X, x^0) \to \pi_1(Y, f(x^0))$ 是单同态。

同理有

$$f_\# \circ g_\# = (f \circ g)_\# = \eta_\# \circ 1_\# = \eta_\# : \pi_1(x, y^0) \to \pi_1(Y, f(x^0))$$

其中，$\eta_\#$ 是定理 4 中由 $f \circ g$ 到 I 的伦移所确定的同构。由此可见，$f_\# : \pi_1(X, x^0) \to \pi_1(Y, f(x^0))$ 是满同态。

于是 $f_\# : \pi_1(X, x^0) \cong \pi_1(Y, f(x^0))$，证毕。

根据定理 8，我们不难得出以下两点推论。

推论 1 Osgood 传播系统的基本群是拓扑不变量，即同胚的渠道连通的 Osgood 传播系统的基本群同构。

推论 2 可形成舆论的 Osgood 传播系统是单连通的。

关于可形成舆论的 Osgood 传播系统，我们还有以下进一步的定理。

定理 9 设 A 是 Osgood 传播系统 X 的强舆论收缩核，$x^0 \in X$，则有

$$\pi_1(X, x^0) \cong \pi_1(A, x^0)$$

证明：设 $H : X \times I \to X$ 是 Osgood 传播系统到 A 上面的强舆论收缩核，则若 α 是 X 中以 x^0 为基点的环道，$\gamma \circ \alpha$ 就是 A 中以 x^0 为基点的环道，这里 $\gamma : Z \to A$ 是 $\gamma(x) = H(x, 1)$ 确定的从 X 到 A 的一个收缩。按照

$$p([\alpha]) = [\gamma \circ \alpha], [\alpha] \in \pi_1(X, x^0)$$

定义映射 $p : \pi_1(X, x^0) \to \pi_1(A, x^0)$。容易证明，

$$p : \pi_1(X, x^0) \cong \pi_1(A, x^0)$$

最后，我们简单讨论一下 Osgood 传播系统基本群推广到高维情况所得到的高维同伦的概念及有关结论。

通常称 $I^n = \{(x_1, x_2 \cdots, x_n) \in R^n : 0 \leq x_1, x_2, \cdots, x_n \leq 1\}$ 为 n 维欧氏空间 R^n 中的单位高维体积，其边界记作 $\dot{I}^n$。

定义 9 设 X 为一个 Osgood 传播系统，$x^0 \in X$，n 为正整数，称连续映射 $\alpha : I^n \to X$ 为 X 中以 x^0 为基点的一个 n 维环道，如果 $\alpha(\partial I^n) = \{x^0\}$。X 中所有以 x^0 为基点的 n 维环道的集合记为 $\Omega_n(X, x^0)$。在集合 $\Omega_n(X, x^0)$ 中，

定义定端同伦关系如下：

设 α，$\beta \in \Omega_n(X, x^0)$，若存在一个映射 $H: I^n \times I \to X$，使所有 $(t_1, t_2, \cdots, t_n) \in Z_n$ 都有

$H(t_1, t_2, \cdots, t_n, 0) = \alpha(t_1, t_2, \cdots, t_n)$

$H(t_1, t_2, \cdots, t_n, 1) = \beta(t_1, t_2, \cdots, t_n)$

而对所有 $(t_1, t_2, \cdots, t_n, 1) \in \partial I^n$，$s \in I$，都有

$H(t_1, t_2, \cdots, t_n, s) = x^0$

就说点 α 和 β 是定端同伦的，记作 $\alpha \sim \beta$。

显然，定端同伦关系是 $\Omega_n(X, x^0)$ 中的一个等价关系，按照这个等价关系可以对 Osgood 传播系统 X 中以 x^0 为基点的环道进行分类，被称为 X 中的以 x^0 为基点的 n 维环道类。α 所在的 n 维环道类记作 $[\alpha]$。Osgood 传播系统 X 中所有以 x^0 为基点的 n 维环道类的全体记作：$\pi_n(X, x^0)$，即

$\pi_n(X, x^0) = \Omega_n(X, x^0)/\sim$，这里"~"表示等价关系。

在 $\Omega_n(X, x^0)$ 中定义运算"$*$"如下：

设 α，$\beta \in \Omega_n(t_1, t_2, \cdots, t_n)$，令 $\alpha*\beta: I^n \to X$ 为

$$= \begin{cases} (\alpha*\beta)(t_1, t_2, \cdots, t_n) \\ \alpha((2t_1, t_2, \cdots, t_n), & 0 \leq t_1 \leq 1/2 \\ \beta((2t_1-1, t_2, \cdots, t_n), & 1/2 \leq t_1 \leq 1 \end{cases}$$

显然，$\alpha*\beta \in \Omega_n(X, x^0)$，容易验证 $\Omega_n(X, x^0)$ 上的运算"$*$"按照 $[\alpha] \triangle [\beta] = [\alpha*\beta]$ 的定义诱导出集合 $\pi_n(X, x^0)$ 上的 $\triangle$ 运算是可结合的、有单位元的和可求逆的，即 π_n 在运算 $\triangle$ 之下成为一个群，被称为 Osgood 传播系统 X 的以 x^0 为基点的 n 维同伦群。

七、讨论与展望

本文是应用拓扑方法研究信息传播过程的一个初步探讨，只是从形式上把传播学和拓扑学联系了起来，所得到的结论还很初步，许多丰富的内涵没有展开讨论，这将是我们今后在这方面研究的一个努力方向。

本文的研究，把一类非常典型的传播系统，即 Osgood 传播系统与一个代数系统联系了起来。由于 Osgood 传播系统的最大特点就是每个个体既是发射者又是接收者，因此我们自然地想到了代数系统中基本群的概念。

本文建立了 Osgood 传播系统的基本群模型，详细论述了 Osgood 传播系统基本群的拓扑特征，并给出了相应的定义和定理。关于这些定义和定理的传播学意义还有待于进一步研究和认识。我们真诚地希望有更多的传播学者参与这一研究，使得传播学的这一研究方向早日成熟起来。

论传播的分类及其数学模型[*]

传播学的基本模型是申农的信息传播模型。实际上，所有的传播概念都以经典的申农模型为基础。申农模型可以简化为图 1 所示：

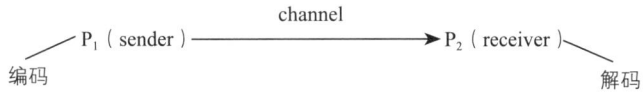

图 1　申农传播模型示意图

信息由 P_1（sender）编码之后通过渠道（channel）传递给 P_2（receiver），P_2 对信息解码之后便获得了原始的信息。传统传播学认为，信息要成功的从 P_1 传送到 P_2，P_1 的编码规则和 P_2 的解码规则必须是完全一致的，其重叠度为 1。但在实际中，编码规则和解码规则的重叠度往往不为 1，一般的情况是介于 0 和 1 之间，即属于 [0，1] 这一个区间范围内的某个数字。也就是说，重叠度是一个模糊集合的隶属度。隶属度的概念是伟大的数学家和系统科学家扎德教授在模糊数学中提出来的。一般可以将编码规则和解码规则的重叠度分为三种情况：

（1）P_1 的编码知识和与 P_2 的解码规则完全不同，完全不能解码。

（2）P_1 的编码知识和与 P_2 的解码规则部分重叠，只能部分解码。

（3）P_2 的解码知识 $\geqslant$ P_1 的编码知识，则能完全解码。

---

[*] 本文原载于《中国传媒大学学报（自然科学版）》2006 年第 2 期，收入本书时略有删改。

一、从资源位的观点看传播

在系统经济学中，我们把一般资源的概念拓展成了广义资源，并把广义资源划分为硬资源和软资源两个部分。更进一步地，我们把广义资源理解成是由硬资源和软资源组成的一个广义资源系统。硬资源是指具有具体物质形态，看得见摸得着的资源，如桌椅板凳之类。硬资源的一个显著特点是边界清晰，而且往往是静态的，因此两个硬资源的交集为空集，记为 φ。设两个硬资源分别为 G_1 和 G_2，则 $G_1 \cap G_2 = \varphi$。根据系统经济学的资源整合定律[①]，两个硬资源之间进行资源整合需要软资源作中介。复合在每个硬资源上的软资源构成每个硬资源的 ε 邻域，不同硬资源的 ε 邻域之间的交集非空才能进行硬资源之间的整合，即围绕 G_1 的 ε_1 邻域与围绕 G_2 的 ε_2 邻域的交集要非空，即 $\varepsilon_1(G_1) \cap \varepsilon_2(G_2) \neq \varphi$，这时，两个硬资源 G_1 和 G_2 才能进行整合，这是硬资源整合的基本条件。

以人力资本为例，从生物学意义上来讲，人的边界是清楚的，两个人之间的交集为 φ。人力资本不仅指生物学意义上的人，还指在生物学意义上的人的身上复合的人所掌握的知识、技能、生产诀窍、信用水平等，这些因素构成了人的软资源。这些软资源复合在人身上之后就构成了每个人的知识邻域，相当于每个人周围都有一个场，这个场就构成了每个人的一个 ε 邻域。因此，人力资源是一个复合的概念，既有硬资源，又有软资源。人力资本能够作为资源进行整合，其前提条件就是他们的软资源之间的交集不能为空集，即满足条件

$\varepsilon_1(G_1) \cap \varepsilon_2(G_2) \neq \varphi$。

综上所述，硬资源要进行整合，则需要复合在每个硬资源之上的软资源要有重叠。用数学语言来讲就是，围绕每个硬资源的 ε 邻域的交集要非空，即 $\varepsilon_1(G_1) \cap \varepsilon_2(G_2) \neq \varphi$。我们之所以反复重复这个公式，是因为这个公式

[①] 昝廷全.资源位定律及其应用[J].中国工业经济，2005（11）：74–80.

是系统经济学中资源位定律的核心思想，具有重要的传播学含义。

由此，我们对传播便有了新的看法。按照上述观点，我们再来分析信息传播的简单申农模型。在申农模型中，P_1 和 P_2 必须拥有共同的编码和解码知识，信息才能进行有效传播。进一步地，我们将 P_1 的知识背景、文化背景、社会背景、经验世界等定义为 P_1 的知识软件，同时把 P_2 的知识背景、文化背景、社会背景、经验世界等定义为 P_2 的知识软件，复合在 P_1 上的知识软件和复合在 P_2 上的知识软件构成各自的 ε 邻域，只有 P_1 和 P_2 拥有共同的知识软件才能解码，二者知识软件的交集非空是传播能够成功的必要条件，即 $\varepsilon_1(G_1) \cap \varepsilon_2(G_2) \neq \varphi$，我们将其定义为传播有效性条件。我们将这个条件用文字语言表述如下：

传播有效性条件：信息发送者和信息接收者的知识软件的交集非空是实现有效传播的必要条件。

直观起见，我们用下面的图 2 示意。

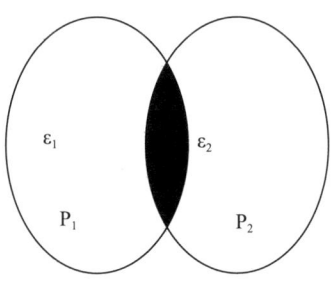

图 2　传播有效性条件示意图

进一步来说，知识软件的重叠度越高，信息能够正确传达的程度就越高。如果二者的知识软件不重叠，则沟通存在问题。信息发送者和信息接收者之间沟通存在问题往往是因为他们二者之间的知识软件重叠不够。如果想要信息被准确传送，就要使两个沟通者之间的知识软件尽量重叠，因为知识软件越重叠越能沟通。小学毕业生与博士毕业生在专业上无法沟通就是因为二者的知识软件不同。

再来看看广告的情况。如果广告主的知识软件与受众的知识软件不能重叠，受众便无法正确理解广告所传达的信息，那么广告的作用就无法实现，该广告即失败的广告。如果广告的设计者以其独特的知识软件设计广告，而不考虑与受众的知识软件的重叠问题，这样设计出来的广告一定是失败的。因此，设计广告不能只考虑广告的新颖性和艺术性，同时必须要考虑受众的知识软件与理解广告所需要的知识软件是否重叠。我们通常所说的代沟的道理也是一样的。长辈与晚辈的知识软件不一样，二者的交集为零或者说重叠度非常小，即 $\varepsilon_1(G_1) \cap \varepsilon_2(G_2) \ll 1$，则二者无法正常沟通。因此，代沟的真正原因不是年龄，而是知识软件的不同。从这个意义上讲，传播就是一个沟通的中介（media），因此传播也是一种资源整合的手段，这一思想和整合营销传播的思想正好是一致的。我们为什么要做广告？例如，生产商生产某种产品，假设消费者正好需要这种产品，如果没有广告，消费者就无法知道应该去哪里购买该产品，而生产者也无法知道购买者在哪里。通过传播过程进行信息沟通，生产者找到了购买者，而消费者也能够找到所需要的产品，交易就得以顺利进行。

二、从拓扑学的观点看传播

拓扑传播学是传播学研究的一个新方向。从拓扑传播学的角度来看，我们可以将申农的传播模型简化成简单的 $P_1 \rightarrow P_2$ 的过程。① 我们的观点是，把传播渠道看作一种关系。从拓扑传播学的意义来讲，信息从发送者 P_1 到信息接收者 P_2 的发送成功，就意味着 P_1 和 P_2 之间有了信息连通，即二者之间的信息是可以沟通的，或者说二者之间存在一条路径，路径本身就是一种关系。路径、连通都是拓扑学的关键词汇。从这个意义上讲，信息传播本身完全是一个拓扑过程，关键是能否建立连通关系，这决定着信息能否有效传播。如果信息发送者 P_1 只是单向发送信息给接收者 P_2，在拓扑传播学中被称为单连通，也称弱连通，如图 3 所示。

---

① 昝廷全. 拓扑传播学初探 [J]. 中国传媒大学学报（自然科学版），2006（1）：12-19.

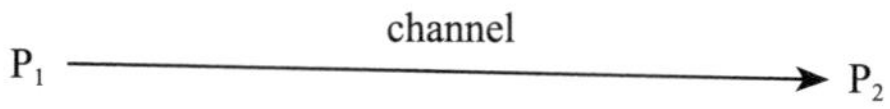

$$P_1 \xrightarrow{\text{channel}} P_2$$

图 3　一步单连通（弱连通）

与单连通相对应的，如果 P_1 和 P_2 之间的信息交流是双向互动的，在拓扑传播学中被称为双连通，也称强连通。在现在的分众时代，特别强调信息传播的互动，即特别注重从单连通到双连通的转变，或者从弱连通到强连通的转变。图 4 为信息传播的互动示意图，图中所示为一步双连通。

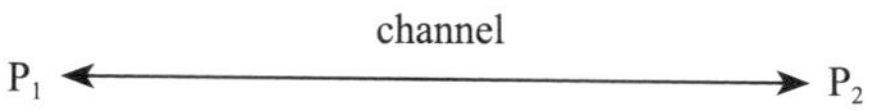

$$P_1 \xleftrightarrow{\text{channel}} P_2$$

图 4　一步双连通（强连通）

图 3 和图 4 所示的连通都是一步连通，与之相对应的是 n 步连通。相应地，n 步连通也分为 n 步单连通（也称 n 步弱连通）和 n 步双连通（也称 n 步强连通），如图 5 和图 6 所示。

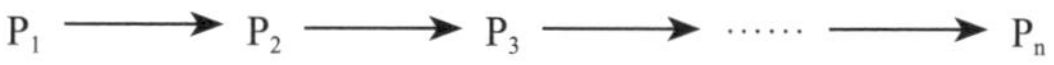

$$P_1 \longrightarrow P_2 \longrightarrow P_3 \longrightarrow \cdots\cdots \longrightarrow P_n$$

图 5　n 步单连通（n 步弱连通）

$$P_1 \longleftrightarrow P_2 \longleftrightarrow P_3 \longleftrightarrow \cdots\cdots \longleftrightarrow P_n$$

图 6　n 步双连通（n 步强连通）

P_1 和 P_2 之间是 n 步连通，意思是说信息传递必须通过 n 个环节，而且这 n 个环节全部是连通的。简单的一步连通是 n 步连通的特殊情况。例如，中央文件下达到地方要经过很多环节，由中央到省到地市再到县乡，最后执行，这其中显然包括信息传播的问题，而且属于信息的 n 步连通的情况。

在现实中，信息传播的类型是复杂多样的。在 n 步连通的情况下，信息并不总是从 P_n 直接一步一步返回互动的，也会发生图 7 所示情况。

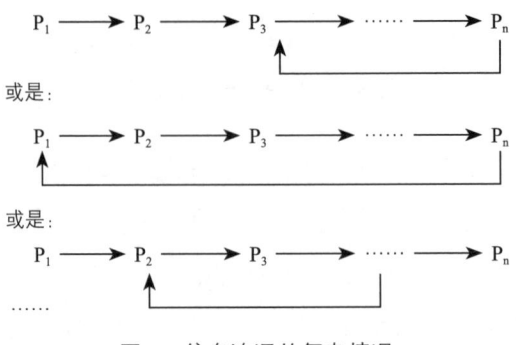

图 7　信息连通的复杂情况

不难看出，任何两点之间只要有信息传递就应当是连通的。如果两点之间存在信息沟通，我们就说这两点之间是零距离[①]。在此我们先来谈谈零的概念。零有着非常丰富的内容，零并不代表没有。有没有零点或者说有没有原点是非常重要的，在拓扑空间里，如果没有零点，那么拓扑空间就改变了。零的概念是广义的，我们把能够到达的最小值叫作广义零值。例如，有理数在数轴上的分布是密集的，其个数是无穷的，但有理数的测度为零。两点之间的沟通就是零距离，零成了一个广义的概念，可以看作一个距离概念。在测度论中，只要定义的测度满足三个基本公理（也叫距离公理），就可以定义广义零值。

从哲理上说，老子说的无中生有，这里的无指的就是广义零的概念。我们可以用集合论的观点给这个概念建立一个数学模型：可以把无看作集合论中的空集 Φ，但我们可以将空集 Φ 作为一个元素去构成更高层次的集合，可以将这个新构成的集合写成 $\{\Phi\}$，Φ 本来没有，但在 $\{\Phi\}$ 的情况下，集合 $\{\Phi\}$ 就有了一个元素 Φ，这样就实现了从无到"有"的转化。我们可以进一步构成更多的模型 $\{\Phi, \{\Phi\}\}, ..., \{\Phi, \{\Phi\}, …\}$ 等。

三、系统经济背景下的传播

根据系统经济学观点，系统经济可以定义为以经济系统方式进行的经济

[①] 昝廷全．沟通就是零距离［M］．北京：中国传媒大学出版社，2005．

活动。系统经济是和原子经济相对应的①。所谓经济系统是指由一组经济元 E_1，E_2，…，E_n 通过相互联系相互作用共同构成的有机整体，可以形式化地表示为：

经济系统 = ({ 经济元 }，{ 经济元之间的关系 })。

在系统经济学中，经济系统是一个基本概念，是系统经济学的主要研究对象。关键在于经济系统里不同的元素 E_i 之间的相互作用的渠道（见图8）。同样的经济元之间的相互作用，如果渠道不同的话，就构成了不同的经济系统。渠道在这里就是一种媒介。媒介是传播学中的概念。所以说，传媒不是经济系统外在的东西，而是经济系统中固有的构造性元素。

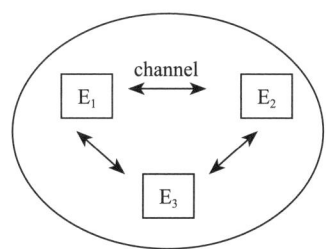

图8　传媒是经济系统的构造性元素

在以往西方主流经济学中基本不考虑传播和媒介的问题，因为它采用的是牛顿时空观。牛顿是经典科学的缔造者和奠基人。根据牛顿时空观，不同经济元 E_i 之间的相互作用是瞬间完成的，它们之间相互作用的传播速度是无穷大的，因此也就不需要考虑不同元素之间相互作用的渠道。如果从北京到广州是瞬间到达的话，则具体通过什么渠道（无论是飞机、火车或是汽车）就无关紧要了。如果不能瞬间到达的话，就要考虑渠道的问题了。在现代社会，牛顿时空观在自然科学里早已经被发展了。牛顿时空观在宏观低速的情况下是成立的，但在微观高速的情况下却不能成立，牛顿时空观在这种情况下必须转化成爱因斯坦时空观。

爱因斯坦时空观认为，两个物体之间的相互作用速度的最大值是光速，

---

① 昝廷全. 资源位定律及其应用［J］. 中国工业经济，2005（11）：74–80.

因此，不同物体之间的相互作用不可能瞬间完成。这意味着两个经济元之间相互作用的传播是需要一定时间的，因此就要考虑两个经济元之间相互作用的渠道，即二者通过什么中介相互作用。在这种情况下，必须考虑传媒的问题。特别是在传媒产业如此发达的现代社会，在传媒对整个经济系统的作用越来越重要的情况下，我们必须抛弃牛顿时空观而采用爱因斯坦时空观，充分考虑不同经济元之间相互作用的中介系统。

从这个意义上讲，传媒与经济系统是密切联系的，是融为一体的。反过来说，要全面深刻地理解传媒经济，我们不能就传媒谈传媒，只有将它放在系统经济的背景下，才能真正理解传媒的本质。

如前所说，两个经济元之间要发生相互作用，这两个元素之间的 ε 邻域的交集就不能为 $\varPhi$。如果二者的 ε 邻域的交集为 $\varPhi$，则不能进行资源的整合，不进行资源的整合则不能形成系统势力。所谓"系统势力"，是指经济元之间要发生资源整合，整个系统的资源位"连成一片"，不能是孤立的资源点，复合在每个资源点上的软资源的 ε 邻域的交集要非空。这与传播原则一致，即信息的发送者和接收者要完成一个传播过程，他们之间的知识软件一定要重叠，即我们前面所说的传播有效性条件。

论传媒与传媒经济系统*
——兼谈传媒经济学的研究对象及方法

一、传媒与传媒经济系统

（一）关于传媒的界定

在传统的传播学研究中，传媒（media）是"传播媒体"或"传播媒介"的简称。传播学的奠基人威尔伯·施拉姆将媒介定义为"媒介就是插入传播过程之中，用以扩大并延伸信息传送的工具"。1943年由美国图书馆协会出版的《战后公共图书馆的准则》一书首次使用"media"一词作为术语。目前，传媒已成为各种大众传播工具的总称，在非严格意义上特指大众传媒。具体而言，包括印刷传媒（书籍、杂志、报纸）、电子声像传媒（广播、电视、电影）和网络传媒等。

事实上，我们还可以从一个更广阔的视角去理解传媒。我们知道，物质、能量和信息是构成客观世界的三大基本要素，据此我们可以把传媒划分为广义传媒与狭义传媒。[1]

广义传媒是指能够传播物质、能量、信息的一切中介系统的统称，对应的英文是communication，而不简单地是media。例如，航空运输、航海运输、

---

* 本文原载于《现代传播（中国传媒大学学报）》2006年第6期，收入本书时略有删改。
[1] 昝廷全.论传播的分类及其数学模型[J].中国传媒大学学报（自然科学版），2006（2）：7-10.

铁路运输、电网（能量传输）等，经济学中几乎所有的流通问题都与广义传媒有关。

狭义传媒是指仅仅用于传播信息的中介系统。以前人们在传播学基础上所进行的传媒研究即属于此列，这也是传媒经济学研究的重点。同时，对传媒经济的研究必须建立在传播学的基础上，只有在了解传播的原理、流程、特点和效果等基本问题的基础上才能进行传媒经济问题的研究。

狭义传媒包括在广义传媒的范畴之内。同时，广义传媒问题在一定条件下可以转化为狭义传媒问题。昝廷全在物质、能量和信息是客观世界的三大基本要素的基础上提出了信息层次性原理。[①]科学技术的进步和生产实践发展的需要，使得信息与知识的传递、知识与情报的交流，无论在空间上还是时间上都达到了空前的规模。信息层次性原理描述的信息层次包括结构信息、热力学信息和生命信息三个层次。信息具有层次性，不同层次的信息之间是相互联系的，并且在一定条件下可以相互转化。客观世界的三大基本要素发挥作用时都与信息的传递有关，即广义传媒问题在一定条件下可以被归结为狭义传媒问题。

（二）传媒经济系统

在对传媒概念进行广义理解的前提下，我们可以对传媒的经济属性进行研究。[②]根据系统经济学观点，经济学的研究对象是各种各样的经济系统，包括显化、未显化的经济系统，以及形成和待形成的经济系统。经济系统是由各种各样的经济元通过相互联系、相互制约、相互影响所构成的有机整体。经济元之间的相互联系和相互作用需要一定的渠道和中介系统。这些渠道和中介系统就是广义的传媒。按照这种理解，就存在两种类型的传媒经济问题，第一种类型的传媒经济问题是传媒对传统经济交易的支撑作用，第二种类型的传媒经济问题是传媒本身的经济问题。在现有的传媒经济研究中，对上述

---

① 昝廷全.系统经济学的公理系统：三大基本原理［J］.管理世界，1997（2）：212，217.
② 昝廷全.论传媒经济学与系统经济学之间的关系［J］.现代传播（中国传媒大学学报），2006（2）：92-95.

两种类型的传媒经济问题没有进行严格的区分，有时甚至混为一谈，这样很不利于传媒经济学研究的深入。

根据系统经济学观点和我们对于拓扑传播学的最新探索[①]，可以把传媒系统划分为硬部和软部。构成硬部的元素包括新闻传播活动涉及的传媒实体、受众实体、投资实体、管理实体和利益相关者实体；软部是指这些实体之间关系的集合，这些实体之间的关系直接包含或者间接隐含了各种经济关系。不同传媒实体之间关系的复杂性是传媒系统复杂性的根本原因。

随着我国社会主义市场经济建设的不断深入，传媒系统的经济属性日益显现出来，由于传媒系统本身固有的系统性，将系统经济学应用于传媒系统经济研究具有十分广阔的前景，对于媒体的微观管理和社会传播系统的宏观运行都有相当重要的价值。传媒经济过程是以传播过程为载体相伴发生的一些经济过程或经济增值活动。这其中自然涉及传播过程中的信息增值问题，信息增值现象奠定了所有传媒经济活动的基础。

二、信息增值

关于信息增值问题，哈肯在协同学（Synergetics）里有相当详细的论述，高等协同学主要论述复杂系统信息传输中的信息增值问题。在传媒经济学中对信息增值的研究，应当建立在传播效果研究的基础上。传播学经验学派已经在传播效果研究领域建立了一个相对完整的分析框架。从20世纪30年代的强大效果论（"魔弹论"）到40年代的有限效果论、60年代的适度效果论以及70年代以后强效果论的回归，人们对大众传播效果的认识经历了一个发展变迁的过程。事实上，对传播效果强大理论认识的回归从另一个侧面说明了信息在传播中有明显的增值作用。

如前所述，物质、能量和信息是客观世界的三大基本要素，这三大要素在空间的分布是非均衡的。在广义传媒的前提下，传播行为会改变三大要素

---

① 昝廷全. 拓扑传播学初探［J］. 中国传媒大学学报（自然科学版），2006（1）：12-19.

的分布：改变人的生存状态，改变信息的分布，改变社会的贫富状况，改变能量的分布，改变信息的共享程度，改变知识的分布，甚至改变社会阶层。狭义传媒则主要改变的是信息和知识的分布状态。从这个意义上来讲，狭义传媒对贫富差别、社会等级的影响是间接的。在广义传媒的背景下，传播对这些情况的改变都是直接的。

信息增值问题是连接传播和传媒经济的桥梁。下面给出信息增值过程的图示（见图1）。关于信息增值过程的数学描述可以采用协同学方法。诺贝尔奖得主普里高津（Prigogine）在耗散结构理论中对此也有相关论述，对于信息增值和传媒经济研究具有重要的启发作用。

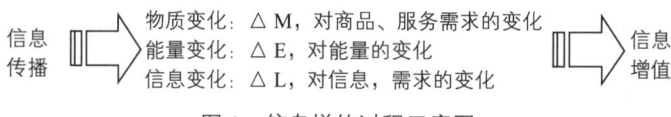

图 1　信息增值过程示意图

上述信息增值过程可以用下面的例子来简单说明。例如，有人偶尔看到《哈利·波特4：哈利·波特与火焰杯》，感觉这部电影场面很大气，故事非常有想象力，意犹未尽，于是产生了想要看一看"哈利·波特"系列其他电影的强烈念头，即对《哈利·波特与魔法石》《哈利·波特与密室》《哈利·波特3：阿兹卡班的囚徒》这三部电影产生了强烈的需求，这个由此信息产生对其他信息需求的过程就是信息增值过程。又如，假设国家出台了一项政策，此政策的颁布会刺激国民经济的发展，而国民经济的发展对能源产生了新的需求，这个过程同样是广义传媒意义上的信息增值过程。讨论广义传媒意义上的信息增值过程，需要在现实的传媒现象中进行，报纸的二次售卖属于典型的信息增值过程。报纸的首次售卖即把报纸内容卖给受众，吸引受众的注意力，而受众的注意力是广告主所青睐的稀缺资源，于是实现了报纸的二次售卖——把受众的注意力卖给了广告主。到这里为止，这一增值过程还未完成，因为广告主所做的广告使部分消费者对广告主推销的商品产生了需求，从而使此增值过程又进行了下去，实现N次售卖。电视等一些信息传播媒体都是这样的增值实现方式，至于N等于多少，要具体问题具体分析。

三、传媒价值定律

在信息增值的基础上，我们提出传媒价值定律：一个媒体的价值取决于它所镶嵌其中的经济系统，包括这个经济系统所覆盖的区域大小、人口构成、人口规模与经济总量。简单地说，媒体价值取决于两个因素：一是媒体镶嵌其中的经济系统的规模，二是受众的规模、构成、消费偏好和购买能力等。

例如，中央电视台的媒体价值，首先取决于它所镶嵌的整个国家的经济系统的规模和构成。从这一点来讲，它的媒体价值显然大于任何地方电视台。因为它镶嵌在整个国家这一宏观经济系统之中，而地方电视台是镶嵌在区域经济系统之中的，整个国家的国民经济系统的规模和总量显然大于任何一个区域经济系统。这也是许多地方电视台都希望上星、都希望在更多的地区落地的原因，因为这一行为将直接扩大该电视台所镶嵌的经济系统范围，从而提高媒体的价值。所以节目上星和扩大落地范围，对地方媒体来说是至关重要的事。与此同时，自然扩大了媒体的受众规模。

关于受众影响媒体价值的问题，不仅包括上述规模、构成、消费偏好、购买力等要素，从整合营销的角度来看，只要受众的态度发生转变，都可以产生新的需求，从而影响媒体的价值构成。北京交通广播电台和其他地区的交通广播电台，同属于地方性的大众传媒，但相同时段的广告价位相差甚多，因为无论从购买力，还是消费偏好来讲，北京地区的受众的价值都远远高于其他地方，因此，北京交通广播电台的媒体价值大于任何其他地区交通广播电台的媒体价值。

四、传媒经济学研究方法

传媒经济学是在广义传媒的基础上，包括对物质、能量、信息的传输和传播的基础上讨论传媒经济问题，其中关键的环节是信息增值问题，重要的定律是传媒价值定律。传媒经济学与相关学科之间的关系如图 2 所示。

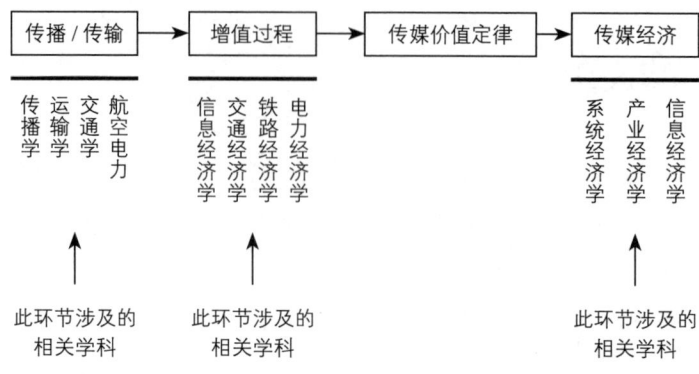

图 2　传媒经济与相关学科示意图

也就是说,在传播(传输)过程中,发生了信息增值,增值过程符合传媒价值定律,在此基础上展开对传媒经济的研究。信息的传播(传输)环节,对应的学科是传播学、运输学和交通学等;信息的增值环节,对应的学科是信息经济学、交通经济学、铁路经济学等;传媒经济学的研究应当建立在信息经济学、产业经济学和系统经济学的基础之上。这应当是传媒经济学研究的起点,在此基础上可以建立传媒经济学的完整研究范式。

论传媒经济学与系统经济学之间的关系*

一、传媒经济学的学科定位

传媒经济学是一门比较新的学科。有人认为传媒经济学是新闻传播学的分支,也有人认为它是应用经济学的分支。为了避免纯粹学术名词的争论,我们称传媒经济学为新闻传播学和经济学的交叉学科,是一门综合学科。中国传媒大学是全国第一所招收传媒经济学博士生、硕士生、本科生的高校。我国的传媒经济学博士生和硕士生最早是在新闻传播学学科名下进行招生的。由于历史原因,最早开始从事传媒经济研究的学者大都是学习新闻传播及其相关专业出身的,所以,从这个方面来讲,有人认为传媒经济学是新闻传播学的分支也是可以接受的。

到目前为止,主流经济学家或者正统意义上的经济学家还很少研究传媒经济问题。例如,在中国经济学的主流杂志,包括《经济研究》《经济学动态》《中国工业经济》《数量经济技术经济研究》《管理世界》等,这些关于经济学研究的最高刊物到目前为止还没有一篇文章是关于传媒经济这个主题的,也就是说主流经济学家基本上没有介入传媒经济学的研究。

我们认为传媒产业既然是一个产业,当然符合产业发展的一般规律。虽

---

* 本文原载于《现代传播(中国传媒大学学报)》2006年第2期,收入本书时略有删改。

然传媒产业具有自己的特点和特殊流程，但是传媒产业既然属于产业的范畴，也就应当遵从产业发展的一般规律及产业经济学分析的一般范式。例如，最近比较热门的话题是传媒产业的组织创新。大家可以看到，现在手机、网络上都可以看电视，报纸也可以放到网络上了。这种不同行业媒体的相互交叉融合越来越受到学术界的关注。实际上，对这个问题研究的唯一正确的方法就是产业经济学里的组织创新理论，产业组织、产业结构是基本分析的工具。所以，对不同行业"交叉"的概念，没有产业分析的基本工具是无法研究清楚的，至少无法用规范的学术语言研究清楚。产业经济学对于这类现象很早就已经提出了相当成熟的理论来分析组织创新问题，所以我们认为要对目前这种传媒产业相互之间的交叉融合进行研究必须借助产业经济学的概念，问题的具体表述就是"传媒产业的组织创新问题"。只有从这个角度进行研究，我们才能找到传媒产业，或者叫"大传媒"的本质、发展趋势和发展规律以及所应采取的对策。

从学科冠名的习惯上来看，传媒经济学应当属于经济学的范畴，而经济传媒学则应属于传播学的范畴。经典的学科名称也有同样的特点，如物理化学是用物理的方法研究化学问题而属于化学的范畴，而化学物理则是应用化学的方法研究物理问题而属于物理的范畴，这两个概念是不同的。为了避免围绕纯粹学术名词的争论，我们可以用一种综合的说法，即传媒经济学是新闻传播学与经济学的一个交叉学科。在传媒经济学硕士招生时，我们也将充分考虑传媒经济学的这个特点，兼顾新闻传播与经济专业的学生，考试科目设有"传播理论与传播史"和"西方经济学"，学生可以任选其一。

综上所述，既然传媒经济学严格来说是属于产业经济学的范畴，那么它与系统经济学就有密切联系。因为系统经济学是在对经济学的各个分支进行扬弃、进行总结的基础上提出的，并试图为经济学提供一个新的综合分析范式。这个分析范式不仅适用于产业经济学，也适用于微观和宏观经济学以及经济学的各个分支。从这个意义上讲，它自然也是对传统的产业经济学扬弃，不仅适用于传统的产业经济学范畴，也适用于像传媒经济这样新的产业经济现象。笔者于 2002 年出版了《产业经济系统研究》一书，专门说明系统经济学对产业经济学的研究。所以系统经济学与产业经济学的关系是非常密切的，或者笼统地说，系统经济学为经济学提供了方法论及基本的参照框架和分析工具。任何事情的成功，工具的作用都十分重要。

二、传媒经济与系统经济的关系

进一步来说，传媒经济是一个全新的经济行业与经济形态，那为什么一定要采用系统经济学的方法呢？因为传统经济学是无法对传媒经济进行准确描述和深入研究的。我们知道，在主流经济学中有一个最突出的特征，即边际效用递减。众所周知，西方经济学的核心思想和基本架构是一般均衡理论，而整个一般均衡理论就是建立在边际分析之上，就是说没有边际效用递减就没有办法证明出一般均衡理论。所以边际效用递减规律在西方经济学里面是一个极为基础的定理；而恰恰这个在传统经济学中十分基础的定理在传媒行业里面是不成立的。例如，对信息产品的消费就是不符合边际效用递减规律的，它们可以反复使用并且边际效用往往是递增的。边际效用递减规律在传媒行业里不成立意味着以边际效用递减规律为基石的传统经济的分析方法在传媒领域里是不适用的，这样我们就必须探讨用新的方法进行研究。系统经济学正是可以向我们说明在系统资源的背景下，当边际效用递减规律不成立时，我们该怎样研究问题。从另外一个角度来看，传媒行业的研究为系统经济学的研究提供了非常好的案例。所以说，传媒经济学与系统经济学联系异常密切。

按照系统经济学的观点，传媒经济学的研究对象是传媒经济系统，而传媒经济系统的构成是以传播过程为载体相伴发生的一些经济过程或者经济增值活动。所以，传媒经济学虽然是经济学的分支，但是必须考虑到传媒经济或传媒经济过程的特点。系统论有老三论和新三论：老三论包括信息论、系统论和控制论，新三论包括突变论、协同论和耗散结构理论。其中，信息论论述了最简单的传播过程即申农模型。申农是信息论的创始人，是一位研究通信的数学家，他的代表性著作就是 *The Mathematical Theory of*

Communication[①]，其中提出了一个关于传播的基本模型（见图1）。

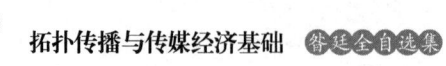

图1 传播的基本模型

由上图可知传播过程包括最基本的三个元素：信息发送者、信息传播渠道和信息接收者。任何传播过程都必须包括这三点。再复杂一些的传播过程还包括信源、编码和解码等。其中，解码与接收者的经验世界有关，不同的知识背景、经验世界的接收者收到相同的信号后所得到的信息是不一样的。信息发送者与接收者要发生联系，必须要有渠道和解码。也就是说，信息发送者与接收者在有沟通渠道的基础上还要有一套共同的编码规则，根据这套编码规则编码之后才能进行解码，而这个编码规则只有变成公共信息才能使整个传播过程有效。整合营销传播中就涉及个人的经验世界问题，广告商在制作广告时就要考虑接收者和发送者之间有没有交集，如果没有交集是很难解码的，也就是说广告是失败的。例如，广告制作人根据自己的经验世界和知识背景来进行构思广告设计和广告创意，广告发出去后，消费者不知道发送者的经验背景是什么，就无法进行解码，因此广告信息的传播是无效的。所以，有些外国的广告中国人看不懂，就是因为两者的知识背景及经验世界不同。

编码其实是一种软件知识，渠道则是一种系统关系。关系从系统的角度来看，就是一种系统资源。我们知道信息传输过程涉及硬资源和软资源。硬资源（如信息发送者与接收者）是两个闭集，边界很清楚，不可能相交；软资源（如编码知识）必须被发送者和接收者同时掌握，也就是说信息发送者与接收者的软资源必须要有交集，光有交集还不够，还要有渠道（系统资源），传输过程才能完整进行。

---

① SHANNON C E, WEAVER W. The mathematical theory of communications [M]. Springfield: University of Illinoins Press, 1949.

综上所述，信息传输必须首先包括硬资源（他们之间的交集为零，边界清晰），其次包括在硬资源基础上的软资源（编码规则），从拓扑学的意义上来说就相当于硬资源作为闭集，软资源作为闭集的邻域；而领域之间的交集是不为零的，还要具有系统资源（渠道：在数学上是一种映射），三者俱备，传输才能成功。传播学是一个天然的拓扑学问题。因为传播学就是讲沟通与连通性的，连通性就是拓扑学问题。《沟通就是零距离》中的距离就是拓扑学的概念。只要两点之间有连线，我们就可以认为他们之间的距离为零；若没有连线，则距离为无穷大。这就是拓扑学的观点。所以，拓扑学是传播学研究的天然的最好数学工具。目前，在国际国内还没有人用拓扑学观点来研究传播学的问题。在这方面，我们刚刚开了一个头。

从传播学来讲，拓扑传播学一定是一个很好的方向，其中包括同态、渠、连通问题和舆论形成等。其中，舆论形成问题指在系统里，持有某一种共同价值观的人的数量大于或等于某一个临界值 N，这时就称形成了某种舆论。什么样的传播空间里面可能形成舆论，即舆论形成的充分必要条件是什么？这个问题是可以证明的。我们提出舆论核的概念，即要形成舆论，就要先形成舆论核，这有点类似于固体物理里面的结晶核的概念，即一个物体要想成为一个晶体要先有结晶核。这是一个很有意思的问题，如果政府想营造一种舆论（社会预期），那么在什么条件下才可能形成这样一种预期呢？关于这个问题，我们已经进行了初步研究[1][2]。

选举的问题也是一样：假如有 10,000 个人参加选举，每 100 人分为一组，同时假设其中有 100 个人反对你，而竞选规则是必须一致通过才能当选，每个组里面的规则是少数服从多数。怎么才能竞选成功呢？如果把这 100 个人分到一组里去，那你就不能当选，若将这 100 个人分到不同的组里去，那他们的意见就起不了作用了，因为每组仅分进一个持反对意见的人，

---

[1] 笪廷全. 拓扑传播学探索（Ⅰ）：信息传播与舆论形成的拓扑学研究[J]. 北京广播学院学报（自然科学版），2005（4）：12-19.

[2] 笪廷全. 拓扑传播学探索（Ⅱ）：Osgood 传播系统的拓扑模型[J]. 北京广播学院学报（自然科学版），2005（5）：5-9.

达不到舆论核形成的临界条件，反对的舆论也就不可能形成，因而可以成功当选。

总的来说，我们对传媒经济的研究是一个典型的系统资源的问题，没有渠道信息是无法传递的。渠道就是关系，关系就是系统资源，所以没有系统资源就无法对传媒经济进行研究。最基本的传播过程涉及系统资源，包括硬资源（闭集）和软资源（交集）。系统资源一个最显著的特征是边际效用不递减，正好适用于传媒经济。任何传统经济理论的平移，都是牵强附会的，传媒经济的研究必须从最基本的传播过程开始就利用系统资源这一套概念来分析，这就是传媒经济学与系统经济学的接口。历史上有许多类似的例子，比如，牛顿在研究物理问题时发现数学工具不够用，转而研究微积分从而发现一种新的数学工具，再用这种新发现的数学工具来描述力学规律。再如，爱因斯坦当时做广义相对论时，发现数学工具不够用了，所以他先学习了里闵克夫斯基的理论，再进行了广义相对论的研究。

从宏观上来说，传媒经济的分析架构必须符合产业经济学的分析范式。但是，这从严格意义上讲是存在问题的，因为产业经济学也是建立在以边际效用递减规律为基础的一般均衡理论上的（包括它的数理分析也是基于这一点的），所以传媒经济学在起点上就遇到了一个新的问题，这个新的问题恰恰是这个时代的大问题，也是整个经济学的前沿问题。我们也许不能圆满地解决传媒产业中边际效用不递减规律这一问题，但是必须思考和清楚这个现象的存在，这样就不会去作简单的类比和平移。

三、资源位定律对传媒经济的启示

"系统时代，整合为王。"工业时代衡量企业价值是根据企业所拥有的资产数量，认为企业家圈"地"越多，其能力越强。这是工业时代的概念。在系统时代，衡量一个企业家能力大小不再看其圈地能力而是看他整合外部资源的能力。例如，浙江某大企业，拥有近几个亿的厂房及设备，如果按工业时代的价值观来看，其资产庞大，因此，企业价值也就大。但从系统时代的观点来看，若其不能整合外部资源，则该企业家的经营能力要大打折扣。

以下三点是系统经济学的资源位定律的主要内容①：

（1）若要整合外部资源，首先必须把经济系统的资源位结构打造成凹集，这是必要条件。

（2）经济系统所能整合的最少的外部资源等于包含这个凹集的最小凸集（闭包）减去这个凹集本身。

（3）当经济系统是凸集时，此时若要整合外部资源则需要从外部寻找一点，形成一个凸锥。此时所能整合的外部资源就是凸锥减去凸集。

上述三个结论对企业是否需要组成战略联盟很有启发意义。企业通过增强管理等措施来挖掘内部潜力，当内部潜力用完时，就需要到外部寻找"资源"了，包括与其他企业建立战略联盟。

但是，整合资源的前提条件是一定要有软资源，光有硬资源是没有办法进行资源整合的。软资源是硬资源整合的必要条件。例如，互联网上有很多台电脑，每一台电脑分属于不同的使用者，电脑是一种硬资源，是边界很清楚的闭集。但是只要安装了操作系统（相当于围绕电脑的邻域），连上网（系统关系），就可以用搜索引擎在互联网上使用其他电脑上的资源，也就是说两台电脑这时的交集是不为零的。所以资源整合需要软资源，没有软资源是不可能进行资源整合的。②

更有甚者，你根本不知道你调用的是哪台电脑上的资源，因为边界已经极为模糊，这时企业的边界是动态的。例如，你在网上搜索系统经济，可能会有很多篇文章，这些文章可能是分属于不同图书馆和网站的，但你根本不知道你是从哪些网站上将这些数据调出来的。这时传统意义上的产权关系就模糊了。如果产权关系出现了问题，传统经济学中"租金"的概念就有问题了，因为不知道该把"租金"付给谁。"租金"是政治经济学中的核心概念之一。由于产权的模糊，系统资源很难说属于谁，这时"地租"的概念也就模

---

① 昝廷全.经济系统的资源位凹集模型及其政策含义[J].中国工业经济，2004（12）：83-89.
② 昝廷全.资源位定律及其应用[J].中国工业经济，2005（11）：74-80.

糊了。在系统资源及边际效用不递减的条件下，传统的产权概念需要重新审视。把经济学的基本概念直接运用到传媒经济学上就会出问题，所以传媒经济是没法用传统的办法来分析的。所以必须发展新的经济学概念，然后才能对传媒经济学进行本质的了解；而传统经济学遇到的问题恰好是我们系统经济学的专长，系统经济学就是研究经济关系的，系统经济学的研究对象就是经济系统。经济系统指由一组元素通过他们之间的关系构成一个有机整体，关系就类似于传播学中的"渠道"。从这个意义上来讲，传媒经济学从基本定义开始就和系统经济学是刚好吻合的。所以，系统经济学为传媒经济学的研究提供了最新的方法。

四、大媒体（TMT, Tele-Communication Media Technology）

所谓 TMT，就是指通信、媒体和高科技的三合一。高科技使美国经济持续 146 个月高增长，创美国经济增长的历史纪录。当时经济学界对此没有合理的解释，为什么原本应该出现的 8 年经济周期没有出现，于是开始有人怀疑传统经济学中的经济周期理论是否依然成立。高科技中所谓的数字技术与传媒关系十分密切，比如现在的电视编号、后期制作等都离不开数字技术，中央台的节目目前已要求全部采用数字信号。当然，数字技术所包括的范围更加广泛。

过去，权威就意味着对舆论的控制优势。但是，现在权威对舆论的控制优势在慢慢下降，因为舆论的渠道越来越多，不同的声音也越来越多。传媒中"守门人"的概念在发生变化，正在发生传媒的所谓"去中心化"现象，其意思是说，每个人都可以成为一个信息源，每个人都有相应的渠道表达自己的声音。传媒将来的趋势是"去中心化"。

现在的通信已经十分发达，其业务甚至已经拓展到了电视，因为通信有着可以到达千家万户的通讯网络，哪怕是偏僻的农村，只要哪里通电话，通信网络就能延伸到哪里。在有些国家，不仅通信部门甚至电力部门也在做电视,各种网络的交叉融合是将来的大趋势。前面已经指出,这种交叉对应于产业经济学里面的组织创新,但不是传统意义上的组织创新。

综上所述,TMT 就是大传媒的概念。对 TMT 的研究也在呼唤新的研究方法。系统经济学可以用来研究网络,包括因果关系网络、网络的连通与解耦问题等。实际上,每一个信息渠道就是一条因果链,链是动态的,链的环境也是动态的,链的分解取决于环境和时间,而动态环境是不可控的。同时,边际效用是不递减的,与现在的情况将有所不同:通话的人越多,通话的速度越快,质量也越好。互联网也具有相同特点,使用的人越多,价值越高。这种情况如何处理可以采用系统经济学方法来进行研究。TMT 是未来媒体发展的大趋势,传媒行业的转型存在很大的商机,同时伴随而来的是新的产业模式和商业形态。

五、系统时代背景下传媒在经济系统中的作用

由于系统时代的到来,经济学的整个分析范式都在发生变化。经济学的发展与时代背景的联系是非常密切的,任何时代变迁都会带来经济学的变革。从经济学发展的几个阶段可以清楚地看出这个特点:重商主义者认为,贸易是财富的主要来源;在工业经济时代,系统内部闭集的资源价值具有重要的决定意义;在系统经济时代,整合外部资源的能力是更为重要的事情。

其中,系统经济时代具有本质上的变化,比如在工业时代,强调设备、厂房和人力资源等,而在系统时代则强调整合内外部资源的能力。时代背景变了,经济学的分析范式也要发生相应的变化。比如经济学的第一个定理——供求定理,它并没有考虑环境变化,同样的产品在不同的地方会有不同的供求情况。例如,洋葱卷在北方卖得很好,但在广州可能就卖不出去,这是地方文化差异造成的。

另外,还有媒介问题。供求定理假定卖者与买者之间的沟通是自动进行的、瞬间完成的。但是,实际上信息传播并不是瞬间完成的,需要一定的中介和时间。广告就是通过媒体将卖者的信息传递给买者。没有媒介,信息就

无法传递。在系统时代，人们之间的联系越来越密切，媒介的种类也越来越丰富，不同的媒介通过不同的渠道进行信息的传播，这一活动对经济的运行影响越来越大。所以经济学的研究对象一定要把环境与中介加入其中，即经济学研究对象：经济系统（Economic System）+ 中介 + 环境，中介在经济系统中是一个构造性元素。所谓构造性元素，就是指它是不可或缺的。货币也可以被看作广义的媒介，政府通过控制货币发行量来对经济系统进行调控。根据凯恩斯的思想，在需求不足的情况下，政府需要通过扩大公共开支来刺激整个经济系统，从而诱导民间投资。所以政府某项公益工程的成功与否，主要看中介是否实际发挥其作用。交通、通信和商业流通都是广义的传媒。在系统时代，传媒的作用越来越大，传媒不仅仅是广告的问题，其内涵尤为丰富。在经济学中，关于信息方面的研究已有多位学者获得诺贝尔奖，其中包括信息不对称问题，信息经济学因此崛起。由于传媒的核心就是信息的传播，所以传媒经济学与信息经济有着必然联系。有了传媒，信息自然可以传播，所以在我们新的经济学分析范式中必须加上传媒。现代经济学不考虑传媒，认为信息是瞬间到达的，包括获得经济学诺贝尔奖的学者所提出的信息不对称原理，也没有考虑信息的传递需要时间和中介，所以这项工作不仅在国内，在国际上也是欠缺的。从传媒经济学的角度来研究经济学是进入事物技理的层次，对经济学研究范围的扩张有着非常好的前景。

除了信息不对称，在系统经济学中我们还提出了信息传播中的另外一个问题：宏观信息的微观化和微观信息的宏观化问题。例如，中央文件下发给各地方，由于各地方的情况不尽相同，具体执行时各地方政府往往都会制定一个实施细则，然后将实施细则与中央文件一同下发，这就是宏观信息的微观化。由于各地方都有着自己的偏好和利益，因此其往往按照有利于自己的方式来理解中央文件，所以在宏观信息微观化的过程中往往存在多异性的问题。再如，中央作经济决策需要了解中国的经济运行情况，是过热还是过冷、应当采用积极的财政政策还是消极的财政政策。于是，要求每个企业报送自己的报表，通过统计局逐层汇总，最后把微观信息汇总成宏观信息，这就是微观信息宏观化的过程。在微观信息宏观化的过程中，也会出现问题，如报表虚假问题，为此我国专门制定了统计法来统一规范企业行为。

信息不对称是同一个经济层次的问题。宏观信息的微观化和微观信息的宏观化实际上是跨越不同经济系统层次的问题，是不同经济层次之间的博弈问题。经济系统包括很多层次，如全球经济系统、国家经济系统、区域经济系统、产业经济系统、企业经济系统和家庭经济系统等。从低层次向高层次跨越就是微观信息的宏观化，而从高层次向低层次跨越就是宏观信息的微观化。同一层次经济系统之间的博弈可以用"直接感受"的方式去处理，而不同层次经济系统之间只能"间接感受"，这是认识论上的问题。宏观信息的微观化和微观信息的宏观化与传媒有很大关系，也就是说如果解决不了渠道的问题，微观化和宏观化的问题也是解决不了的。根据信息论的研究结果，信息的传输渠道及环节对信息的失真程度影响非常大。从系统经济学的角度来看，每一种渠道就是一种关系，不同渠道的连接就是一种关系的复合或者关系的 N 次幂。

综上所述，在系统经济时代，传媒在经济学中将扮演越来越重要的角色，传媒经济学和系统经济学的关系也将越来越密切。系统经济学为传媒经济学提供了较好的研究方法，传媒经济学大大丰富了系统经济学的研究内容。

传媒经济学研究的历史、现状与对策*

从我国传媒经济发展的实际情况来看，传媒实践走在了传媒经济管理理论的前面。传媒产业的大发展向传媒经济学提出了许多新的研究课题，也为传媒经济学研究提供了广泛的发展空间。本文的研究包括以下四个部分：一是关于科学的分类与传媒经济学的基本属性，二是关于国外传媒经济学研究的历史脉络，三是关于我国传媒经济学研究的现状，四是关于加强我国传媒经济学研究的若干思考与对策。

一、关于科学的分类与传媒经济学的基本属性

联合国教科文组织在20世纪70年代出版的《社会科学和人文科学研究的主要趋势》中，用社会科学和人文科学来概括自然科学之外的科学。社会科学是研究社会现象与发展规律的科学，包括政治学、经济学、社会学和法律学等。人文科学是指以人的精神生活为研究对象的科学，包括音乐、美术、戏剧和诗歌等。因此，自然科学之外的科学又被统称为人文社会科学。我国从20世纪50年代起开始使用哲学社会科学的概念。哲学是关于自然界、社会和人类思维及其发展一般规律的科学。之所以使用哲学社会科学的概念，

---

* 本文原载于《现代传播（中国传媒大学学报）》2007年第6期，与刘静忆、王燕萍合作，收入本书时略有删改。

是因为当时的讨论主要受苏联关于科学分类的影响，认为社会科学与自然科学是并列的，而哲学是对自然科学和社会科学的概括和总结，不能包括在社会科学之中，因而最后使用了哲学社会科学的概念。

从总体上讲，传媒经济学属于哲学社会科学（按照我国的科学分类）和人文社会科学（按照国际教科文组织的分类）的范畴。哲学社会科学具有鲜明的意识形态属性，这就从根本上决定了传媒经济学总是在某种程度上体现着统治阶级的意志。从研究对象上讲，自然科学的研究对象具有不依赖于主体而存在和发展的客观性与普遍性，主客体界限分明，即使涉及人，也是把人作为没有意志的客体来看待。传媒经济学的研究对象是由有目的、有意志的人构成的传媒经济系统，充满复杂的随机因素和不确定因素。正因为如此，我们认为，诞生于20世纪的系统方法是研究传媒经济的最好方法。目前，国际上关于传媒经济的研究方法包括理论研究和经验研究两类，理论研究在一定程度上可以说是数学建模，而经验研究主要是使用传媒观测数据进行回归分析、参数估计和模型检验。

在我国，传媒经济学是一门比较新的学科。有人认为它是传播学的分支，也有人认为它是应用经济学的分支。从学科冠名的习惯上来看，传媒经济学应当属于应用经济学的范畴，而经济传播学应当属于传播学的范畴。经典的学科冠名具有同样的特点。例如，物理化学是用物理的方法研究化学问题而属于化学的范畴，而化学物理则是应用化学方法研究物理问题而属于物理的范畴。这两个概念是不同的。为了避免纯粹学术名词的争论，我们可以采用一种综合的说法，我们称传媒经济学是新闻传播学与经济学的交叉学科。

从国际同行的研究来看，传媒经济学强调的是经济学知识在传媒中的应用，其研究大都是围绕经济学所涉及的基本问题展开的，如传媒产业的"结构、行为、绩效"（SCP）分析、传媒市场的特征、传媒产业组织、消费者（受众）偏好、需求、供给、成本、效率等。也就是说，国际上关于传媒经济学的研究采用的基本上是经济学的分析范式。这从国外的一些传媒经济学者为传媒经济学所下的各种定义中可见一斑。

《传媒经济学》(*International Journal of Media Economics*)杂志现任主编阿尔巴润(Albarran)博士认为,传媒经济学研究"传媒业如何利用稀缺资源制作内容……满足各种各样的欲望和需求"①。亚历山大(Alexander)等人认为,传媒经济学是指"制作和销售产品给各个传媒行业的公司的经营和财政活动"②。吉利安·道尔(Gillian Doyle)认为:"传媒经济学是把经济学的研究与传媒学的研究有机结合起来的一门学问,它所研究的是在传媒业中不断变化的经济因素,这些因素时刻指导或约束着从业人士如经理人、决策人进行抉择。……传媒经济学涵盖了一系列问题,其中包括:国际贸易、商业策略、价格政策、竞争和产业集中,传媒公司乃至整个传媒业都受这些因素的影响。"③

国际《传媒经济学》杂志创始人罗伯特·皮卡特(Robert Picard)认为:"传媒经济学关注和研究的是形形色色的媒介运营者如何在各种资源非常有限的前提下,满足受众、广告商在社会咨询与娱乐等方面的需求。传媒经济学要考察的问题是:各种媒介产品与服务的生产受哪些因素的影响和制约,而这些产品又在哪些条件下向外分配并供人消费。"④总之,国外传媒经济学研究遵从的是经济学分析范式。从研究内容上来看,其主要在两个层次上展开:一是传媒经济现象及其基本规律的探索,如传媒市场结构的研究、媒体购并现象及其机制的研究、媒体竞争现象及其机制的研究等。这些研究既有大量的实证经济学研究,也有不少的规范经济学研究。二是各个传媒领域特殊现象及其规律的探索,如报纸的发行量问题、广播电视的收听收视率问题、网络的点击率问题及其相应的经营管理问题等。

---

① ALBARRAN A B. Media economics:understanding markets, industries and concepts[M]. Ames:Iowa State University Press, 1996.
② ALEXANDER A, OWERS J, CARVETH R, et al. Media economics[M]. Hillsdale, N. J.:lawrence Erlbaum Associates, 1998.
③ DOYLE G. Understanding media economics [M]. London: Sage, 2002.
④ PICARD R G. Media economics: concepts and issues [M]. NewburyPark, Calif: Sage Publications, 1989.

二、关于国外传媒经济学研究的历史脉络

国外关于传媒经济学研究起步较早，到目前为止大约经历了100年的历史。皮卡特教授曾对传媒经济学发展的历史进行了系统梳理。在近百年的历史进程中，传媒经济学的发展总的来讲可以划分为三个阶段。

第一阶段：各个领域独立发展阶段——20世纪70年代之前。

1925年，美国威斯康星大学社会学和经济学教授杰米（Hiram Leonard Jome）在他的著作《广播产业经济学》中提出了"广播经济学"的概念，并进行了比较深入的分析；1927年，美国明尼苏达大学经济学教授威力（Roland Snow Vaile）在出版的专著《广告经济学》中揭示了企业销售收入与广告投入量之间的关系；1936年，赫瑞（James Mororton Herring）与戈若斯（Gerald C. Gross）合著的《电信：经济学与规则》出版，标志着"电信经济学"概念的问世；1958年，墨尔根（Thomas Jefferson Morgan）出版了一部名为《电信经济学》的著作，着重分析了电信市场供应方面，对于需求方面的分析比较少。后来，1976年，伯明翰大学商学院教授李特查尔德（Stephen C. Littlechild）出版了《电信经济学基础》，分析了电信市场供需平衡及其价格机制，电信的有效竞争及政府管制一直是社会关心的热点和学术研究的重点；1960年，美国加州大学经济学和政治学教授伯恩斯坦（Irving Bernstein）在其著作《电视片生产与发行的经济学》中提出了"电视经济学"的概念；1963年，英国剑桥大学的应用经济学教授瑞德威（W. B. Reddaway）在《经济杂志》（*Economic Journal*）上发表了文章《报业经济学》（"Economics of Newspaper"），总结了前人的研究，提出了学科研究的新思路。

在这个阶段，传媒经济学研究的一个显著特点是：主流经济学家参与较多，有多位诺贝尔经济学奖得主涉足传媒经济学的早期研究，通过研究传媒经济问题对经济学理论作出了重要贡献，极大地提高了传媒经济学在整个经济学中的地位。例如，1970年诺贝尔经济学奖得主、麻省理工学院经济学

教授萨缪尔森（Paul A. Samuelson）曾在1964年探讨过电视节目的公共产品属性问题；1972年诺贝尔经济学奖得主、斯坦福大学经济学教授阿罗（K. J. Arrow）曾在1965年前后探讨过商业电视的未来以及广告投放的最佳途径等问题；1986年诺贝尔经济学奖得主布坎南（James B. Buchanan Jr.）曾从公共产品的角度研究广播电视经济学的理论与实践问题。特别值得一提的是，在获得诺贝尔经济学奖的学者中，有一位几乎是完全依靠研究传媒经济现象而获此殊荣的，他就是美国弗吉尼亚大学经济学教授科斯（Ronald H. Coase）。自20世纪50年代开始，他一直研究广播电视波段分配的经济与政策问题。他提出的通过拍卖分配广播电视波段的主张被美国联邦通信委员会（FCC）采纳。他深入地探讨了广播电视波段拍卖的交易成本及其制度安排之间的关系，揭示了商品或服务的价格不仅受到消费市场供求关系的影响，而且受到制度的严重影响，提出了社会成本理论（Problem of Social Cost），极大地丰富了人类对于价格机制的认识。

第二阶段：传媒经济学学科架构的形成阶段——20世纪70—80年代。

有三件重要的历史事件或标志性学术成就促进了传媒经济学学科的发展。一是"传媒经济学"概念的问世。早在1970年，斯坦福大学经济学博士研究生欧文（Bruce M. Owen）等在整理传媒经济研究资料时就提出了"大众传媒经济学"的概念。随后，1982年，斯坦福大学的学者米勒（Miller）编著了《传媒经济学资料汇编》。无论是"大众传媒经济学"还是"传媒经济学"，在涵盖的领域上没有本质的差异，都将报纸、杂志、广播、电视、通信等统统囊括其中。二是国际《传媒经济学》杂志于1988年创刊。它成为新闻学界主导传媒经济学发展的一个重要转折点。这本杂志关注传媒产业各个部分的结构及其行为的原创研究成果，并努力扩大视野，如经济和财政对于传媒经营管理的影响。三是"传媒经济学"教科书的问世。1989年，由皮卡特撰写的世界上第一部"传媒经济学"教科书正式出版，它成为新闻学界主导世界传媒经济学的另一个重要转折点。随后，新闻学界主导和参与编写了四部重要的"传媒经济学"教科书：①佐治亚大学新闻学教授亚历山大（Alison Alexander）等组织编写的《传媒经济学》，1993年第一版面世；②北得克萨斯大学广播电视电影系主任艾尔布兰（Alan B. Albarran）教授独立撰写的于1996年出版的《传媒经济学：理解其市场、产业及其内容》；③苏格兰斯特灵大学电影和传媒研究系主任多勒（Gillian Doyle）高级讲师于2002年出版的著作《解读传媒经济学》；④加拿大艾尔贝特大学（university of Alberta）的斯肯斯（Colin Hoskins）于2004年出版的《传媒经济学：应用于新旧媒体的经济学》。

第三阶段：传媒产业融合与传媒经济学深化阶段——20世纪90年代以来。

随着数字技术的发展和政府监管制度的不断放松，不同产业之间的界限不断被打破，传媒产业的交叉融合正在成为传媒产业发展的主要趋势，这就使得传媒经济学研究逐步转向产业经济学范式，深入探讨传媒产业融合的动力、原因、方式以及相应的运行模式、盈利模式和管理模式等，传媒产业融合正在成为在产业融合背景下传媒经济学研究新的生长点。

1993年，美国密歇根大学经济学、信息学与计算机科学教授迈克等学者（Mackie-Mason，J. K.）提出了"网络经济学"（Economics of Internet）概念。1998年，意大利锡拉库扎大学信息学院教授迈克雷特（Lee W. Mc Knight）主编的《网络经济学》出版，并成为该领域经典著作之一。

在网络经济学兴起的同时，美国学者虎克（Jeffrey C. Hooke）在1998年分析网络时代的华尔街安全问题时提出了"网络安全经济学"（Economics of Internet Security），从此，信息技术安全经济学研究成为一个重要的议题，这也是传媒产业发展面临的一个重大问题。

1998年，美国内华达大学新闻学院的曼升（Donica Mensing）提出了"在线报纸经济学"（The Economics of Online Newspaper）；2001年，美国印第安纳大学传播学系教授沃特曼（David Waterman）提出了"网络电视经济学"的概念，并探讨了交互式以及无限空间、低成本与低价格给电视业带来的新机遇；2002年，密歇根州立大学的两位学者（Carol Ting，Steven Wildman）提出了"网络广播经济学"（Economics of Internet Radio），并探讨了价格机制问题等。与此同时，报纸、杂志和图书的电子出版从概念变成现实，几乎所有传统媒体都向新媒体转变。以世界报业协会、国际期刊协会为主导的国际业界展开了电子报纸、电子杂志的研究。2002年，波士顿大学传播学教授德弗瑞（Melvin DeFleur）在其经典教科书《解读大众传播》中对"新媒体经济学"（Economics of New Media）进行了比较完整的论述。

传媒经济学研究的不断深入向经济学提出了许多利用传统经济学理论无法解决的问题。例如，在传媒领域，边际成本递增、边际效用递减规律不成立。有些传媒经济问题的研究甚至动摇了传统经济学的基础。经济学鼻祖亚当·斯密所提出的"看不见的手"是市场机制的基础。"看不见的手"要能像亚当·斯密所说的那样发挥作用，需要满足三个假设：商品的排他性、竞争性和透明性。目前正在发生的数据处理和数据通信革命，正在削弱这三个假设所代表的有关财产和交换的基本特征。

三、关于我国传媒经济学研究的现状

我国关于传媒经济的研究起步较晚，这主要是因为在实行改革开放之前，我国的传媒一直作为党和政府的宣传喉舌，实行的是政府统筹统支的事业化管理，所需要的经费由政府全额拨付。随着改革开放的不断深入，我国在逐步建立社会主义市场经济的背景下，传媒的经济属性逐步被人们认识，特别是党的十五大正式提出了大力发展文化事业和文化产业的号召，为传媒产业和传媒经济学研究开通了制度通道。

根据前面的论述可以看出，国际上最早从事传媒经济学研究的是一批非常杰出的主流经济学家。与此形成鲜明对照的是，由于历史原因，我国最早从事传媒经济学研究的学者大都是学习新闻传播及其相关专业出身的。因此，我国关于传媒经济研究的早期成果基本上是经济学概念向传媒的平移，而且以定性描述为主，缺乏定量研究的支撑。因而，我国传媒经济与研究所得出的结论具有两个特点：一是以议论为主，针对性不强；二是精确的定量的标志性成果不多，可操作性不足。

但是，我国以新闻传播学者为主导的传媒经济学研究对于我国传媒经济学研究的贡献是非常重要的。第一，传媒经济学研究引起了人们对于传媒经济问题的重视，为其发展奠定了一定的基础；第二，传媒经济学研究确实因应了社会的需求，为社会提供了服务；第三，传媒经济学研究随时提醒人们传媒经济具有自身的特点和流程，传媒产业不同于其他的一般产业，对未来的传媒经济学研究具有一定的警示作用；第四，传媒经济学研究贴近传媒实践，随时发现传媒实践中出现的新问题。

所以，从感情方面来讲，有人认为传媒经济学是传播学的分支也是可以接受的。但是，传媒产业既然是一个产业，必然符合产业发展的一般规律，虽然传媒产业具有自己的特点和流程。例如，现在对于手机电视、网络电视和数字报纸的研究，就必须采用规范的产业经济学理论，从产业融合和组织创新的角度进行探讨，才可能得出有价值的学术结论。

与这种情况相对应，我国目前招收的传媒经济与媒体管理专业博士生与硕士生基本上都是在新闻传播学名下。我国招收传媒经济与媒体管理专业博士生的院校有5所，分别是中国传媒大学、中国人民大学、复旦大学、武汉大学和北京大学。除了中国传媒大学的昝廷全教授具有经济学博士学位之外，其他研究生导师的学科背景全部是新闻传播学。这就从某种程度上决定了我国传媒经济学的研究内容和研究特点，在取得丰硕研究成果的同时，存在着研究上的一些薄弱环节。从严格的经济学意义上讲，目前学术界关于我国现实存在的某些传媒经济与管理问题的表述不甚规范，这样很不利于问题的彻底解决。现代西方分析哲学认为，问题的表述对于问题的解决具有重要影响。因此，采用现代经济学分析范式，找准我国传媒经济领域存在的真正问题并进行科学表述，是我国传媒经济学研究十分迫切的重要现实任务。

在早期的传媒经济研究中，我国的主流经济学家基本上没有介入传媒经济学研究，其中大概有两个原因：一是在改革开放之前，传媒一直作为党和政府的喉舌属于事业单位，没有进入经济学家的视野；二是经济学家对传媒不够了解，而且和国民经济的主导产业相比，传媒产业在GDP中所占的比例太低，没有引起经济学家的重视。但是，随着传媒产业的快速发展，传媒产业在国民经济中的重要性日益提升，可以预期，在不远的将来，主流经济学家介入甚至主导传媒经济学研究是必然的。

事实上，近年来一些比较敏锐的主流经济学家已经开始涉足传媒经济学的研究。中国社科院工业经济研究所的金碚教授出版了《报业经济学》，该书运用经济学特别是产业经济学的基本理论、基本方法和分析工具，对报纸产业的经济关系和经济规律进行了系统研究，建立了报业经济学的研究架构和理论体系，各章的分析均以报业经济发展的现实状况为背景，力求反映中国报业经济中各种重要的经济关系和经济规律。上海社科院经济研究所的周振华教授近年来从产业经济学的角度研究了信息化进程中的产业融合问题，运用产业边界分析框架，通过对电信、广播电视和出版三个部门从产业分立走向产业融合的演变过程的剖析，揭示了产业融合对传统产业分立的历史性否定，其考察了这三个部门的产业融合是如何通过突破产业分立的限制，给产业发展带来的新的机会及潜在可能性空间的扩展，揭示了产业融合将成为产业经济发展的新的发动机。

昝廷全深入分析了传媒的基本属性及其与经济系统的关系，提出了"传媒是经济系统的构造性元素"的观点。① 所谓构造性元素，就是指它是不可或缺的。经济学中最基本的规律就是供求定律：在其他条件不变的条件下，价格上升，供给增加，需求减少；价格下降，供给减少，需求增加。至于价格信息是如何传递给生产者和消费者的，是通过什么样的渠道和中介系统传递的，经济学没有进行详细讨论。事实上，传统经济学通过假设信息传播的速度是无穷大，把信息传播的渠道和中介问题给抽象掉了。从哲理基础上讲，传统经济学采用的是牛顿时空观。根据牛顿时空观，不同经济元之间相互作用的传播速度为无穷大，因此也就不需要考虑不同元素之间相互作用的传播渠道问题。在经济现实中，不仅传播渠道不能忽略，即使是同样的信息，发布和传播的渠道不同，其权重也是不同的。

因此，现代经济学应当从牛顿时空观转向爱因斯坦时空观。爱因斯坦时空观认为，自然界中不同物体之间相互作用的传播速度的最大值是光速。光

---

① 昝廷全. 论传媒经济学与系统经济学之间的关系 [J]. 现代传播（中国传媒大学学报），2006（2）：92-95.

速是一个有限的数字。这就意味着不同经济元之间相互作用的传播是需要一定时间的，因此必须考虑不同经济元之间相互作用的传播渠道问题，即它们是通过什么中介发生相互作用的。在这种情况下，就必须考虑传媒问题。我们甚至可以说，经济系统是通过传媒"连成"一个有机整体的。正是根据这个理解，我们认为，传媒是经济系统的构造性元素，是内生在经济系统之中的。由此，想要全面深刻地理解传媒经济，我们不能就传媒谈传媒，只有将它放在系统经济的背景下，才能真正理解传媒的本质。

昝廷全领导的研究团队采用产业组织理论方法研究了传媒产业的网络外部性问题，建立了相应的数学模型，在此基础上自然诱导出了我国数字电视推广的政策建议。2005 年，团队着重了解媒体价值评价问题，提出了"媒体的价值取决于它所镶嵌的经济系统的性质和规模"的基本论断，发展了一套媒体评价的指标体系。针对目前广告界过分看重收视率的弊端，团队于 2004 年引进了"广告购买指数"。所谓广告购买指数，是指衡量某一媒体某一时段广告效果的指标，它是收视率（阅读率）、受众构成、广告主行业与产品和环境参数的函数。

四、关于加强我国传媒经济学研究的对策

中国传媒大学拥有全国第一个传媒经济学博士点和硕士点，走在了全国传媒经济学研究的前列。随着传媒产业的快速发展，许多院校已经或者正在筹备开办传媒经济学专业的学位教育，传媒经济学研究将更加规范，我国将很快迎来一个传媒经济学研究大发展的时期。为此，我们提出的加强我国传媒经济学研究的基本思路和对策如下。

第一，理清传媒经济学的发展历史与研究现状，这是传媒经济学研究的起点和基础。

第二，按照经济学分析范式，构造传媒经济学的理论框架。采用数学家兼哲学家怀特·海的方法加强传媒经济学理论体系研究。

第三，在历史逻辑与理论逻辑的统一中深化传媒经济学的研究，这是传

媒经济学研究必须采取的科学态度和应有的战略高度。

第四，从传媒产业发展过程研究我国传媒产业目前主要面临的如下问题，为传媒实践第一线服务，取得一批阶段性的标志性成果：

（1）信息传播的去中心化趋势以及由此带来的传媒管理与盈利模式的变化。

（2）随着数字技术的发展和政府管制的逐步放松，传媒产业融合与组织创新问题的研究，即所谓的 TMT（Technology, Media and Telecommunication）问题，特别是传媒与电信的融合问题。在传播认知有效性和营销有效性的基础上，对广告购买指数加以研究。以收视率（阅读率）为基础的广告营销策略所依据的是传播的认知有效性。从营销的角度来看，传播的营销有效性具有更加重要的意义。因此，以传播的营销有效性为基础的广告购买指数研究具有更加重要的现实指导意义。

（3）媒体价值评价问题研究。在传媒经济研究中，媒体价值评价是一个基础性问题。媒体价值评价的基本思想就是一个媒体的价值取决于它所镶嵌的经济系统的规模和性质。按照这种思路，可以构造一套关于媒体价值评价的指标体系，用以规范和指导我国传媒产业的发展。

（4）传播过程的信息增值问题研究。

第五，积极整合不同学科资源，促进我国传媒经济学的快速健康发展。传媒经济学是一门传播学与经济学的交叉学科，传媒经济学研究需要传播学、经济学、管理学等学科的支撑，甚至还需要工学门类相关学科关于信息传播技术与规律的研究作支撑。因此，学科交叉对于传媒经济学研究尤为重要。

第六，积极引进和汲取世界传媒经济研究的精华，加强国际交流，丰富和加快我国传媒经济学的发展。

诺贝尔经济学奖获得者与传媒经济研究*

"传媒经济学"概念的问世被认为是1970年斯坦福大学经济学博士研究生欧文（Bruce M.Owen）等在整理传媒经济研究资料时提出的"大众传媒经济学"的概念。[①] 此后传媒经济学的研究从欧美到世界范围内迅速普及、研究领域也随之拓展。但事实上自20世纪20年代对传媒经济现象的探讨就已经开始，"广播经济学""广告经济学""电信经济学""电视经济学"以及"报业经济学"的概念都在20世纪20年代至70年代之间问世。[②] 其间众多经济学家参与其中并且不乏诺贝尔经济学奖获得者。他们将经济学理论运用于传媒经济现象的研究极大地提高了传媒经济学在主流经济学中的地位，夯实了传媒经济学的学科理论基础。以下就对两位著名的经济学家、诺贝尔经济学奖获得者萨缪尔森和科斯在传媒经济研究领域所做出的贡献进行回顾与评价。

一、保罗·安·萨缪尔森

新古典综合学派的代表人物保罗·安·萨缪尔森（Paul A. Samuelson）1970年获得诺贝尔经济学奖，也是获得该奖项的第一位美国经济学家。瑞士

---

* 本文原载于《现代传播（中国传媒大学学报）》2007年第6期，与程静薇、应思思合作，收入本书时略有删改。

① OWEN B M, GREY D L, ROSSE J N. A selected bibliography in the economics of the mass media [M]. Stanford: Stanford University, 1970.

② 陈中原. 传媒经济学研究的简要回顾 [J]. 新闻大学，2005（1）：9-13.

皇家学院为其颁布的授奖辞是:"他发展了数理和动态经济理论其研究涉及经济学全部领域。"让世人熟知萨缪尔森的是他再版十七次的教科书《经济学》。但鲜为人们所注意到的是,萨缪尔森早在20世纪50年代就撰文探讨广播电视的公共品属性问题并引发了一场学术争论。

今天的西方经济学教材在讲到公共品时广泛引用的一个定义是萨缪尔森于1954年在《公共支出的纯理论》一文中提出的:公共品是指一个人对这种产品的消费并不能减少其他任何人对该产品的消费。它具有两个本质特征:一是收益的非排他性,二是消费的非竞争性。①1958年,萨缪尔森在《公共支付理论的几个方面》②一文中论述公共品特性与市场机制的问题时曾对付费电视是否属于公共品进行了深入的探讨。当时美国联邦通讯委员会(Federal Conmuuications Commission,FCC)正尝试推行付费电视。学者们开始思考付费电视与传统的免费电视在本质属性上是否有根本的区别。一种盛行的观点是:由广告支持的免费商业电视无疑是典型的公共品——电视信号所覆盖之处只要拥有电视机便能收看自己的收看也不影响其他人的收看;付费电视从技术上通过加密措施限制了对电视节目的免费消费,排除了一部分消费者。所以有学者认为"付费电视通过技术手段将公共品转化成了私人品",那么私人品则可以转而依赖价格机制回避公共支付的一些棘手问题。

萨缪尔森认为这一观点是错误的。"限制公共品的消费并不能把它变为私人品。"这是因为付费电视和免费商业电视一样,为一个家庭提供电视服务的边际成本为零。如果按照市场机制下的帕累托最优条件($P = MC$)定价,价格也应为零,所以边际成本定价法不能运用于付费电视。从本质上讲,私人产品是一种具有规模报酬的经济,通常遵循边际成本递增边际收益递减的规律。这也是帕累托最优条件发挥作用的前提。付费电视则与之相反,其边际成本始终为零而其边际收益是递增的。只要边际收益递增,完全竞争假定下

---

① SAMUELSON P A. The pure theory of public expenditure [J]. The review of economics and statistics, 1954, (4): 387–389.

② SAMUELSON P A. A spects of public expenditure theories [J]. The review of economics and statistics, 1958(11): 332–228.

的价格机制就不能发挥作用。

萨缪尔森的本意是通过付费电视的例子说明"限制公共品的消费并不能把它变为私人产品",而他的观点却被误解了。不少人认为他是反对付费电视的,因为在萨缪尔森的原文中有这样一句话:"既然收看广播电视节目的边际成本为零,为什么要用收费来排除一部分能从电视节目中得到愉悦感的家庭呢?"也就是说,如果用帕累托最优原理来分析当价格大于边际成本时,一定存在帕累托改进在不损害一部分人利益的前提下,能使另一部分人的状况变好。

Jora R. Minasian 专门撰文反驳萨缪尔森的观点。[①]Minasian 认为,由于广播电视使用了稀缺的电波资源,而稀缺的电波资源是会产生机会成本的,因此需要通过收费实现稀缺资源的竞争性用途的价值最大化。在免费商业电视体系中由于广告支撑电视台的生存而广告商重视的是观众的规模,所以免费商业电视的节目选择以能够产生最大的观众规模为标准,而不考虑节目的娱乐性和教育性。在付费电视中,由观众直接支付电视节目的生产成本,因此节目选择必须重视其娱乐和教育意义。从这一意义上说,付费电视更加有效地利用了稀缺资源,使节目类型能够合理分配。也就是说,在免费商业电视体系中,节目的经济回报与节目本身无关,即资源的配置状态并不取决于资源的经济成本,而是取决于观众(消费者)对广告商品的购买,因此难以实现经济效率。付费电视体系中节目的经济回报直接由节目本身决定,观众通过对节目类型和数量的选择性付费,解决了资源配置的效率问题。Minasian 通过资源配置的经济效率分析,说明了电视产品虽具有公共品的特性,但不能完全依据帕累托最优原则($P=MC$)免费提供,相反,引入价格机制更能够实现资源配置的最优化。

Minasian 对萨缪尔森的理解显然有断章取义之处。1964 年,萨缪尔森发

---

① MINASIAN J R. Television pricing and the theory of public goods [J]. Journal of law and economics, 1964(10): 71–80.

表了《公共产品与付费电视：观点的修正》[1]一文对他的观点进行进一步澄清。"我从未就免费商业电视和付费电视两种体系哪个更好发表任何观点，只是说明付费电视哪怕是通过技术手段排除了一部分消费者，它也不能成为私人品。公共品的本质不在于它排除一部分消费者。"萨缪尔森进一步强调，付费电视也面临公共品的两难处境：无法通过市场机制进行定价。价格杠杆之所以不能发挥作用，是因为付费电视并不是像完全竞争假定下讨论的私人品那样，是一种具有规模报酬的经济，通常遵循边际成本递增，边际收益递减的规律。这也是资源配置的帕累托最优条件（P=MC）发挥作用的前提；而付费电视的边际成本始终为零，所以帕累托最优原理并不适用于付费电视的分析。

这场争论至此结论明晰。事实上两位学者的观点是一致的，即付费电视不属于私人品，不能按照帕累托最优条件（P=MC）进行定价。当然，对电视服务收费是否能够提高资源的配置效率，萨缪尔森并没有发表意见。但无论如何，萨缪尔森的观点在今天仍具有极高的借鉴意义，即分析传媒经济现象时需要考虑是否选择了恰当的分析工具，而不是将经济学理论进行简单的类比和平移。

二、罗纳德·科斯

英国经济学家罗纳德·科斯（Ronald H. Coase）由于揭示并澄清了经济制度结构和函数中交易费用和产权的重要性，于1991年获得诺贝尔经济学奖。科斯现在为人们所熟知的是他提出的"交易费用"概念以及"科斯定理"，而这一理论的形成与科斯对广播电视业的密切关注与思考是分不开的。

自20世纪50年代开始，科斯一直致力于研究广播电视波段分配的经济与政策问题。他先后发表了三篇讨论广播电视政策的论文：《广播电视公共政策评述：社会和经济问题》[2]《广播电视与广告业、政府政策的经济学分

---

[1] SAMUELSON P A. Public goods and subscription TV: correction of the record [J]. Journal of law and economics, 1958(10): 81–83.

[2] COASE R H. Evaluation of public policy relating to radio and television broad casting [J]. Social and economic issue and economics, 1965(5): 161–167.

析》①《第一修正案的经济学：商品市场和观点市场》②。在这些文章中，科斯不遗余力地批评 FCC 的广播电视政策，并且指出：解决美国广播电视业效率低下的问题，并不在于更换 FCC 的官员，而是要解决 FCC 一直没有解决的两个基本问题：一是电波资源的分配方式，二是广播电视产业的财政制度。

对于广播电视业所使用的稀缺的电波资源，价格机制在其中不能发挥作用，因此需要政府对电波资源进行分配。FCC 是直接向国会负责的独立政府机构，其重要职责之一就是发放广播电视牌照。美国所有的商业和非商业的广播电视牌照均由 FCC 核发。申请开展广播电视服务的申请者与可以利用的电磁波段之间存在严重的供需矛盾。FCC 采用的惯常方法是考察申请者的资质及其服务于公益事业的兴趣。但这些很难量化的指标不免会让人对分配的公正性产生怀疑，甚至偶尔会曝出与申请执照有关的贿赂丑闻，这些都导致了电波资源可能被滥用的社会问题。

科斯认为，FCC 的现行免费发放执照的制度可能会导致以下问题：执照的发放由于考虑到申请者的财力，因此不可避免地倾向于实力雄厚的公司或个人；免费得到执照许可后，从经济上讲（当然法律不允许），他可以随意处置其电视台，甚至将其高价出售。这无疑导致了资源配置效率的低下。此外，现行的执照发放制度也导致 FCC 事实上间接地影响了新闻自由。美国虽然没有明确的节目审查制度，但是 FCC 可以通过拒绝为其更新执照而间接影响节目内容。

科斯主张应该通过拍卖来分配广播电视波段，调节频率分配的供需矛盾。"公共土地的使用者要向政府缴纳费用，为什么频谱资源的使用者不这样做呢？"因此科斯主张在广播电视的波段分配上引入市场机制，通过拍卖发生的交易成本能更有效地实现资源配置的最优化。

科斯的主张最终被 FCC 采纳。20 世纪 90 年代以来，美国便对特定的无

---

① COASE R H. The economics of broadcasting and advertising the economics of broadcasting and government policy [J]. American economic review, 1966(5): 440–447.

② COASE R H. The economics of The First Amendment: the market for goods and the market for ideas [J]. American economic review, 1974(5): 384–391.

线电频段采取了通过拍卖发放许可证的方式。2002年以来，英国、德国等欧洲国家在发放3G许可证时，纷纷采取了拍卖的方式。最新的消息是，2006年8—9月，美国进行了其历史上规模最大的频率拍卖。FCC对90MHz频段的1122张执照进行竞标，最终成交1087张，拍卖所得达139亿美元。FCC表示，未来用于广播电视的700MHz频段资源也将在几年内被拍卖。

值得注意的是，科斯不仅关注广播电视的波段分配问题，还对美国现行的商业电视制度提出了批评，并强烈主张实行付费电视制度。

科斯认为，商业电视体系的本质是电视台要为节目的生产付出成本，但收看节目的观众无须付费，他希望向观众传递广告信息的广告主要向电视台付费，但单纯的商业广告并不会吸引人们的眼球，所以商业电视的目的就是节目基于广告商的商业利益来吸引观众。"我们期待的广播电视节目并非来自屠夫、啤酒酿造者和面包师的仁爱心，节目是这一贩卖过程中的副产品"——科斯借用了亚当·斯密（Adam Smith）对市场机制的论述来说明商业电视的本质。

在这一制度下的电视台会播出什么样的节目呢？显然是能够最大限度地降低成本并提高广告收入的节目。这不可避免地导致商业电视偏离了公共利益准则而一味迎合公众。在节目选择的市场中，观众也被排除在外，而是由广告商主导。科斯认为，依靠FCC对许可证的发放和更新是不能解决这一问题的，除非FCC改变广播电视业赖以生存的根本财政制度。因此科斯呼吁应引进市场机制，提升节目的数量和质量，节目的价值由观众的直接支付来体现。

但是付费电视制度在美国引起了很大的争论，FCC在这一制度的实行上也是慎之又慎。最终FCC采取了折中的办法，即现行的美国电视体系——商业电视和付费电视两种制度并存。

三、结论

由此我们可以看出，传媒经济的研究在国外一直就不是被排除在主流经济学之外的，主流经济学家对传媒经济的关注，一方面提高了传媒经济学的学科地位，另一方面的确对现行的传媒经济政策起到了指导性的作用。我们期待国内经济学界有更多的经济学者参与传媒经济学的研究，为我国的传媒经济发展提供可操作的对策性建议。

制度边界的类型与意义*

著名经济学家科斯被认为是最早注意到制度灰色地带的经济学家。将制度灰色地带规范化和科学化就得出了制度边界的概念。本文区分了两种不同类型的制度边界，分别论述了它们的形成原因以及相应的描述方法，并指出制度边界行为对经济增长的积极意义。

一、第一类制度边界

制度是制度经济学的基础和核心概念之一。许多经济学家，如诺贝尔经济学奖获得者舒尔茨、科斯、诺思等都从不同的角度提出过经济制度的定义。但是，到目前为止，经济学界还没有形成关于制度概念的公认的定义。虽然如此，但有一点是公认的，即制度是规范和约束行为的一套规则系统。制度灰色地带可以被看作制度边界概念的一个通俗解释。在这个灰色地带上，并没有明确规定哪些行为是制度允许的，哪些行为是制度不允许的。为了给出制度边界一个准确的定义，我们需要借助在系统经济学研究中所提出的关于制度的拓扑学定义。

在系统经济学研究中，我们尝试给出了制度的一个拓扑学定义：制度就是行为空间中的一条封闭曲线。简单地说，制度就是在行为空间中画一个圈，圈里的行为是允许的，圈外的行为是不允许的。所谓"行为空间"，就是经济

---

* 本文原载于《经济学动态》2008年第12期，收入本书时略有删改。

主体各种可能的行为共同构成的抽象数学空间。行为空间中的每一点都代表一个具体的行为。这样，制度的拓扑定义正好体现了制度是规范和约束人们行为的一套规则系统的核心思想。之所以要求制度曲线必须是封闭的，是因为如果这条曲线不封闭，整个行为空间都是连通的，将分不清内部和外部，也就分不清哪些行为是允许的，哪些行为是不允许的，这样的制度将不具有任何实际上的可行性和可操作性。这里我们并没有涉及制度的成因，只是给出了制度的一个形式化定义，我们在后面讨论第二类制度边界时将涉及技术进步所导致的制度演化问题。

在现实中，各种经济主体的具体行为无可计数，行为空间中的每一个点都代表一个具体的行为，这样的点有无穷多个，为了使设计的制度具有可操作性，不可能具体规定每一个点、每一个具体行为是否可行。也就是说，制度设计不可能针对每一个具体行为。为此，我们在前述制度拓扑定义的基础上进一步提出制度设计的一个假设：人们不可能针对每个具体行为都设计一种具体的制度，只能把每一类行为作为制度设计的基本对象单元。简单地说，制度设计不是针对每一个具体行为，而是针对"行为类"。"行为类"是制度设计的基本对象单元。这样一来，制度的拓扑定义就变成了"制度是行为空间的商空间中的一条封闭曲线"。形象地说，行为空间的商空间就相当于在行为空间中画上很多小方格，使行为空间变成了一个栅格空间。每一个小方格就代表一个基本的"行为类"。对特定的制度来讲，一个小方格中的行为被认为是等价的，要么全是允许的行为，要么全是不允许的行为。行为空间中的点和具体行为是无限的，商空间的方格相对来说是有限的。这样，把"制度是行为空间的一条封闭曲线"转化成"制度是行为空间的商空间中的一条封闭曲线"就实现了从无限到有限的转化和从微观到宏观的转化，最终实现了从不可操作到可操作的转化。

现在，我们来考察一下把制度看成行为空间的商空间中的一条封闭曲线之后发生了哪些变化。根据前面的讨论，这时制度允许的行为（制度内部）就对应于所有完全包含在制度封闭曲线之内的小方格；制度不允许的行为（制度外部）就对应于所有完全处于制度封闭曲线外面的小方格；而所有与制度封闭曲线相交的小方格所代表的行为就是所谓的制度边界。对于该制度来讲，制度边界上的行为没有明确规定允许还是不允许，也就是所谓的制度的灰色地带。简言之，制度边界就是制度封闭曲线与行为空间的商空间中的小方格相交所形成的"制度环带"。采用形象一点的语言来讲，制度就是在行为空间的商空间中画一个圈，这个圈具有一定的厚度。这个具有一定厚度的圈就代表制度边界。

根据上面的讨论不难看出，这样定义的制度边界是非常严格和准确的，没有任何含混的地方，它完全是根据制度的拓扑模型，通过逻辑演绎出来的，即根据"制度是行为空间中的一条封闭曲线"加上"制度设计以行为类作为基本对象单元"就可以逻辑地导出制度边界的概念，我们把这种意义上的制度边界称为第一类制度边界。

实际上，第一类制度边界的定义本身就蕴含了它的可操作性。例如，制度边界的大小和"厚度"与行为空间的小方格划分，即商化的水平有关。一般来讲，小方格越大，制度边界就越"厚"，反之，小方格越小，制度边界就越"薄"。采用数学的语言来说就是，制度边界与行为空间的商化算子有关，我们可以通过改变商化算子（对应于改变小方格的大小）对制度边界进行操作。

我们把制度边界与制度内部的比值称为制度弹性。从制度操作的层面上讲，应当尽量减少制度的灰色地带，尽量减小制度边界。但是，如果制度设计完全是刚性的，没有任何弹性，也不利于资源的充分利用。那么，制度边界的存在不仅必然而且必要。在交通灯系统中，在绿灯和红灯之间设置一段黄灯的目的正是人为创建制度边界（黄灯就相当于制度边界）以利于道路资源的充分利用。于是，问题就转化为最优的制度弹性是多大（相当于绿灯的时间多长合适）。这个最优的制度弹性可能随着具体制度的不同而不同，不能一概而论，这在目前仍是一个开放问题。

二、第二类制度边界

从制度边界形成的原因上讲，第一类制度边界是制度设计的可操作性所导致的，第二类制度边界是技术进步所造成的"制度的空白地带"。为了全面深刻理解第二类制度边界的含义，我们首先讨论技术系统和经济系统之间的层次关系，在这个大背景下来理解制度和制度边界。

需求和供给是经济学中最为根本的两个概念，其根本原因在于，人是一个开放系统，需要不断和外界交换物质、能量和信息才能维持自身的各种耗散结构。所有用于维持这种耗散结构的物质、能量和信息就构成了人类最基本的生活需求。如何才能提供满足人类这些需求的供给呢？答案是通过生产。生产系统是为了满足一定需求的人为系统，高度有序，其中沉淀着人类对自然规律的认识，包含着大量的技术因素。生产的各种最终产品自然沉淀于生产的技术信息，也因生产技术性能的不同而具有不同的使用价值，进而满足人们不同的需求。

技术系统和经济系统处于不同的系统层次，技术信息通过自由度"归并"产生出经济信息。从这个意义上讲，经济系统高于技术系统。同样，从经济系统到政治系统也属于系统层次的过渡，因此政治系统高于经济系统。[①] 产品的技术信息属于产品的自然本质，只有当它与人发生关系且满足人的某种需求后才能谈到它的用途。市场是从技术系统过渡到经济系统的前提。各种沉淀着不同生产技术信息的产品通过在市场上进行交换形成一个价格体系。这个价格体系是从技术系统过渡到经济系统所产生的第一个经济信息。有了价格才能进行成本核算，才能计算利润。成本和利润都属于经济信息。这样，如何通过降低成本提高价格以增加利润就构成了完整的经济系统的"投入—产出模型"，从而实现了从技术系统到经济系统的过渡。也就是说，经济信息先由技术信息归并为用途（使用价值），再由用途归并为价格（交换价值）。因此，从本质上讲，生产的技术信息决定着生产的组织形式，进而决定了经济系统的结构和秩序。

从功能的意义上讲，制度是为了保护和维持现存经济系统的结构和秩序。但是，科学技术是不断发展的，特别是在当代科学技术更以非线性的方式飞

---

① 钟学富.社会系统：社会生活准则的演绎生成[M].北京：中国社会科学出版社，2007.

速向前发展，这就导致各种新的经济组织形式不断产生，使得经济系统不断从一种结构过渡到另一种结构。对于原有的经济系统的结构和秩序来讲，由于其存续的时间较长、相对稳定，一般来讲已经形成了对应的制度约束；对于新形成的稳定的经济结构和秩序当然也会形成相应的制度。但是，经济系统要想从一种结构过渡到另一种结构，中间必须经过一个不稳定的过渡时期。对应于这两种经济结构之间的不稳定过渡时期就形成了一个制度的空白地带，这个空白地带上的行为没有相应的制度约束。我们把制度的这个空白地带称为第二类制度边界。

当然，随着经济系统的结构和秩序逐步趋向稳定，作为第二类制度边界的这种制度的空白地带将会逐步减小，最终形成相对稳定的制度约束。但是，新技术不断出现，使得许多崭新的经济现象不断涌现。因此，在经济现实中始终存在大量的属于第二类制度边界的现象。2007年引起全社会关注的许霆案，其实就是一种第二类制度边界现象。由于技术的进步，出现了以前没有的自动取款机（ATM）。由于以前没有ATM，自然没有关于ATM使用的制度规定，导致出现了相应的制度空白，这才是许霆案引起争议的症结所在。当然，这里还牵涉一个对待制度边界行为的态度和价值取向问题。另外一个典型的例子就是在传媒界引起激烈争议的卫星电视的"落地费"问题。按照我国目前的政策规定，用户自己不能直接接收卫星电视信号，只能通过当地的电视网络收看卫星电视。这样一来，各卫星电视频道要想覆盖某个地区和城市，就存在一个落地问题，即必须和当地的电视网络公司谈妥，先把卫星电视信号"下载"到当地的电视网络，然后才能把电视信号传送到各个用户。在电视频道比较少的时候，各地的网络公司都是免费为各卫星电视传输电视信号。近年来，随着卫星电视频道的增多，地方电视网络相对来说变成了稀有资源，于是有些电视网络公司开始收取"落地费"。"落地费"问题是卫星电视频道出现后才出现的新的传媒现象，国家广播电视总局也没有现成的规定来确定"落地费"应不应该收取以及如何收取。因此，"落地费"问题属于传媒界的制度边界现象。

三、制度边界的意义

根据上面关于制度边界的讨论不难发现,任何制度,不论是层级制度还是自组织制度都存在制度边界。对于制度的设计者来讲,发现和研究制度边界的目的在于更加科学合理地设计制度和制度边界;对于受制度约束的行为主体来讲,发现和研究制度边界的目的在于如何利用制度边界以促进经济增长。中国有句俗话"富贵险中求",其本质就是利用制度边界,可以看作利用制度边界促进经济增长的通俗说法。在系统经济学研究中,我们曾经根据利用制度边界与否把经济系统划分为两种类型:积极型和保守型经济系统。积极型经济系统的行为范围为制度内部加上制度边界,保守型经济系统的行为范围就是制度内部。这两种经济系统的区别就在于是否利用制度边界。在经济实践中,经常听到的"充分利用政策""打政策的擦边球"和"合理避税"等现象都是积极利用制度边界的例子,都属于积极型经济系统的行为特征。

利用制度边界之所以能够促进经济增长,是因为其更深层次的理论依据就是运筹学的一个基本定理:在一定的约束条件下,目标函数的极值都在行为集的边界上。换句话说就是,最优解都在边界上。因此,对于经济行为主体来讲,一方面要遵守各项制度,另一方面要学会识别和利用制度边界。例如,中国加入 WTO 之后,当然要遵守 WTO 规则。但是,任何制度都有制度边界,WTO 规则作为一种制度当然也有制度边界,这就要求我们不能只是消极被动地遵守 WTO 规则,而是要认真研究它的制度边界在哪里,并充分利用这个边界,以求在国际贸易中最大可能地维护国家利益。

与此有关的另外一个问题是对待利用制度边界行为的态度问题。既然制度边界行为有利于经济增长,因此,在对待制度边界行为上要采取宽容的态度。在不违反现存制度的前提下,要鼓励"敢为天下先"的行为。在价值取向上,应当允许制度边界行为的存在,甚至鼓励制度边界行为,这对于增强民族活力,建设创新型国家尤为重要。当然,对于新技术可能引起的不良经济行为应当事先制定防范措施,尽量减少制度边界行为的负面影响。

传媒价值定律的实证研究*

一、引言

随着数字技术和互联网的飞速发展，传媒正在成为一种影响社会的巨大力量。于是，如何评价一个媒体的价值无论在理论上还是在实践上都是一个十分紧迫的研究课题。

昝廷全利用系统经济学方法对传媒的经济功能进行了初步分析，在信息增值的基础上，提出了传媒价值定律，即一个媒体的价值取决于它所镶嵌的经济系统的特征与规模，包括这个经济系统所覆盖的区域大小、人口构成、人口规模与经济总量。简而言之，传媒价值主要取决于两个因素：一是所镶嵌经济系统的规模，二是受众的构成、规模、消费偏好、购买力等。本文以我国近几年来的GDP发展数据，和传媒行业的广告收入等数据为基础，通过实证分析，具体检验传媒价值定律的成立条件和适用范围。

二、传媒价值评价体系的构建

近年来，国内学者对传媒价值与经济发展的关系问题已有所研究，但多

---

* 本文原载于《中国传媒大学学报（自然科学版）》2008年第4期，与马若涵、勾博男合作，收入本书时略有删改。

为定性的描述性分析，缺乏相关数据的举证与支撑。造成这一现象的主要原因是对传媒价值界定与度量的困难。传媒具有两重属性，分别为经济属性与宣传属性，对两者的界定与度量涉及影响力、公信力及传播范围等诸多方面。从经济属性上说，一个传媒的经济价值可以由其营业收入来表征，但对于宣传属性来说，传媒因涉及人们的心理活动和主观评判等问题而难以被定量分析。另外，我国传媒领域相关统计数据不规范、不全面等因素增加了实证分析的难度。正因为如此，国内学者很少从实证角度研究传媒价值与经济发展间的相互关系机制也是可以理解的了。尽管存在上述问题和困难，但是根据一定的假设前提和研究框架设定，构建总体上反映传媒价值与经济规模间关系的指标仍是可能的。

  传媒不同于其他商品的一个重要特点就是存在二次售卖现象，首先通过高品质的内容吸引受众，并以其注意力资源向广告主换取广告收入，支持自身发展。追本溯源，受众的注意力资源应是一家传媒发展的根本动力，而这种资源的大小取决于该传媒的受众质量，具体包括受众的构成、规模、消费偏好、购买力等。受众质量水平越高，其注意力资源的品质也越高，从而使得传媒企业拥有更高的谈判筹码，在与广告主的价格博弈中也就拥有更多的主动权。本文以经济系统规模和受众质量为基本研究对象，构建评价指数。这样既避免了考虑过多因素，尤其是主观因素对实证分析带来的困难，又把握住了传媒价值中两个最重要的评价指标，构建出传媒价值评价体系，部分地解决了目前相关研究中多定性描述、少实证测量的局限性。

  中国的传媒市场仍处于地方割据的状态，在电视媒体方面表现得尤为明显，除中央电视台外，各省级电视台只有一个综合性频道可以全国范围内落地，其他大部分频道的传播范围仍只局限在本地方，市级电视台所有频道都只能在本市落地。由此可以说，全国统一的电视传媒市场尚未形成，各媒体的覆盖范围皆在本地区内部。以系统经济学的逻辑分析，这种现象可以理解为，地方电视都只镶嵌在区域层次的经济系统中。这种相对较为封闭的市场状态为传媒价值定律的实证分析提供了天然的样本。

三、定量模型与数据和指标的选取

（一）模型构建

根据上面的分析和假设，传媒价值取决于所镶嵌的经济系统的特征及受众质量，所以我们可以将传媒价值模型表述为

$$V_i = E_i + C_i$$

其中，V_i表示传媒价值，E_i代表传媒所镶嵌的经济系统规模，C_i表示传媒覆盖受众的质量，i代表媒体。

我们选取 GDP（gross domestic product）来表征相应经济系统的规模。因为 GDP 是指一国（地区）经济在核算期内所有常住生产单位在一定时期内（通常是一年）所生产和提供的最终产品和劳务的价值的总和，被学界广泛接受为最能代表该国家（地区）宏观经济发展状况的指标。另外，我们选择广告收入近似代表传媒价值。这是因为 GDP 对传媒业的影响主要体现在其与广告收入之间的关系上，一般来说经济发展水平越高，广告收入也就越高。当然，仅仅用广告收入来代表传媒价值有些过于简单，实际上传媒业与经济系统发展水平间的关系远非如此。根据吉莉安·道尔的研究，传媒业对国民经济存在"放大效应"，即 GDP 增长的同时，广告收入会以更快的速度更快增长。[①] 所以说，广告收入除了与相应经济系统的规模有关外，还与其增长速度有关。因此，我们选择了 GDP 和广告收入两者的增长率来表征上述关系，进行动态层面的分析。

（二）数据来源和指标的选取

本文采用的数据中，传媒业数据主要源自 2000—2006 年的《中国广播电视年鉴》《中国广告年鉴》以及中华人民共和国国家广播电视总局网站，还包括慧聪国际资讯的 2005—2006 年度调查数据、《中国新闻出版统计资料汇编

---

① 道尔. 理解传媒经济学［M］. 李颖，译. 北京：清华大学出版社，2004.

2007》和中国广告协会统计数据等。经济发展水平的数据则收集自《中国统计年鉴》和中华人民共和国国家统计局网站。

四、实证分析

我们把对传媒价值定律的实证分析分解为两个方面：基于经济系统规模的实证分析和基于受众质量的实证分析。首先进行基于经济系统规模的实证分析。

计算结果表明，1991—2007 年，央视广告收入与对应年份全国 GDP 呈高度正相关关系（相关系数为 0.9665），说明我国经济取得了极大进步，即国家经济系统规模扩大的同时，镶嵌其中的中央电视台的传媒价值随之提升，体现在数据上就是作为其主要收入来源的广告收入的不断增加。央视近年来的广告招商活动越发引起业界重视，"标王"成为一时的流行词汇，也从侧面彰显出两者间的高度相关性（见表 1）。

表 1　1991—2007 年央视广告收入与全国 GDP（单位：亿元）

年份	广告收入	GDP
1991	10.00	21781.50
1994	12.00	48197.86
1995	25.00	60793.73
1996	32.00	71176.59
1997	40.00	78973.03
1998	44.40	84402.28
1999	47.14	89677.05
2000	53.50	99214.55
2001	54.00	109655.17
2002	63.84	120332.69

续表

年份	广告收入	GDP
2003	75.30	135822.76
2004	80.03	159878.34
2005	86.00	183867.88
2006	92.70	210870.99
2007	100.00	249530.00

数据来源：国家统计局网站。

从产业经济系统的层面分析，同样显示出传媒价值与经济系统间的相关性（相关系数 0.9971）。这说明即使从更宏观的层面来看，中国传媒业的价值与全国经济系统的规模也是水涨船高、相辅相成的。近年来我国经济发展状况喜人，2006 年我国经济总量已达 26,452 亿美元，位居世界第四。相应地，中国广告业从无到有，历经 20 多年的发展，广告收入已经增长了 1000 多倍，同样体现出传媒价值与经济系统规模间的相关性。

正是源于这种相关性，我们可以根据传媒价值定律的思路来解释为何各省级电视台都要求卫星转播，以期在更多区域内落地的现象。因为一个传媒的价值取决于该传媒所镶嵌经济系统的规模，系统规模越大，传媒价值也就越高。各地方电视台在未上星前，其覆盖范围仅为本地方区域，其传媒价值也就由该地区的经济系统规模所决定，具有一定的局限性。如果一家传媒所在地区的经济规模较小，那么该传媒的发展必然遭遇"透明的天花板"，必将无法突破自身的约束。反之，如果一家传媒通过先进的技术手段，扩大了其覆盖的范围，镶嵌于更大规模的经济系统，该传媒的价值也就随之增加，也就破除了自身的发展壁垒，实现了跨越式增长。另外，目前许多地方电视台准备整合资源，搭建联播平台，本质也是期望扩大覆盖范围，即扩大自身所镶嵌的经济系统的规模，增加自身价值的行为。这一点对于那些所在地区经济并不发达的传媒来说，意义更为重大。

但令人意外的是，将同样的分析方法运用到省级电视台与地区 GDP 的比较中时，两者的相关系数在低度相关与显著相关之间，分别为 0.3500、0.5524、0.5205（见表 2），较之前央视广告收入与全国 GDP 间的相关系数有所减小。这似乎与传媒价值定律相悖，究其原因可以从以下几点予以解释。

第一，地域间广告发展不平衡。

中国经济的区域化决定了中国媒体发展的区域化。相应地，中国省级电视广告收入也呈现出明显的区域化特点。长三角、珠三角自改革开放以来一直是中国经济总体发展的主动力，京津冀地区地处我国政治、文化中心，在经济发展上也独具特色。因此，在以广告收入为主要收入来源的地方电视媒体也就产生了区域化差异。从电视台广告收入总量上看，东、中、西部地区呈明显的递减分布。国家广电总局 2004 年的数据显示，东部地区占全国各

表 2　1981—2006 年中国传媒业广告营业额与 GDP（单位：亿元）

年度	中国广告营业额	GDP	年度	中国广告营业额	GDP
1981	1.18	4889.5	1994	200.26	48108.5
1982	1.5	5330.5	1995	273.27	59810.5
1983	2.34	5985.6	1996	366.64	70142.5
1984	3.65	7243.8	1997	461.96	78060.8
1985	6.05	9040.7	1998	537.83	83024.3
1986	8.45	10274.4	1999	622.05	88479.2
1987	11.12	12050.6	2000	712.66	98000.5
1988	14.93	15036.8	2001	794.89	108068.2
1989	19.99	17000.9	2002	903.15	119095.7
1990	25.02	18718.3	2003	1078.68	135174.0
1991	35.09	21826.2	2004	1264.60	159586.7
1992	67.87	26937.3	2005	1416.35	184739.1
1993	134.09	35260.0	2006	1573.00	211808.0

省级电视台总广告收入的58%，中部地区为27%，西部地区仅为15%。[①] 同样一部电视剧，在东部地区的电视台，如东方卫视播放，其广告收入可达数千万元人民币，而在西部地区的电视台播放只能带来几百万元，甚至几十万元人民币的广告收入。

第二，省级电视台上星突破地域限制。

严格的相关性分析需要一家传媒严格包含于所在经济系统中，但是近年来省级电视台陆续将优势资源上星传播，扩大了覆盖范围，也就突破了地域限制，从系统经济学的角度可以理解为该媒体所镶嵌的经济系统由地区扩大为全国，由此带来传媒价值的提升，其广告收入自然也就增加了。

第三，经营理念的影响。

部分省级电视台经营理念先进，营销手段多元化对测算的相关系数造成了影响。近年来，多家省级卫视开始突破地域限制，跨区域出击，其传播范围突破原有地方割据的状态，拓展至全国。如今相当一部分省级卫视在区域内市场甚至在全国市场已经拥有与央视频道竞争的实力，其在本地区甚至全国的覆盖人口以及观众规模均超过了央视的多个频道。这方面最突出的代表便是湖南卫视。央视－索福瑞的数据显示[②]，2006年1—7月，湖南卫视广告收视份额为2.58%，在全国所有卫星频道中排名第三，仅次于央视一套、五套，在省级卫视排名中，以绝对优势位居第一。湖南地处经济并不十分发达的华中地区，2006年的国民生产总值为7568.89亿元，在31个省、自治区、直辖市中仅排在第13位。极为匮乏的广告资源迫使湖南卫视必须"走出去"，突破湖南地缘限制，淡化地域色彩。2003年，"湖南卫视"改称为"中国湖南卫视"，力图实现"全国收视、全国覆盖、全国品牌、全国影响"，争夺"全国市场"。

上述为静态层面的实证分析，而在动态层面上，我们比较了央视广告收入和全国GDP、各省广告收入增长率和同年各省GDP增长率之间的关系。

---

① 昝廷全.论传媒经济学与系统经济学之间的关系［J］.现代传播（中国传媒大学学报），2006（2）：92-95.

② 谢耘耕，唐禾.2006中国电视广告竞争报告［J］.新闻界，2006，6（6）：4.

从数据中可以看出，央视广告收入增长率均值为 12.17，大于全国 GDP 增长率的均值 9.65，说明从动态分析上看，随着我国经济的发展，全国层面的经济系统规模不断扩大，对央视广告收入的影响是以比全国 GDP 增速更快的速度增长，从传媒价值定律的角度可以理解为央视的传媒价值升值更快（见图 1）。

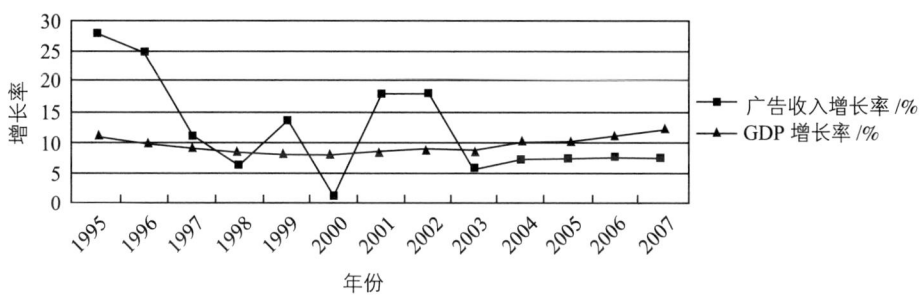

图 1　央视广告收入增长率与全国 GDP 增长率间的比较

接下来进行基于受众质量的分析。在整个传媒价值中，受众是传媒价值的终端，受众消费、需求是整个传媒价值的直接来源，受众的变化将直接引起整个传媒价值的变化，所以研究受众更加直接。从传播学上来看，受众是一个重要概念，指的是信息的接受者，是传播整体所指向的客体，又是传播反馈的核心环节，传媒价值必须从受众的反应中进行评价，因此受众是决定传媒价值变化的关键因素。随着社会发展水平的提高，受众将越来越占据主要地位。在传媒价值定律的实证分析中，我们借鉴和吸收传播学受众理论的相关成果，细化传媒价值的实证分析。

首先，考察受众购买力对传媒价值的影响。我们用各省电视广告经营额代表传媒价值，用人均 GDP 代表受众购买力，从而测算两者间的相关度。经计算，全省广播电视广告收入与该省人均 GDP、居民消费水平间的相关系数分别为 0.6030、0.6599，考虑到中国的具体国情，即城乡差距较大的客观条件以及传媒产品主要消费人群多集中在城镇内在特征，我们单独统计了全省广播电视广告收入与该省城镇居民消费水平间的相关度（0.7195）。上述三个相关系数的绝对值都大于 0.5，表明全省广播电视广告收入与其他三个变量均呈显著相关。其次，从受众规模上分析，我们同样选择全省广播电视广告收入代表传媒价值，用地区人口总数来代表受众规模。两者间的相关系数为0.5650，而具体测算城镇人口数与全省广播电视广告收入时，两者的相关系数为0.8203，呈高度相关。由于经济、文化、社会组织结构等因素，城镇居民更容易接触到媒体，这就为受众选择性注意提供了行为上的可行性，而在知识结构背景上，城镇居民受教育程度更高，也更容易接受和理解来自媒介的内容。对于媒体来说，为了取得更大的商业利益，保证收视率，就要吸引最多的受众，因此也更为关注主流受众的需要，迎合这部分受众的内容需求，也就造成了非城镇人口在难以接触到媒体的同时，更加难以理解和记忆媒体内容。美国学者约翰·赖利和怀特·赖利提出的社会分类论同样认为，受众的性别、年龄、文化、职业、信仰和经济状况等社会因素，将决定他们对媒体及其信息的态度、需要、选择和反应方式。从以上分析我们得出，城镇受众价值大于非城镇受众价值，因此不难解释，在两次相关分析中单独考虑城镇居民时的相关系数均大于总人口时的结果，由此从传媒价值定律的角度印证了我国城乡差距较大的现实（见表3、表4）。

表3 各省级电视台广告收入与GDP比较（单位：亿元）

省份	2000（0.35）		2003（0.5524）		2004（0.5205）	
	广告收入	GDP	广告收入	GDP	广告收入	GDP
北京	10.00	2478.76	14.28	5023.77	15.55	6060.28
上海	7.10	4551.15	21.26	6694.23	22.98	8072.83
广东	2.60	9662.23	10.00	15844.64	10.30	18864.62
辽宁	2.30	4669.06	3.72	6002.54	3.84	6672.00
黑龙江	2.99	3253.00	3.50	4057.40	4.10	4750.60
吉林	1.30	1821.19	2.20	2662.08	2.97	3122.01
河北	1.85	5088.96	3.53	6921.29	3.77	8477.63
河南	2.27	5137.66	3.11	6867.70	3.60	8553.79

续表

省份	2000（0.35）		2003（0.5524）		2004（0.5205）	
	广告收入	GDP	广告收入	GDP	广告收入	GDP
山东	3.00	8542.44	7.60	12078.15	6.70	15021.84
山西	0.66	1643.81	1.33	2855.23	1.24	3571.37
四川	2.30	4010.25	5.05	5333.09	4.14	6379.63
重庆	1.00	1589.34	3.75	2272.82	4.10	2692.81
湖北	1.15	4276.32	4.19	4757.45	3.92	5633.24
湖南	2.40	3691.88	6.60	4659.99	8.66	5641.94
浙江	2.97	6036.34	6.86	9705.02	8.19	11648.70
江苏	2.00	8582.73	5.61	12442.87	6.60	15003.60
福建	1.66	3920.07	4.28	4983.67	5.14	5763.35
云南	1.08	1955.09	1.70	2556.02	1.34	3081.91
天津	2.28	1639.36	4.04	2578.03	1.76	3110.97
甘肃	0.34	983.36	0.74	1399.83	0.75	1688.49
陕西	1.60	1660.92	3.20	2587.72	3.85	3175.58
江西	1.25	2003.07	2.81	2807.41	3.42	3456.70
安徽	2.85	3038.24	5.20	3923.10	6.33	4759.32
广西	1.20	2050.14	2.21	2821.11	2.38	3433.50
内蒙古	0.32	1401.01	0.50	2388.38	0.81	3041.07
宁夏	0.26	265.57	0.44	445.36	0.64	537.16
海南	0.28	518.48	0.96	693.20		798.90
新疆	0.55	1364.36	1.26	1886.35	0.99	2209.09
青海	0.12	263.59	0.21	390.20	0.14	466.10
西藏	0.04	117.46	0.04	189.09	0.09	220.34
贵州	1.20	993.53	1.72	1426.34	2.10	1677.80

表4 2006年各省广电广告收入与其他统计数据的比较

地区	全省广电广告总收入（亿元）	人均GDP（元）	地区居民消费水平（元）	城镇居民消费水平（元）	总人口（万人）	城镇人口（万人）
北京	24.01	50467	16770	18508	1581	1333
天津	3.43	41163	10564	12554	1075	814
河北	14.45	16962	4945	9008	6898	2652
山西	5.28	14123	4843	8076	3375	1452
内蒙古	2.55	20053	5800	9043	2397	1166
辽宁	18.37	21788	6929	9357	4271	2519
吉林	7.29	15720	5710	8166	2723	1442
黑龙江	10.78	16195	5141	7410	3823	2045
上海	38.38	57695	20944	22294	1815	1610
江苏	40.02	28814	8302	11530	7550	3918
浙江	35.45	31874	11161	15877	4980	2814
安徽	13.84	10055	4441	7942	6110	2267
福建	11.69	21471	7826	11710	3558	1708
江西	6.95	10798	4173	7950	4339	1678
山东	25.92	23794	7025	11193	9309	4291
河南	13.61	13313	4632	8894	9392	3050
湖北	12.55	13296	5533	9041	5693	2494
湖南	20.02	11950	5498	9480	6342	2455
广东	56.75	28332	10829	14913	9304	5862
广西	7.12	10296	4330	7894	4719	1635
海南	2.31	12654	4736	7688	836	385
重庆	8.57	12457	5417	9032	2808	1311
四川	12.62	10546	4501	8305	8169	2802
贵州	4.07	5787	3499	8507	3757	1032
云南	5.75	8970	4075	8579	4483	1367
西藏	0.22	10430	2915	7312	281	79
陕西	9.01	12138	3972	9033	3735	1461
甘肃	1.90	8757	3810	8190	2606	810
青海	0.29	11762	4229	7481	548	215
宁夏	1.39	11847	5112	8711	604	260
新疆	2.38	15000	4206	7875	2050	778

资料来源：《中国广告统计年鉴》、国家统计局。

五、结论

综上所述,我们分别从两个维度,利用静态与动态、全国与地方的数据,通过统计学中相关分析的方法,证明了传媒价值定律的正确性,即一家传媒的价值与经济系统和受众质量均存在显著的正相关性。也就是说,一家传媒的价值取决于它所镶嵌的经济系统的特征与规模,包括这个经济系统所覆盖的区域大小、人口构成、人口规模与经济总量。一家传媒所镶嵌的经济系统规模越大,所覆盖的受众质量越高,其传媒价值也就越大。

本文的实证分析还表明,当一家传媒所镶嵌的经济系统规模增长时,该传媒的价值并不是同幅度增长,而是以更快的速度的增长。这也利用我国的数据,间接证明了英国传媒经济学家吉莉安·道尔的研究,他指出传媒产业对国民经济有"放大效应"。这种"放大效应"告诉我们传媒产业与国民经济是息息相关的共存关系。

传播有效性原理的粗传递模型*

一、传播有效性原理

在传播学中,申农和韦弗的传播数学理论是最为基础的传播模式,后续的很多研究工作都是在这个模式的基础上展开的。① 这个信息传播理论本质上是一个信号转发理论,信息传播渠道具有明显的技术特性,在解决工程问题的发展中作出了贡献,但是忽略了对人类传播的考虑。在申农传播模式的基础上,传播学发展了许多更加贴近现实更加复杂的传播模式,如奥斯古德(Osgood)模式、施拉姆(Schramm)模式、纽科姆(Newcomb)模式、韦斯特利－麦克莱恩(Westley-Maclean)模式、和格伯纳(Gerbner)模式等。奥斯古德在申农传播模式的基础上,根据他的意义理论(Theory of meaning)和一般心理语言过程(Psycholinguistic processes in general)提出了在一个个体内同时具有发射和接收功能的模式,并且将符号的"意义"纳入考虑范围。

施拉姆并没有像申农和奥斯古德那样将技术和非技术的传播截然分开,他直接从人类传播模式着手,进一步提出两个人根据积累的经验试图沟通的模式。他的简单的传播模式与申农的传播模式相似。在此基础上,他提出了

---

* 本文原载于《中国传媒大学学报(自然科学版)》2010 年第 4 期,与应思思合作,收入本书时略有删改。

① 赛佛林,坦卡德.传播理论:起源、方法与应用[M].郭镇之,孟颖,赵丽芳,等译.北京:华夏出版社,2000.

他的第二个传播模式，这个模式强调只有在信源与信宿经验范围内的共同领域，才是实际上传播的部分，因为只有在那部分，信号才是信源和信宿共同拥有的。

昝廷全将施拉姆的上述思想精确化，于 2006 年在《论传播的分类及其数学模型》[①] 一文中提出了传播有效性原理：信息发送者和信息接收者的知识软件的交集非空是实现有效传播的必要条件。他指出，信息发送者与接收者知识软件的重叠度越高，两者间信息传递的精确度越高。如果两者知识软件完全不重叠，则无法进行信息沟通。要准确传递信息就要求沟通者之间的知识软件尽量重叠，知识软件重叠度越高越能沟通。比较施拉姆的第二个模式和我们提出的传播有效性原理不难看出，我们提出的知识软件的交集非空是更具精确性的数学表述，而施拉姆的经验范围内的共同领域只是一个描述性的概念。本文利用波兰华沙理工大学 Z. Pawlak 于 1982 年提出的粗集（Rough Set）理论和 A. Mousavi 在此基础上提出的信息粗交流（Roughcommunication）的概念，继续深化这一方向的研究，着重探讨信息粗交流的传播学意义。

二、信息传播的粗传递模型

在现实生活中，信息粗传递是信息传递的常态，没有信息损失或者增益的理想情况往往是信息粗交流的极端表现。在日常生活中，我们经常听到的"挂一漏万"和"说者无意，听者有心"，讲的就是在信息传递过程中所发生的信息损失与信息增益的两个典型例子。出现这种情况的原因是说者和听者的知识结构不同。在传媒经济中，与信息粗传递相关的一个典型现象就是广告。现在我们都知道，广告要以受众为导向，广告设计的基本要求是让受众能够理解广告所传达的信息。因此，为了保证信息的有效传递，广告设计要充分考虑受众的知识结构和受众对广告的理解程度。广告的设计可能很有创

---

① 昝廷全. 论传播的分类及其数学模型 [J]. 中国传媒大学学报（自然科学版），2006（2）：7-10.

意、艺术性很强、技术手段很现代，但如果消费者不能理解这个广告的意义所在，那么这个广告就不会成功。因此，广告设计在传达信息时，必须关注受众的知识结构，尽量保证广告宣传是一个信息的精确传递过程，退一步讲，至少保证其是一个信息的粗传递过程。

信息传播的粗糙性是信息发送者与接收者之间的知识不同而造成的信息不精确传播，这里的知识是指等价聚类。①② 假设论域为 U，U = {x_1, x_2, …, x_n}，x_i 为 U 上的信息元素，i = 1, 2, …, n。U 上的任何子集 X ⊆ U，都是 U 中的一个概念。设论域 U 中的概念 V ⊆ U 是信息发送者发给信息接收者的信息。在论域 U 上，信源与信宿具有不同的知识，信源的知识为 U/θ_1 = {$u_1, u_2, …, u_m$}，其中 u_i 为 U 上的等价类集合，u_i ⊆ U, i = 1, 2, …, m。信息接收者的知识为 U/θ_2 = {$u_1', u_2', …, u_k'$}，其中 u_j' 为 U 上的等价类集合，u_j' ⊆ U, j = 1, 2, …, k。信息发送者与接收者都是以论域 U 上的等价类为基本认知范畴，而不是以信息元素 xi，也就是说，对于信息发送者或接收者来说，其同一个等价类中的不同元素是不可分辨的。

由于概念 V 是由信源发出的，因此信源完全理解概念 V，即信源可以根据其知识 U/θ_1 准确表述概念 V，也就是说，概念 V 是由信息发送者的一部分等价类的并，即 V = ∪ u_i。信宿与信源具有不同的知识，所以信宿不一定能完全理解概念 V，即信宿根据其知识 U/θ_2 = {$u_1', u_2', …, u_k'$} 不一定能准确地表述这一概念，即 V 不一定能表示为 ∪ u_j'，这时概念 V 没有被信宿完全地理解，从而在概念由信源传递到信宿的过程中发生了不精确传递，即信息粗传递。如下面两个图所示，在论域 U 中，黑色的粗线围成的区域构成了传达的概念 V，V 是 U 的子集，是由信源发向信宿的信息。

此时，信息的传递过程由图 1 的知识水平变为图 2 中的知识水平（知识水平表现为栅格的变化）。由于信宿的知识局限性，其不能完全理解信源所传递的信息 V（V 不能表示为信宿的某些等价类的并），信息传递就发生了粗糙

---

① 张文修，吴伟志，梁昔业，等. 粗糙集理论与方法 [M]. 北京：科学出版社，2001.
② 刘纪芹，史开泉. 基于粗糙集的信息粗传递 [J]. 系统工程与电子技术，2007（3）：437–442.

性。对于信源来说，V 能表示为某些 θ_1 基本范畴的并，$V = \cup u_i$，称 V 是 θ_1 可定义的或 θ_1 精确集，信息 V 可以被信源精确描述；V 不能表示为某些 θ_2 基本范畴的并，$V \neq \cup u_j'$，称 V 是 θ_2 不可定义的或 θ_2 粗糙集，信息 V 不能被信宿精确描述。

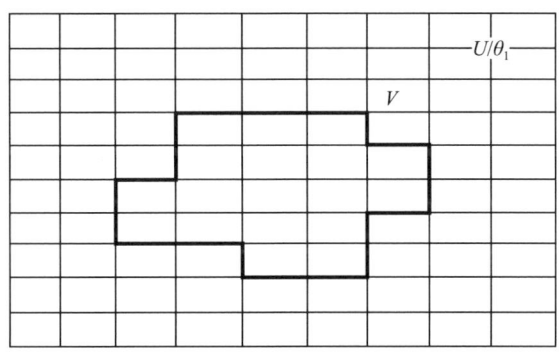

图 1　根据信源的知识 U/θ_1，$V = \cup u_i$

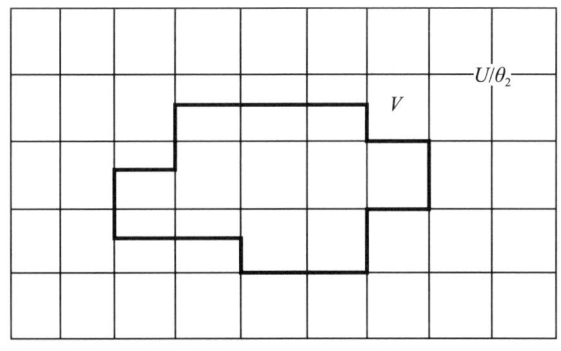

图 2　根据信宿的知识 U/θ_2，$V \neq \cup u_j'$

三、信息传播的拓扑特征分类

前面分析了信息传播的粗糙集模型，我们认识到信息传播过程中粗糙程度是不同的。那么，信息传递的粗糙程度如何考察？下面根据信息传播的拓扑特征，对信息传递的粗糙程度进行描述，提出信息传播的拓扑特征分类。[①]

（1）在论域 U 中，信源发出信息 V，信宿的基本范畴集合 U/θ₂ = {u₁′, u₂′, …, u_k′}。

如果信宿不能分辨信息 V 与 U/θ₂，也就是说，信息接收者既不能确定哪些范畴肯定属于信息 V，也不能确定哪些范畴肯定不属于信息 V，即 $\forall u_j' \subset U$，$u_j' \not\subset \overline{V}$。这时候信宿对信息 V 的认知是完全模糊的，我们称这样的信息传播过程为完全粗糙信息传递。

（2）在论域 U 中，信源发出信息 V，信宿的基本范畴集合 U/θ₂ = {u₁′, u₂′, …, u_k′}。

如果信宿不能分辨信息 V，但能分辨出 V，也就是说，不能确定哪些范畴肯定属于信息 V，但能确定一些范畴肯定不属于信息 V，即 $\forall u_j' \subset U$，$u_j' \not\subset V$；$\exists u_j' \subset \overline{V}$。这时候信宿对信息 V 的认知是内部模糊的，我们称这样的信息传播过程为内部粗糙信息传递。

（3）在论域 U 中，信源发出信息 V，信宿的基本范畴集合 U/θ₂ = {u₁′, u₂′, …, u_k′}。

如果信宿能分辨信息 V，但不能分辨出 V，也就是说，能确定一些范畴肯定属于信息 V，但不能确定哪些范畴肯定不属于信息 V，即 $\exists u_j' \subset U$，$u_j' \subset V$；$\forall u_j' \subset U$，$u_j' \not\subset \overline{V}$。这时候信宿对信息 V 的认知是外部模糊的，我们称这样的信息传播过程为外部粗糙信息传递。

（4）在论域 U 中，信源发出信息 V，信宿的基本范畴集合 U/θ₂ = {u₁′, u₂′, …, u_k′}。

如果信宿能在一定程度上分辨信息 V 与 V，也就是说，既能确定一些范畴肯定属于信息 V，也能确定一些范畴肯定不属于信息 V，但是也存在一些范畴，且信源不能确定这些范畴是否属于信息 V，即 $\exists u_j' \subset U$，$u_j' \subset V$；$\exists u_j' \subset U$，$u_j' \subset \overline{V}$；$V \neq \cup u_j'$。这时候信宿对信息 V 的认知是边界模糊的，我们称这样的信息传播过程为边界粗糙信息传递。

[①] 昝廷全. 论传播的分类及其数学模型[J]. 中国传媒大学学报（自然科学版），2006（2）：7–10.

（5）在论域 U 中，信源发出信息 V，信宿的基本范畴集合 $U/\theta_2 = \{u_1', u_2', \cdots, u_k'\}$。

如果信宿能完全分辨信息 V 与 V，也就是说，既能确定属于信息 V 的范畴集合，也能确定不属于信息 V 的信息集合，并且不存在信源不能确定是否属于信息 V 的范畴，即 $\exists u_j' \subset U, u_j' \subset V; \exists u_j' \subset U, u_j' \subset \overline{V}; V \neq \cup u_j'$。这时候信宿对信息 V 的认知是精确的，我们称这样的信息传播过程为精确信息传递。

需要注意的是，信息传递与概念相关的知识模块有关，与其他的知识模块无关，即使双方的知识结构不同，但也可能实现精确信息传递。这就是概念传递的最低有效性条件：只要传递双方与概念相关的知识模块一样，信息就能精确传递。概念传递只与概念相关的知识模块有关，与其他知识模块无关，这些模块不会影响概念的精确传递。例如，信息接收者是否理解一个数学公式，只与信息接收者的数学相关知识模块有关，而与其文学背景的知识模块没有直接关系。这也是我们把信息发送者和信息接收者的知识软件交集非空看作进行信息有效传播的必要条件而不是充分条件的原因。也就是说，即使两者的知识软件交集非空，也不能保证他们能够进行有效的信息传播，甚至完全不能传递任何信息。

因此，在两个人的知识结构不同的情况下，也可能发生精确信息传递。在特定的情况下，如果两个人的知识结构之间存在一个同胚的拓扑映射，信息也可能是精确传递的。以翻译为例，翻译本身是模拟，两种语言之间能否精确模拟，需要看两种语言的结构是否一样或是否存在同胚的拓扑映射。一般来说，两种语言之间的翻译是粗传递。例如，一篇优美的中文小说，若翻成英文可能会失去其本身所具有的美感。但是两种语言是可以接近的，以尽量传递完备的信息。

根据对信息传播的粗糙程度的分类，我们能够对信息传播的有效性进行准确的评估。传播有效性原理认为，信息发送者和信息接收者的知识软件的交集非空是实现有效传播的必要条件。① 知识软件即知识结构,当信息发送者与接收者的知识结构交集为空集时,信息发送者与接收者之间没有有效传播。当交集非空时,若双方的知识结构完全相同,则信息传递完全精确,没有信息损失,不存在粗糙性,如发电报时利用相同的规则编码和解码,产生了精确的信息传递;若双方的知识结构存在不同,则信息的传递过程会产生粗糙性,在双方的知识结构的交集非空时,无论是精确的信息传递还是信息粗传递,都实现了有效传播,因此在信息粗传递研究中传播有效性原理具有普适性,知识软件的交集非空同样是发生信息粗传递的必要条件。

四、对粗糙性信息的认知:内逼近与外逼近

信息接收者对信息的认知存在粗糙性,那么信息接收者又是怎样认识传递的信息的呢?信宿对信息的认识可以分为两种情况:对信息的内逼近认知与对信息的外逼近认知。当信宿对概念 V 的认知持保守态度时,信宿只会接收信息中自己能够完全理解和表述的那部分,这就是对信息的内逼近认知。在这种情况下,信宿根据自己的知识 U/θ_2 对信息 V 的认识是 V 的 θ_2 下近似集 $\theta_{2\_}(V)$,$\theta_{2\_}(V) = \{x \in U | [x]\theta_2 \subseteq X\}$,$[x]\theta_2$ 表示信息元素 x 所在的等价类;当信宿对信息 V 的认知持开放态度时,信宿会接收除确定不属于信息 V 之外的所有信息,这就是对信息的外逼近认知。在这种情况下,信宿根据自己的知识 U/θ_2 对信息 V 的 θ_2 认识是 V 的上近似集 $\theta_2^-(V)$,$\theta_2^-(V) = \{x \in U | [x]\theta_2 \cap X \neq \varphi\}$,$[x]\theta_2$ 表示信息元素 x 所在的等价类。

信息传播存在粗糙性时,信息接收者可能采用保守和开放两种不同的态度来认知接收到的信息。这要视信息接收者的认知原则和具体情况来定,如有些时候为了稳妥起见,信息接收者需要准确可靠的信息,信息不能是模糊的、不可靠的,这时候信息接收者会对接收到的信息进行内逼近认知;在另外一些情况下,信息接收者为了慎重起见或怕遗漏任何可能有用的信息而造

---

① 昝廷全. 拓扑传播学初探 [J]. 中国传媒大学学报(自然科学版),2006(1):12-19.

成损失，不会放过任何可能的信息，这时候信息接收者就会对接收到的信息进行外逼近认知。

五、讨论与展望

在信息传播过程中，信息发生粗传递是普遍存在的现象，这种信息传播过程根据其拓扑特征的不同可能是完全粗糙信息传递、内部粗糙信息传递、外部粗糙信息传递、边界粗糙信息传递或者精确信息传递中的一种。需要注意的是，信息传递与概念相关的知识模块有关，与其他的知识模块无关。在特别的情况下，如果信息发送者与接收者之间存在一个同胚的拓扑映射，信息也可能是精确传递的。信息传播存在粗糙性时，信息接收者可能采用保守和开放两种不同的态度来认知接收到的信息。这要视信息接收者的认知原则和具体情况来定。

信息粗传递在大众传播过程中也存在好处，它能在一定程度上激发信息接收者的想象和联想。想象和联想思维在各种艺术思维中是不可缺少的重要成分，是决定艺术创作成功与否的重要条件之一。另外，粗传递与人的智能模糊识别关联密切，当信息不能完全传达的时候，人的智能表现出模糊识别的功能，这时候能够通过人的智能判断弥补粗传递的信息缺失。例如，在光线暗淡的环境中，我们看不到周围人具体的脸部特征，只能看到大体轮廓，但往往能辨认出这个人是不是我们的熟人，这就是在信息粗传递时人的智能发挥的模糊识别的功能。

在这里，我们提供一个研究方向：昝廷全和吴学谋在国际《控制论》（*International Journal of Kybernetes*）杂志上发表的《复杂系统的泛系聚类与层次分析》[①]一文中提出了复杂系统聚类的 $(f\theta, D)$ 相对性准则进行聚类，并根据知识模块的重要性 D 对信息传播者的知识模块进行分类，不同的知识

---

① ZAN T Q, WU X M. A pansystems clustering approach and hierarchical analysis of complex systems [J]. Kybernetes, 1993, 5(2):51–59.

模块的权重不同,同样的信息有人看得轻,有人看得重,价值观念不同,以此来建立广义知识库,并将在这样的知识库上进行的粗交流定义为广义信息粗交流。相信这将是一个有意义的研究方向,真诚地希望越来越多的研究者加入信息粗传播的研究。

手机"碎片时间"价值的"长尾理论"分析*

现代社会生活中,手机不仅作为一种通信工具满足人们打电话、发短信的简单需求,更作为一种新媒体的代表满足了人们在工作和学习之余进行交友、娱乐、搜索信息、阅读书籍等各种活动的需求,而这些新的用途大部分都源于"碎片时间"的产生。它们看似不起眼却可以积少成多,为手机利用"长尾理论"开发新的价值提供机遇。为了实现对"碎片时间"价值的充分利用,手机针对不同群体的特点,开发出了符合市场需求的、形式多样的终端应用程序。

本文将从"长尾理论"的提出及内涵、"碎片时间"的产生及其长尾价值和手机对"碎片时间"开发利用的终端应用程序归类这三个层面论述手机如何实现对用户"碎片时间"价值的最大化挖掘。

一、"长尾理论"的提出及内涵

"长尾理论"是由美国《连线》杂志主编克里斯·安德森于2004年提出的。该理论诞生于网络技术和电子商务高速发展的背景下,一经问世便引起了世界各国学术界和商界的热烈讨论。克里斯·安德森通过对亚马逊和Netflix等大型网络零售商销售数据与营销模式的分析得出结论:如果商品储

---

* 本文原载于《现代传播(中国传媒大学学报)》2013年第11期,与高亢合作,收入本书时略有删改。

存、展示的场地和渠道足够宽广，商品的生产、储存和销售成本足够低廉，且用户可以轻易地搜索到满足自身要求的产品信息，那么那些原本需求不旺或以前看似没有需求的商品都有机会被销售出去，并且这些商品在销售市场上所占的份额将不逊于原本热卖的商品甚至与热卖商品所占的份额持平。正像长尾理论所描述的那样，在由"销量"（Volume）和"品种"（Variety）所构成的正态分布曲线上，高高隆起的"头部"（Body）表示少数热卖商品，长长的"尾巴"（The Long Tail）表示那些原本需求不旺或以前看似没有需求的商品（或称"冷门商品"）。处在"头部"的商品虽然销量很大但仅仅局限在少数几个品种上，处在"尾部"的商品虽然每一种销量都很低但敌不过商品种类的无限丰富，就像一条在空间上无限延伸的"长尾"一样。所有这些"长尾"商品销量的总和很可能与"头部"商品销量的总和不相上下，即少数"热卖商品"创造的经济价值与大多数"冷门商品"创造的经济价值大致相当。

"长尾理论"在传统"二八定律"①的基础上给了我们许多新的启示。传统的"二八定律"是大工业时代为满足工业化生产要求和市场上"供不应求"的情况而创立的，这一理论面对的市场条件是"稀缺经济"。随着计算机和互联网技术的应用和普及，由"大数据"和"海量"信息创造的信息社会已然到来，我们进入了"丰裕经济"的市场发展期，人们对商品和信息的多样化和个性化需求空前膨胀。在商品市场逐渐由"卖方市场"向"买方市场"过渡的过程中，随着互联网、手机等新媒体使用功能的增强和便利性的提高，随着个性化搜索技术的出现和商品储存、运营的边际成本趋向于零的电子商务模式的蓬勃发展，传统市场中占据销售收入"大头"（20%）的高端客户规模正逐渐缩小，多于80%的客户都被按照兴趣、习惯、喜好等因素划

---

① "二八定律"又称"二八法则"或"帕累托法则"，1897年由经济学家帕累托提出。这一定律在财富分配上表现为20%的人口掌握着社会上80%的财富；在销售分配上表现为80%的销售额通常来自20%的商品，80%的销售收入通常由20%的重要客户创造。据此理论，由于企业要顾及商品存储、运输、管理、销售等一系列成本的限制，因此应该集中优势力量将明星产品和高端客户做大做强。

分为一个个小小的"群落",甚至一个个实实在在的"个人",星星点点地散落在长长的"尾巴"上。这条细而尖的"长尾"实现了供给方"规模经济"向需求方"范围经济"与"规模经济"的转型,使企业从只重视高端客户的需求向开始重视每一个小客户的需求转移,一个分散的"利基市场"[①]由此形成。

二、"碎片时间"的产生及其"长尾"价值

"碎片时间"的概念是在信息时代的大背景下,伴随着互联网、手机等新媒体的发展而出现的。所谓"碎片时间",是指人们日常工作、学习之余或短暂的空闲时那些随机的、闲散的、零碎的时间。这些时间不是很长,如等车、排队、等人、睡前等情况下所用的时间。人们习惯于在这些时间里进行手机阅读、与朋友网上聊天或者玩游戏等,而不是进行有深度的思考或者做费时劳神才能完成的事情。

"碎片时间"是传统社会向现代社会转型的一种产物,它的产生有以下几方面原因。

(一)技术原因

科学技术的不断进步使信息化社会全面到来。随着生产力水平的大幅度提高,人们的工作效率和生活节奏也随之加快,传统社会中的大块时间,分散在不同的场合,镶嵌在每个现代人每天 24 小时的生活中。随着这些小块时间的不断细分,"碎片时间"逐渐产生。它以分钟甚至秒钟为计量单位,作为现代人工作空间与生活空间互相交织下的模糊"边界",是人们忙里偷闲的必然选择。技术原因是实现社会变革进而改变人们工作和生活状态的根本性因素,因此它是产生"碎片时间"的根本原因。

[①] "利基市场"意为高度专门化的需求市场。

（二）媒体原因

在过去传统的"四大媒体"称雄的时代，媒体吸引受众注意力资源主要靠的是"黄金时间"和"黄金版面"。由于受众的空闲时间较多且较集中，因此电视台、广播电台会瞄准这些大块的空闲时间制作出精良的节目以吸引受众的注意力进而拉拢广告商。报纸和杂志也会连篇累牍地就某几个热点新闻事件进行360度的详尽报道，因为人们的专注力足够持久，也有足够的时间阅读深度报道。但互联网、手机等新媒体的问世和发展，激发了人们对信息便捷、迅速、高效和多样化的需求趋势。互联网可以使人们上网时在不同的网站、网页和聊天群之间随时切换，移动媒体更使人们随时随地"随心所欲"掌握信息、沟通交流的梦想变成了现实。这些不仅促成了"碎片时间"的产生，更使现代人的生活呈现出"碎片化"趋势，因此，媒体原因是产生"碎片时间"的直接原因。

（三）社会原因

现代社会，人们的工作和生活压力普遍较大，工作时间越来越长而休闲时间越来越短，这在客观上使得人们想要抓住一切时间放松身心、及时行乐。同时，人们周围的社会环境总是充满了许许多多的变数。例如，约了朋友吃饭但路上遭遇堵车、去银行取钱需要排队、原定召开的会议临时被推迟等。这些情况都促使人们想要把原本属于一个完整时间段内的一小部分时间抽离出来，一方面可以"见缝插针"地做点事情以消磨时间、转移注意力，另一方面也满足了自身休闲娱乐的要求，使原本枯燥乏味的生活被一些小小的"快乐"点缀着，获得片刻的"安宁"。由此看来，社会原因的本质是人们的主观需求，因此，它是产生"碎片时间"的主观原因。

相对于工作、学习等相对完整的大块时间来说，"碎片时间"是由生活中一个个小块的零散时间构成的。按照"长尾理论"的观点来分析，如果把工作、学习的时间看成"长尾理论"图示中的"头部"，那么许许多多、不计其数的"碎片时间"就是"头部"后面拖着的那条长长的"尾巴"。虽然我们每天生活中的大部分时间都被工作和学习占据着（周末时间除外），每一个"碎片时间"都只是全部时间中的一个小小的部分，甚至那几分钟、几秒钟的时间几乎可以忽略不计，但如果以年和月为计量的时间跨度，那么这些"碎片时间"累加起来的结果将是一个不小的数字。

对于手机运营商来说，假设手机网民在工作时间里使用手机所产生的经济价值是"长尾理论"图示中的"头部"，那么这些用户在"碎片时间"里使用手机所产生的经济价值无疑将是"长尾理论"图示中的"尾部"。虽然用户在很长的工作时间里类似用手机接打工作电话、发送工作短信、用手机登录邮箱收发邮件等行为可能因为频度很高而创造了巨大的经济价值，但其在无数的"碎片时间"里因社交网络、更新微博、阅览电子书、在线游戏等五花八门的琐碎需求而产生的经济价值将像那条"长尾"一样在广阔的空间里无限延伸。这条"长尾"所产生的经济价值不一定比"头部"少，甚至可能与"头部"相当。由此看来，"碎片时间"为手机利用"长尾理论"谋利创造了一次绝佳的机会。

三、手机对"碎片时间"开发利用的终端应用程序归类

近年来，随着 3G 技术的普及和通信手段的不断创新，手机成为最具发展潜力的新媒体，也是大多数人日常生活中接触时间最长、接触频次最高的一种媒体。手机自身的便携性、使用的灵活性和内容选择的丰富性，不仅为人们提供了通信交流的必要手段，更为人们在"碎片时间"里消磨时间、放松精神、自娱自乐提供了广阔的平台和空间。

针对人们在"碎片时间"里各式各样的需求特点，手机除将传统领域的手机功能做大做强之外，还借鉴"长尾理论"的基本原理，将新的价值增长点瞄准了人们日常生活中的"碎片时间"。通过对一系列手机终端应用程序的引进、开发和创新，实现了对用户"碎片时间"经济价值的最大化挖掘。具体来看，手机对"碎片时间"开发利用的终端应用程序大致可以归结为以下几类。

(一）沟通、交友类终端应用程序

这类手机应用程序以各大 SNS（社交网站）、博客、微博、腾讯 QQ、飞信、微信等手机客户端为代表，面对的主要是在空闲时间里喜欢聊天和讨论问题、爱交朋友、愿意主动发布和更新个人信息的人群。这些人是最频繁使用"碎片时间"的一类人，以时尚白领、公司职员和大学生为主。他们喜欢探索新鲜事物、发表个人意见、一有好东西就乐于和朋友们分享。因此，他们往往都是"手机控"，也是各类付费手机软件的潜在消费者，利用好他们的"碎片时间"可以为手机的未来发展带来巨大的经济效益。

（二）信息、生活服务类终端应用程序

这类手机应用程序以各大综合类门户网站、主流媒体网站、新闻类网站等手机客户端以及与衣食住行、吃喝玩乐相关的各类生活服务信息为代表，前者面对的主要人群是商务人士、政府官员、国企高管、高级职员以及科研人员等。这些人注重生活品质和服务质量、消费能力强，"碎片时间"相对较少但具有很大的信息需求量并愿意为高品质的信息服务付费。因此，他们是手机在未来发展中的高端客户资源。后者面对的主要是追逐时尚、享受生活、主动消费意愿强、喜欢尝鲜的人，他们最具活力，同时引领着消费潮流的走向，因此是需要着重培养的优质客户资源。

（三）图片、图书类终端应用程序

这类手机应用程序以在线书城、图书下载阅读器、各大读书网站和杂志、报纸的手机客户端以及各类在线图片库为代表，面对的人群范围广、种类杂，几乎所有读者都能在这些应用程序中下载到自己喜欢的图书和图片资源。由于这部分人数量庞大且兴趣各异，手机可以按照其兴趣爱好建立起庞大的数据库资源，通过对用户阅览记录的跟踪调查进行关联性分析，向不同的用户推荐个性化的付费图书软件、付费动态图片库并提供多样化的阅览界面以强化用户的阅读和使用体验，从而使这部分读者的"碎片时间"价值进一步增值。

（四）视频、音乐类终端应用程序

这类手机应用程序以各大视频网站的手机客户端在线视音频点播、视音频下载播放器、各类音乐电台、手机铃声点播下载等为代表，面对的主要是电影发烧友、音乐发烧友以及爱好分享、上传与观看视音频的人。这类人的"碎片时间"相对固定且具有一定的"长度"，因此可以满足他们在相对较长的一段时间里进行网络视频点播观看或收听网络音乐等需求。同时，他们的普遍特点是喜欢"追剧"，追偶像明星出的专辑，追各种时尚和娱乐热点，所以他们是点播付费的主流人群，他们的"碎片时间"同样能为手机带来巨大的经济收益。

（五）游戏、娱乐类终端应用程序

这类手机应用程序以各式各样的手机游戏、传统游戏的手机版以及休闲娱乐的各类趣味软件为代表，面对的既有游戏发烧友，也有仅以不想思考、消磨时间或自娱自乐为目的的普通人。无论对于哪类人来说，趣味性和娱乐性都是其选择这类应用程序的首要因素。为了满足人们在"碎片时间"里既不想劳神费力，又想在短时间内得到刺激与乐趣的要求，游戏开发商不仅设计出了类似《愤怒的小鸟》等趣味闯关游戏，还研发了充分结合 SNS 特点、适合多人在线交流的社交类网络游戏。这些风靡一时的网络游戏和娱乐小软件将人们的"碎片时间"点缀得有滋有味，也为手机赚得了更广阔的利益空间。

（六）工具、教育类终端应用程序

这类手机应用程序包括生活中的各类辅助性工具和各种教育、学习类软件，面对的人群非常广泛。对于这些辅助性工具和教育软件而言，一般来说，如果人们不是对其有实在性的需求是不会选择在"碎片时间"里使用它们的。举个例子来说，一个学生明天就要参加英语考试了，所以他可能选择在回家的地铁上利用单词测试软件背单词。正因为这类能反映手机用户真实消费需求的终端应用程序具有精准定位的特点，所以，手机可以充分利用这些应用程序分析用户的现实需求，并在此基础上进一步创造需求，挖掘市场空白点，从而为用户的"碎片时间"提供更多更好的消费和选择机会。

一种基于粗交流的博弈分类方法*

一、引言

自从冯·诺依曼（Johnvon Neumann）和摩根斯特恩（Oskar Morgenstern）的奠基性著作《博弈论和经济行为》[①]1944年发表以来，特别又经过纳什的开创性工作，关于博弈论的研究一直经久不衰，现在更成为经济学研究的必要工具。关于博弈的分类是博弈论研究的基础性工作。分类方法是人们认识客观世界的一个基本方法。分类的不断细化往往意味着人们对事物认识的不断深化。本文在传统博弈分类的基础上通过引入信息粗交流（Rough Communications），细化关于博弈的分类，使得博弈论研究更加贴近现实情况。

二、基于粗交流的博弈分类方法

任何分类都是相对于分类准则而言的，这些分类准则或者是显化的或者是蕴含的和潜在的。昝廷全和吴学谋曾经提出复杂系统的一般分类准则，被

---

* 本文原载于《中国传媒大学学报（自然科学版）》2015年第2期，收入本书时略有删改。
① 诺依曼，摩根斯特恩.博弈论与经济行为［M］.王文玉，王宇，译.北京：生活·读书·新知三联书店，2004.

称为（fD）准则这里 f 代表系统的原始关系表示分类准则，D 代表权重水平。[①]本文只考虑分类准则暂且忽略 f 和 D 的作用。

稍作分析就会发现，传统博弈论关于博弈的分类实际上只考虑了两个分类准则，分别记为 θ_1 和 θ_2。于是传统博弈论得出了关于博弈的如下分类：

Game/θ_1 =（完全信息，不完全信息）

Game/θ_2 =（动态，静态）

Game/$\theta_1 \cap \theta_2$ =（完全信息静态博弈，完全信息动态博弈，不完全信息静态博弈，不完全信息动态博弈）

由于知识结构的不同，信息精确交流是信息粗交流的特殊情况，信息粗交流才是信息传播的常态。于是我们引进关于博弈分类的第三个分类准则：信息粗交流准则记为 = 信息交流的粗糙度。由此我们得到关于博弈的如下分类：

Game/ =（精确粗交流）

Game/ =（完全信息精确静态博弈完全信息精确动态博弈完全信息粗交流静态博弈完全信息粗交流动态博弈不完全信息精确静态博弈不完全信息精确动态博弈不完全信息粗交流静态博弈不完全信息粗交流动态博弈）

Game/ =（完全信息静态博弈完全信息动态博弈完全信息粗交流静态博弈完全信息粗交流动态博弈不完全信息静态博弈不完全信息动态博弈不完全信息粗交流静态博弈不完全信息粗交流动态博弈）

由此可以看出：

（1）现在的完全信息静态博弈是完全信息粗交流静态博弈在粗糙度趋于 0 时的极限情况。

（2）现在的完全信息动态博弈是完全信息粗交流动态博弈在粗糙度趋于 0 时的极限情况。

（3）现在的不完全信息静态博弈是不完全信息粗交流静态博弈在粗糙度

[①] ZAN T Q, WU X M. A pansystems clustering approach and hierarchical analysis of complex systems [J]. Kybernetes, 1995(2):51-59.

趋于 0 时的极限情况。

（4）现在的不完全信息动态博弈是不完全信息粗交流动态博弈在粗糙度趋于 0 时的极限情况。

因此，从本质上讲，只要研究完全信息粗交流静态博弈、不完全信息粗交流静态博弈、完全信息粗交流动态博弈、不完全信息粗交流动态博弈即可。完全信息静态博弈、不完全信息静态博弈、完全信息动态博弈、不完全信息动态博弈只是上述四种情况的极限情况。

从科学发展规律上讲，新理论都是旧理论的拓展和延伸，旧理论是新理论的极限，这也正好符合玻尔对应原理。

三、基于粗交流的博弈论标准表达式

在一个 n 人博弈的情况下假设参与者的战略空间为（s_1，s_n）收益函数为（u_1，u_n）传统博弈论用 G = {s_1，s_n；u_1，u_n} 表示此博弈。加入信息粗交流因素后博弈论标准表达式可写为：G = {k_1，k_n；u_1，u_n} k_i 表示第 i 个参与者的知识库。信息粗交流与人们的知识库有关。

例如，通常采用逆向归纳法求解简单类型的完全且完美信息动态博弈具体步骤如下：

（1）参与者 1 从可行集中选择一个行动 $a_1 = A_1$

（2）参与者 2 观察到之后从可行集中选择一个行动 $a_2 = A_2$

（3）两人的收益分别是 u_1（$a_1 a_2$）和 u_2（$a_1 a_2$）。

完全且完美信息动态博弈蕴含两个假设：第一，假设每个参与者都是理性的，都会选择使得自己效用最大化的行为。第二，假设每个可能的活动组合下参与者的收益都是共同知识。但是能做出对自己效用最大化的行为取决于一个人的知识结构。知识结构的不同会导致信息粗交流。突破这个瓶颈的方法如下：首先，通过学习来改善自己的知识结构；其次，与不同的参与者进行交流和进行知识的联网；再次，求助于社会知识，社会知识大于任何的个人知识；最后，采用系统经济学中的层次战略，在更高的层次解决问题。

信息粗传递及其传播学意义*

现代社会人与人之间的相互联系越来越密切，其中的一个重要联系方式就是信息交流。在文字没有出现之前，"口口相传"的主要特点就是信息无法与人相分离，信息传播很难跨越大尺度的时空范围，难以形成严格意义上的社会普遍观念，自然也就无法出现具有"长程关联"性质的社会行动。因此，从某种意义上讲，自从有了文字才有了真正意义上的人类社会历史。互联网，特别是移动互联网的出现，正在驱使整个人类社会发生不可逆转的根本性转型。物质、能量与信息是现代社会的三大关键构造性元素。从某种意义上讲，物质对应于农业社会，能量是工业社会的驱动力量，信息正在成为现代社会的关键元素，所以，有人把现代社会称为信息社会。因此，关于信息传递的传播学研究将会具有日益重要的作用和意义。

信息传递的基本拓扑结构包括三大构成要素：发送者、接收者和信息通道。由来已久的关于信息传递过程中噪声与信息失真的研究主要针对的是信息通道，较少涉及信息接收者与发送者的知识结构。根据传播有效性原理，信息的有效传播和信息发送者与接收者的知识结构密切相关。传统传播学研究大都潜在地暗含了信息发送者与接收者具有相同知识结构的假设，在现实社会中，更为一般的情况是，信息发送者与接收者的知识结构具有部分交集，但并不完全相同，这就自然引出了信息粗传递的概念。

---

* 本文原载于《现代传播（中国传媒大学学报）》2017年第4期，与昝小娜合作，收入本书时略有删改。

一、信息粗传递的概念与数学描述

粗略地讲，所谓信息粗传递，是指由于信息发送者与接收者具有不同的知识结构，进而导致信息不能精确传递的情况。人们有时也将信息粗传递称为信息粗交流。在国际文化贸易中，文化折扣的产生就与信息粗传递有关。当存在信息粗交流时，信息的接收者对信息的认知就产生了粗糙性，这种粗糙性就是文化折扣的本质。按照这种观点，年龄差异只是人们常说的"代沟"的表象，其本质是知识结构的不同。一般来讲，年轻人容易接受新知识，年长者倾向于保守，由此导致了二者知识结构的差异通常会存在一定程度的信息粗交流现象，这就是人们通常所说的"代沟"的本质含义。

信息粗传递的概念最早是由 Mousavi A. 等人于 2002 年提出，其数学基础是波兰数学家 Pawlak Z. 于 1982 年提出的粗集理论。按照 Mousavi A. 等人的观点，信息粗传递主要是指信息传播的粗糙性，这里的粗糙性是指信息发送者与接收者具有不同的知识结构而导致的信息不精确传播。因此，如何描述信息发送者与接收者的知识结构成为理解信息粗传递的关键。按照人工智能的通行做法，可以把知识看作"等价聚类"。严格一点来讲，就是把人的知识结构看作由不同知识模块作为基本元素而构成的系统。根据认知科学的研究成果，分类的不断加细，意味着人类认识能力的不断提升。少儿往往把错综复杂的电影人物简单地划分为好人和坏人，把丰富多彩的人生看成简单的黑白片，长大之后就会发现，有时候好人和坏人并不是那么泾渭分明，需要进一步细分。假设 U 表示基本论域，如果用 θ_1 表示信息发送者的分类能力或分类指标，则其知识结构可以表示为 $U/\theta_1 = \{u_1, u_2, \cdots, u_m\}$，其中 u_i（$i = 1, 2, \cdots, m$）为 U 上的等价类集合；如果用 θ_2 表示信息接收者的分类能力或分类指标，则其知识结构可以表示为 $U/\theta_2 = \{u'_1, u'_2, \cdots, u'_n\}$，其中 u'_i（$i = 1, 2, \cdots, n$）为 U 上的等价类集合。对于信息发送者和接收者来讲，处于同一个等价类中的不同元素是不可分辨的。

假设信息发送者发送了一条信息或一个概念 P，并假设信息发送者可以理解这个概念，其具体含义就是概念 P 可以刚好表示为信息发送者知识结构中一部分等价类（知识模块）的并集，即 P = ∪ u_i。由于信息接收者与发送者的知识结构不同，由此导致其不能精确理解概念 P，即概念 P 无法刚好表示信息接收者知识结构中某些等价类（知识模块）的并集，即 P ≠ ∪ u'_i。这就是信息粗传递的精确数学描述。如果用矩形方框表示基本论域，用矩形论域的不同栅格分别表示信息接收者与发送者的知识结构，每一个栅格代表一个知识模块（等价类），则可将信息粗传递形象表示为图 1。图中的黑框代表概念 P，图 1（a）和（b）方格的变化代表信息发送者和接收者不同的知识结构。在图 1（a）中，概念 P 可以被信息发送者理解，P 刚好可以表示为信息发送者知识结构中 8 个知识模块的并集，即 P = u_1 ∪ u_2 ∪ … ∪ u_8；在图 1（b）中，概念 P 无法表示为信息接收者知识结构中某些知识模块的并集，即概念 P 完全无法被信息接收者理解。

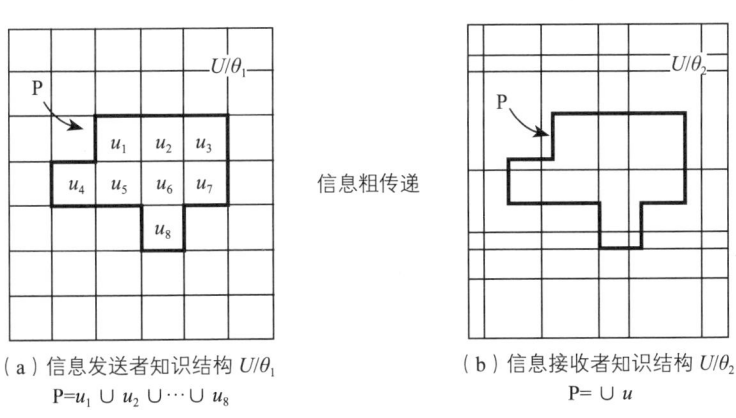

（a）信息发送者知识结构 U/θ_1
P = u_1 ∪ u_2 ∪ … ∪ u_8

（b）信息接收者知识结构 U/θ_2
P = ∪ u

图 1　信息粗传递示意图

根据上面的讨论，能否实现信息的精确传递只和与概念有关的知识模块有关，而与其他的知识模块无关，这就存在如下可能：即使两个人的总体知识结构不同，只要二者与概念有关的知识模块一样，也能实现精确传播。这是实现概念有效传播的最低条件：只要传递双方与概念相关的知识模块一样，信息就能精确传播。这方面一个最为典型的例子就是发电报，只要电报发送者和接收者拥有相同的"密码本"，电报就能顺利发送和破译，而并不要求电报的发送者和接收者必须具有完全相同的知识结构。这也是我们把信息发送者与接收者的知识结构交集非空看作进行信息有效传播的必要条件而不是充分条件的根本原因。也就是说，即使信息发送者与接收者的知识结构的交集非空，但是如果相交的知识模块与所要传播的概念无关，也不能保证他们能够进行完全精确的信息传播，甚至完全不能传递任何信息。

能否实现信息的精确传递只和与所传递信息（概念）相关的知识模块有关的思想，为我们在系统经济学中提出的经济系统的因果小环境原理提供了信息基础和传播学支持。在系统经济学研究中，我们曾经提出经济系统的因果小环境原理。所谓经济系统的因果小环境，是指按因果关系为紧邻的经济环境。利用因果小环境可以以最经济的方式进行经济系统的目标反索、限定评价和问题求解等。在经济实践中，经济系统往往构成一个复杂的因果关系网络。在这个复杂的因果关系网络中，有限步的前因和后果就构成了经济系统的因果小环境。这样就把对于经济系统复杂性的研究限定在了一个有限的范围而又不会失去根本。有限步的前因小环境往往蕴含了经济系统的潜在内涵及其变化的动力机制，根据有限步的后果小环境可以快速地对经济系统的作用与利弊进行判断和估计。当代社会是一个信息爆炸和信息过剩的时代，利用因果小环境原理可以帮助人们快速地在信息海洋中挖掘出有用信息，以实现对信息的节约和高效运筹，由来已久的信息冗余问题也可以据此进行深入研究。

二、基于信息粗传递的传播分类

在前述信息粗传递概念的基础上，根据信息传递的粗糙程度和拓扑特征，可以将信息传播分为如下几类（见图2）。

（1）完全粗糙信息传递：假设信息发送者发送的信息或概念为P，信息接收者根据自己的知识结构，既不能确定哪些知识模块肯定属于P，也不能确定哪些知识模块肯定不属于P。在这种情况下，信息接收者对信息P的认知完全是模糊的。我们称这样的信息传递过程为完全粗糙信息传递。

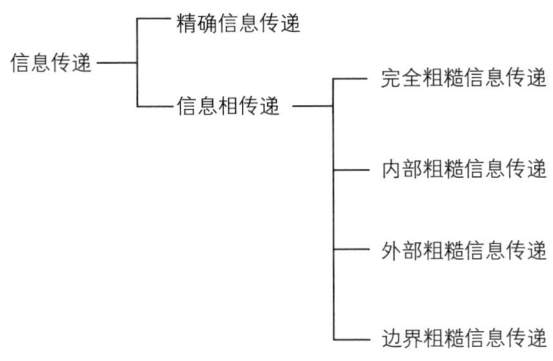

图 2　信息传递分类示意图

（2）内部粗糙信息传递：假设信息发送者发送的信息或概念为 P，信息接收者根据自己的知识结构，虽然不能确定哪些知识模块肯定属于 P，但是能够确定哪些知识模块肯定不属于 P。在这种情况下，信息接收者对信息 P 的认知完全是内部模糊的。这种情况就是所谓的内部粗糙信息传递。

（3）外部粗糙信息传递：假设信息发送者发送的信息或概念为 P，信息接收者根据自己的知识结构，能够确定哪些知识模块肯定属于 P，但是，不能确定哪些知识模块肯定不属于 P。在这种情况下，信息接收者对信息 P 的认知是外部模糊的。这种情况就是所谓的外部粗糙信息传递。

（4）边界粗糙信息传递：假设信息发送者发送的信息或概念为 P，信息接收者根据自己的知识结构，能够确定一些知识模块肯定属于 P，也能够确定一些知识模块肯定不属于 P，同时存在一些知识模块，信息接收者无法确定这些知识模块是否属于概念 P。在这种情况下，信息接收者对信息 P 的认知是边界模糊的。这种情况就是所谓的边界粗糙信息传递。

（5）精确信息传递：假设信息发送者发送的信息或概念为 P，信息接收者根据自己的知识结构，既能够确定肯定属于 P 的知识模块，也能够确定肯定不属于 P 的知识模块，而且不存在信息接收者无法确定是否属于概念 P 的知识模块。在这种情况下，信息接收者对信息 P 的认知是完全精确的。这种情况就是精确信息传递，也是传播学研究最多的情况。

三、粗传递向精确传递的转化：内逼近认知与外逼近认知

从现实的信息传递过程来讲，精确传递是特殊情况，粗传递才是信息传递的一般情况。因此，如何实现信息粗传递向精确传递的转化自然就变成了一个具有现实意义的问题。根据认知科学的研究成果，人们总是从已知去认识未知、去逼近未知，由简单去认识复杂。根据信息粗传递的拓扑特征，信息接收者存在两种实现粗传递向精确传递转化的途径，即对所接收信息进行内逼近认知和外逼近认知。

当信息接收者对所接收的信息采取保守态度时，信息接收者只会相信信息当中自己能够完全理解和表述的部分，相当于在自己的知识结构中完全属于概念 P 的知识模块，如图 3（a）中的阴影部分，这就是对信息的内逼近认知。当信息接收者对所接收的信息采取积极开放的态度时，信息接收者将会相信那些除了确定不属于该信息之外的所有信息，相当于在自己的知识结构中所有与概念 P 有关的知识模块，对应于图 3（b）的阴影部分，这就是对信息的外逼近认知。

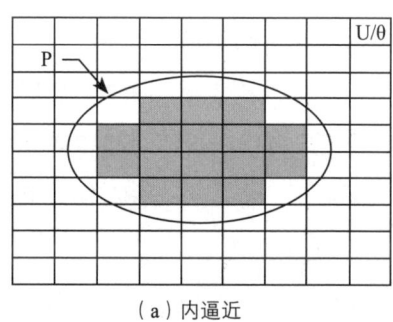
（a）内逼近

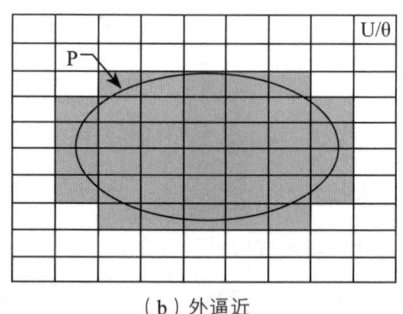
（b）外逼近

图 3　信息接收者对粗糙信息的两种不同认知

在信息无法实现精确传递即信息传递存在粗糙度的情况下，对于所接收到的信息，信息接收者存在两种不同的处理方式，既可以采取保守的态度，也可以采取积极开放的态度，具体采取哪种态度，需要根据具体情况具体对

待。在一些情况下，如进行生命攸关的重大决策时，决策者需要准确可靠的信息，信息不能有任何模糊，在这种情况下，决策者就应当对所接收的信息采取保守态度进行内逼近认知。在另外一些情况下，如战争年代的信息收集工作，信息接收者为了慎重起见不能遗漏任何可能有用的信息，这时候信息接收者就应当对所接收的信息采取外逼近认知。

四、结论与讨论

在信息传播过程中，粗传递是普遍存在的现象，精确传递只是粗传递的特殊情况，本文的研究将信息传播的这种普遍规律显化了出来。根据信息传播的拓扑特征，可以将信息传播划分为两大类：精确传递与粗传递。粗传递又可以进一步划分为完全粗糙信息传递、内部粗糙信息传递、外部粗糙信息传递和边界粗糙信息传递。信息传递的精确性只和与所传递的信息（概念）相关的知识模块有关。对于所接收到的粗糙信息，信息接收者可以根据不同情况和不同需要分别采取内逼近认知和外逼近认知。

必须指出，信息粗传递在某些情况下也具有一定的积极意义。例如，它可以在一定程度上激发信息接收者的想象和联想。想象和联想在各种艺术创造和科学发现中具有重要的启发作用，有时甚至是决定艺术创造与科学发现能否成功的关键性因素。从人工智能的角度来看，信息粗传递与近年来刚刚兴起的模糊识别密切相关。当信息不能精确传递的时候，人的智能可以表现出模糊识别功能，这时候能够通过人的智能判断弥补信息粗传递的模糊性。例如，在光线黯淡的环境中，人们可能看不清对方的脸部细节特征，但是依然可以根据脸部的大致轮廓辨认出对方是否是熟人，这就是在信息不能精确传递的情况下人的智能发挥的模糊识别功能。因此，信息粗传递、传播学与人工智能完全由此结合起来，相互交叉形成了一个崭新的交叉科学研究方向。

文化折扣与文化增值的本质及其数学模型*

文化折扣和文化增值是国际文化贸易中经常发生的两个典型现象,已有的研究主要集中在现象描述和实证研究阶段,还没有建立相应的理论分析模型。本文从文化折扣和文化增值的知识本质开始,试图为文化折扣和文化增值现象建立一个统一的理论分析框架和基本数学模型。

一、文化折扣与文化增值的本质

文化折扣亦称"文化贴现",其英文是 Culture Discount,最早由霍斯金斯(Colin Hoskins)和米卢斯(R. Mirus)在1988年发表的论文《美国主导电视节目国际市场的原因》中提出,其意思是因文化背景差异,国际市场中的文化产品不被其他地区受众认同或理解而导致其价值的降低。[1]以文化折扣概念为指导,人们进行了大量的实证研究,并取得了许多具有启发意义的结

---

* 本文原载于《现代传播(中国传媒大学学报)》2019年第4期,作者孙婧博、昝廷全,收入本书时略有删改。

[1] COLIN H, MIRUS R. Reasons for the US dominance of the international trade in television programmes[J]. Media culture & society, 1988(4):499–515.

论。[1][2][3]相关的实证研究主要选定特殊的电影类型对文化折扣进行验证。[4][5]研究发现,和文化相关度越高的电影在外国市场受欢迎的程度越低,其原因可能是外国受众不具备理解电影所需要的背景知识。例如,喜剧类电影和文化的相关度较高,其在外国市场受欢迎的程度就不及非喜剧类电影;与此同时,冒险类电影比非冒险类电影更受外国观众的欢迎,其原因就在于冒险类电影与文化的相关度较低。文化折扣的本质是知识差异,不同受众之间的知识差异是造成文化折扣现象的本质原因。

在国际文化贸易中,与文化折扣相对应的是文化增值。文化产品在不同的文化区域之间的信息传递既可能使文化产品价值缺损,也可能使其增强。所谓文化增值,是指文化产品在异域文化中的传播效果和价值大于或等于其在本土文化中获得的传播效果和价值。必须指出的是,即使文化产品在异域文化中的传播效果和价值等于其在本土文化中的传播效果和价值,实际上也是一种文化增值,因为扩大了文化产品的影响范围。

这方面的一个典型例子就是罗曼·罗兰的《约翰·克利斯朵夫》,该作品在法国本土没有受到热捧,却大受中国观众的欢迎。其原因就在于作品描述的在逆境中奋斗的人物形象暗合了"天将降大任于是人也,必先苦其心志,劳其筋骨"的中国文化传统,中国观众对这种文化价值了如指掌,使得作品在法国本土没有释放的价值和市场得以在中国充分发挥了出来,由此实现了作品的文化增值。这种文化增值的实现主要在于中国观众根据自己的文化传统极大地保留和显示了原来作品中的相关知识内容,本质上是知识的交集与整合。

---

[1] LEE F L F. Cultural discount and cross-culture predictability: examining the box office performance of American movies in Hong Kong [J]. Journal of media economics, 2006, 19(4): 259-278.

[2] LEE F L F. Hollywood movies in East Asia: examining cultural discount and performance predictability at the box office [J]. Asian journal of communication, 2008, 18(2): 117-136.

[3] LEE F L F. Cultural discount of cinematic achievement: the academy awards and U. S. movies' East Asian box office [J]. Journal of culture economics, 2009, 33: 239-263.

[4] 胥琳佳,刘建华.跨文化传播中的价值流变:文化折扣与文化增值[J].中国出版,2014(8):8-12.

[5] 王晓芳.文化贸易理论文献综述[J].北京联合大学学报(人文社会科学版),2012,10(4):92-98.

文化折扣和文化增值是国家文化贸易中经常出现的一对孪生现象,其产生的根源都在于知识差异。文化折扣只保留可以完全精确理解的知识模块,文化增值则保留了不能完全精确理解的知识边界。建立文化折扣与文化增值信息粗传递模型的关键在于用知识来表征文化。

二、文化产品的知识表征

联合国教科文组织在其公布的《1994—2003年文化商品和文化服务的国际流动》报告中指出,文化产品一般是指传播思想、符号和生活方式的消费品。文化产品的功能主要是提供信息和娱乐,进而形成集体认同并影响文化行为。其实,按照社会系统的星圆模型,文化在整个社会的发展中具有更加重要的功能。文化是社会系统的五个重要子系统之一,与科学、技术、经济和政治具有非常重要的互动关系。文化与经济和政治的一个重要联系就是,文化可以为经济分配制度和政治制度提供合法性和正当性基础。文化是一个影响社会长期发展的慢变量,虽然在短期内其影响不一定马上显现出来,但却是决定社会最终发展方向的关键因素。正是因为有了文化的支撑,经济政治制度才能具备长期稳定的基础。

据联合国教科文组织统计,1995年以后我国已经跻身国际文化贸易的五强,其他四个国家分别是美国、日本、英国和法国。我国文化硬件产品出口仅次于美国,位居世界第二,但在文化软件贸易领域,如电影、电视、演出、动漫和游戏等方面却非常薄弱,至今依然存在巨大的贸易逆差。文化硬件产品符合一般商品的特点,而真正最能体现文化产品属性的恰恰是文化软件产品。如果没有特别说明,本文所指的文化产品就是文化软件产品。最能表征文化产品特点与属性的就是文化产品的知识含量,正是知识含量的存在和主导地位使得文化产品不同于一般商品。国际文化贸易中经常出现的文化折扣和文化增值现象产生的根本原因就是知识对于文化产品的决定性作用。因此,我们可以使用文化产品所蕴含的知识来表征文化产品本身。

根据昝廷全和昝小娜的研究[①]，我们可以将一个人的知识表示成一组等价类的集合（见图1）。图1中的K为知识库，θ为聚类算子，图中的每一个模块都代表一个知识模块（等价类）。一般来讲，每一个知识模块不必一样大小，形状也可以不同，具体大小和形状取决于聚类算子θ，图1将知识模块表示为矩形完全是为了直观和方便，实际上可以是按照聚类算子θ聚类出来的任意形状。θ的变化，就代表知识水平的变化；分类的不断加细，就代表知识水平的不断提升。也就是说，如果聚类算子θ_1和θ_2满足以下关系：$\theta_1 \subset \theta_2$，则有$K/\theta_1 \subset K/\theta_2$，即知识$K/\theta_1$要比知识$K/\theta_2$更加丰富。根据上面的论述，我们就可以把文化产品C表示为知识库中的一条封闭曲线，如图2所示。曲线封闭的原因是，任何文化产品的知识含量都是确定的。图2中的文化产品C包含16个知识模块，即有：

$$C = \cup\, k_1 \cup k_2 \cdots\cdots \cup k_{16}$$

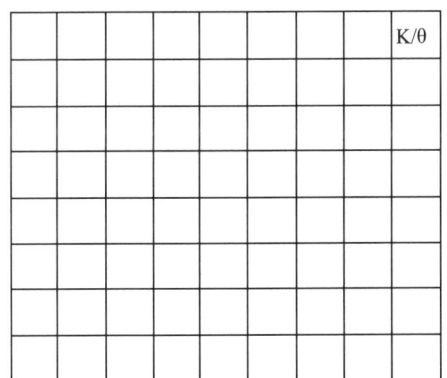

图1　知识的等价聚类表示　　　图2　文化产品C包含的知识模块示意图

这样，我们就可以用K_1到K_{16}这16个知识模块的并集来表征文化产品C。于是，我们得到文化产品C在国家1和国家2之间的基本贸易模式，如图3所示。这里假定国家1和国家2的文化产品消费者（受众）的知识水平分别为K/θ_1和K/θ_2。文化产品C的知识含量在本国（国家1）正好等于k_1到

[①] 昝廷全，昝小娜.信息粗传递及其传播学意义［J］.现代传播（中国传媒大学学报），2017，39（4）：137–139.

k_{16} 这 16 个知识模块的并集，当它传到外国（国家 2）时，由于知识的差异 $K/\theta_1 \neq K/\theta_2$，其知识含量无法表示成 K/θ 中若干知识模块的并集，由此导致外国消费者（受众）无法精确理解该文化产品。这就是导致文化折扣和文化增值现象的根本原因。根据这个基本贸易模式，文化产品的知识含量越多（包含的知识模块越多），两国之间的文化（知识）差异越大，越容易产生文化折扣和文化增值现象。美国学者 Lee 等从实证的角度得出和文化相关度越高的电影在外国市场受欢迎的程度越低的结论，仅仅是对文化贸易实践的一种统计分析，知其然不知其所以然，并没有给出逻辑自洽的理论解释。我们在这里基于文化产品的知识含量而提出的文化产品在两国之间贸易的基本模式，试图为科学解释文化折扣和文化增值现象提供一个统一的理论基础。

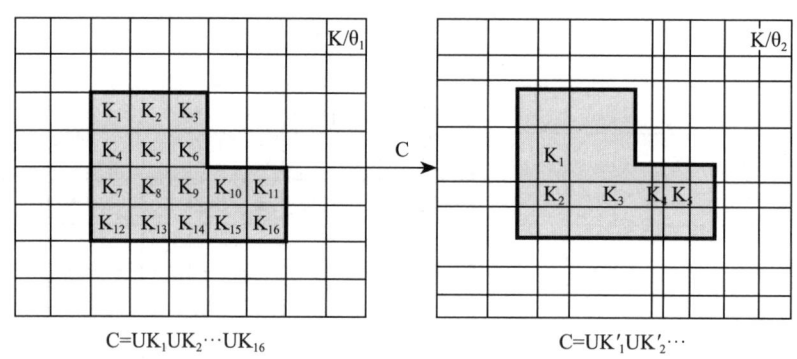

图 3　文化产品 C 在国家 1 和国家 2 之间的贸易模式示意图

三、文化折扣与文化增值的数学模型

由于国家 1 和国家 2 存在知识差异，来自国家 1 的文化产品 C 无法被外国（国家 2）的受众精确理解，外国受众只能对该文化产品近似理解，可以分为内逼近和外逼近，亦称内近似和外近似，它们分别对应文化折扣和文化增值。于是，我们得出结论：文化折扣等于文化产品 C 在国家 2 知识 K/θ_2 中的内近似，文化增值等于文化产品 C 在国家 2 知识 K/θ_2 中的外近似。下面利用上面的例子进行稍微详细一点的说明。

在图 2 的例子中，文化产品 C 在国家 2 知识 K/θ_2 中的内近似，即文化产品 C 的文化折扣等于完整包括在该文化产品知识含量中的知识模块的并集，即图 4 中的 k'_1、k'_2、k'_3、k'_4、k'_5 这 5 个知识模块，如图 4 中的阴影部分所示。因此，当发生文化折扣时，自然会发生信息流失。

在上面的例子中，文化产品 C 在国家 2 的文化增值，即文化产品 C 在国家 2 知识 K/θ_2 中的外逼近，等于所有与文化产品 C 知识含量相交的知识模块的并集，参见图 5 中的阴影部分。显然，图 5 中的阴影部分要大于文化产品 C 本身所包含的知识模块。与文化折扣的信息缺失不同，这里显然发生了信息增加，这正是文化增值的真正含义。文化增值的外逼近有点"宁可错杀一千，绝不放过一个"的意味。

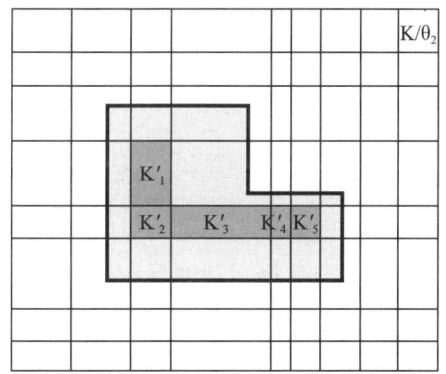
图 4　文化折扣的内逼近模型示意图

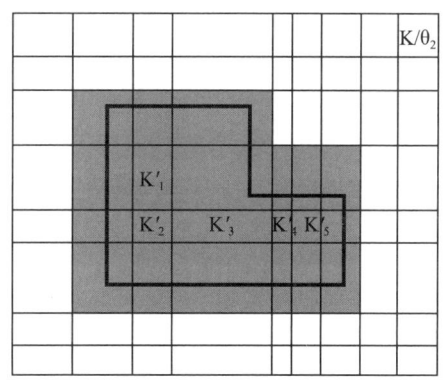
图 5　文化增值的外逼近模型示意图

四、三点结论

根据本文的研究，我们可以逻辑地推出以下三点结论。

1. 文化折扣和文化增值主要发生在知识边界上

知识边界等于文化产品的外近似与内近似的差集。也许可以说，国际文化贸易的复杂性主要来自双方知识的不同所导致的知识边界。随着聚类算子的变化和知识模块的不断变小，知识边界也将越来越小。知识模块变小对应于知识水平的提升，可以通过提升知识水平来减小文化折扣和不必要的文化增值。例如，为了使得我国的文化产品更好地走出去，在世界范围内推广中文、宣传我国的历史文化知识，都是属于这种类型的战略举措。

2. 文化折扣和文化增值只与和文化产品知识含量相交的知识模块有关

人类的知识丰富多样，"文化折扣和文化增值只与和文化产品知识含量相交的知识模块有关"这一结论使得人们只需要从"知识海洋"中抽取与文化产品相关的知识模块进行研究与运筹就可以了，相当于从知识海洋中抽取一个子集，不必费神于不相关的知识模块，由此可以采取非常"经济"的方式进行文化折扣和文化增值乃至整个国际文化贸易的研究。例如，在研究文化折扣时，只需要关注图4中的阴影部分所包含的五个知识模块，而对于其他的知识模块不必太过费神；在研究文化增值时，则应主要关注图5中阴影部分所涵盖的知识模块。从对策的意义上讲，这个结论可以使得对于文化折扣和文化增值乃至整个国际文化贸易的研究与实践更加具有针对性和可操作性。

3. 文化折扣和文化增值具有非对称性

知识较多的一方可以精确理解知识含量较少的文化产品；反之，知识较少的一方无法精确理解知识含量较多的文化产品。这个结论也许可以为我国文化产品走出去的困境和巨大的贸易逆差提供部分解释。我国具有悠久的文明历史和十分丰富的文化资源，为什么在国际文化产品（文化软件产品）贸易方面的业绩不及文明历史少得多的美国呢？部分原因就在于文化折扣和文化增值具有非对称性。按照这种观点，文化产品的知识含量越少，文化相关度越低，越容易走出去。美国学者Lee等人的实证研究正好为这个结论提供了事实支撑，或者说，本文的研究为Lee等人的实证研究提供了科学理论上的解释。

信息自组织：价格形成的传播机制与模型*

价格是经济学最为基础的一个变量。中国特色社会主义市场经济的核心内容之一就是充分发挥市场在资源配置中的决定作用。市场的资源配置功能正是通过价格信号实现的。但是，在传统经济学中，价格一直被作为"黑箱"来处理，主要通过外部的供求关系来研究价格的决定因素，对于价格形成的微观机制的研究相对较少。从传媒经济学的角度来讲，市场是一个信息网络，市场价格的形成有赖于市场微观主体之间的相互关联和信息交流，其本质是信息自组织。随着互联网、人工智能、大数据和云计算等新的传播技术的出现而形成的诸如算法推送、社交传播和智能传播等传播形式都将对价格形成的信息传播机制产生重要影响。价格形成的信息传播机制研究是连接传播学和经济学的重要桥梁，是整个传媒经济学研究的基础。

一、价格形成的信息传播机制是传媒经济学的基本的问题

传媒经济学属于传播学和经济学的交叉科学研究。一般认为，传媒经济学具有两种研究倾向：第一，就是应用经济学理论研究传媒现象和传媒问题。[1] 例如，经济学诺贝尔奖得主科斯（Coase）曾经利用经济学理论研究英

---

* 本文原载于《现代传播（中国传媒大学学报）》2022年第2期，与周仪涵合作，收入本书时略有删改。

[1] 皮卡德. 媒介经济学：概念与问题 [M]. 赵丽颖，译. 北京：中国人民大学出版社，2005：9.

国广播时段的拍卖问题①，可以被看作利用经济学理论研究传媒问题的最早和最著名的案例，但是，科斯自己也不认为自己是传媒经济学家。他做的工作实际上是应用经济学研究。第二，就是把传播学方法应用于相关的经济现象和经济问题，这实际上属于应用传播学的范畴。中国早期关于传媒经济问题的研究工作大都属于这种类型。

在以上两种研究倾向之外，昝廷全详细讨论了系统经济学和传媒经济学之间的关系②，提出了关于传媒经济学研究对象的新见解③。昝廷全认为，传媒经济学的研究重点既不是经济学理论对传媒现象和传媒问题的简单应用，因而可以归之于应用经济学，也不是应用传播学，其研究重点应当是传媒与经济相交叉时所产生的新问题或新矛盾④，这样更符合恩格斯所说的"任何一门新的学科都应当是研究事物运动所产生的某一个新的主要矛盾或矛盾的主要方面"的思想。例如，从传媒产品的生产投入来讲，其主要依赖具有软资源品格的生产要素投入；从传媒产品的消费角度来讲，由于传媒产品不具有排他性，即一个人的消费并不影响其他人继续和同时消费，进而决定了传媒产品消费不满足传统经济学的边际效用递减定律，进一步来说，有些传媒产品消费的边际效用甚至是递增的，即存在效用增值现象。在传统经济学中，排他性和边际效用递减是市场均衡价格和一般均衡状态存在的必要前提，但这两个前提条件在传媒领域都不存在，这就向传媒经济学提出了新的研究课题。比这个问题更为根本的是价格形成的信息传播机制问题，也是在传播学和经济学相交叉时所产生的新问题和新矛盾。传媒经济学研究内容主要具有两个方面的来源：一是经济与传播相交叉的社会生产实践，二是为了传媒经济学理论体系本身的完善从其理论内

---

① 昝廷全，程静薇，应思思.诺贝尔经济学奖获得者与传媒经济研究[J].现代传播（中国传媒大学学报），2008（3）：98-100.

② 昝廷全.论传媒经济学与系统经济学之间的关系[J].现代传播（中国传媒大学学报），2006（2）：92-95.

③ 昝廷全.论传媒与传媒经济系统：兼谈传媒经济学的研究对象及方法[J].现代传播（中国传媒大学学报），2006（6）：98-99，97.

④ 昝廷全，刘静忆，王燕萍.传媒经济学研究的历史、现状与对策[J].现代传播（中国传媒大学学报），2007（6）：81-84，93.

部产生的研究专题。特别是在新媒体发展日新月异的今天，情况更是如此。

从人类诞生开始，就有了经济活动。用数学的语言来讲，经济在整个人类社会中"处处稠密"。意思是说，在人类社会系统中任意取出一个部分或子集，里面都会有经济元素。但是，一直到19世纪，经济学才作为一门独立的学科诞生。人们早期的经济活动很少超出家庭的范围，所以最早的经济学被理解为是"管理家政"的学问。随着人类社会的发展和系统化水平的不断提高，人类经济活动的范围逐步超出家庭。到了中世纪中叶，经院哲学的诞生提出了对经济学的一种新的解释，认为经济学是关于人类事务，特别是公共事务和公共利益管理的学问。之所以出现人类的公共事务和公共利益，是因为人类的活动超出家庭范围，大家才会面临一些公共事务和公共利益问题。最早建立的关于人类公共事务和公共利益的分析体系使用的是神学语言，它把人类的经济活动从世俗的权力中独立出来。但这种思想在中国一直没有传播开来，中国的传统历来是经济和政治密切联系，政府是老百姓的衣食父母。西方一直到19世纪初期，随着英国产业革命的开始，经济开始摆脱宗教的桎梏，按照自身的规律发展，才开始有了以市场交换为基础的经济学。具体来讲，19世纪之后，英国产业革命的发生，大大提高了生产力，产生了大量的生产剩余，需要更大的市场去销售，资本为了追求更大的利润，需要扩大市场。经济开始独立于社会相对自成系统，按照自成的规律去发展，顺应时代的需要，以市场交换为基础的经济学开始诞生并逐步成型。19世纪之前，经济发展和经济分配主要受到社会关系的制约，社会关系对于经济发展和经济分配起到主导作用；19世纪之后，经济开始摆脱社会的桎梏，按照自身的规律发展，以市场交换作为整个经济活动的主旋律。

从传媒经济学的角度来讲，所有的市场交换都伴随着信息传播，没有信息传播市场交换就失去了方向，无从进行。昝小娜等比较详细地研究了不同的信息传播方式在资源全球配置中的作用，并提出了相应的数学模型。[①] 从

---

① 昝小娜，孙婧博.信息国际传播在资源全球配置中的作用研究[J].现代传播（中国传媒大学学报），2021，43（12）：74-79.

市场交换的角度来讲，我们可以把人类社会的经济发展划分为以下三个阶段：自给自足、物物交换和以货币为中介的交换，如图 1 所示。与此同时，它们所对应的信息传播方式亦不同。

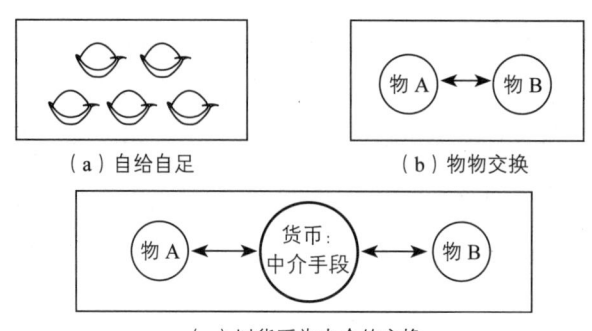

图 1　经济发展的三个不同阶段与不同的信息传播方式示意图

图 1 中，（a）代表的自给自足可以被看作市场交换的极端情况，即零交换；（b）代表物物交换，相当于把自给自足的封闭链条打开了，其中的"物 A"和"物 B"分别表示两个不同的"商品束"，其配对成功的效率非常之低，且所产生的信息成本和交易费用非常之高，于是就催生了作为交换媒介的货币，由此大大提高了交换效率，这就进到了图 1 中（c）所描述的情况。当然，货币的意义和影响远远不止于此，但是作为交换的媒介确实是货币重要的基础功能之一。为了实现货币的交换媒介功能，就必须借助价格的概念。

从某种意义上讲，价格是经济学的第一个基本概念。有了价格，才能计算成本、收益、利润、GDP、物价水平、通货膨胀程度等。中国特色社会主义市场经济的最大特点就是"有为的政府 + 积极的市场"。"积极的市场"的基本含义就是充分发挥市场在资源配置中的决定性作用。如何发挥市场在资源配置中的决定性作用？核心思想就是要充分发挥价格在资源配置中的引导作用。根据价格形成机制的不同，可以存在不同的价格，典型的有计划价格和市场价格。改革开放之前，我国经济运行依靠的主要是计划价格；改革开放初期，计划价格和市场价格并存，被形象地称为"双轨制"；并轨之后，我国主要实行的是市场价格。充分发挥市场在资源配置中的决定性作用依靠的正是市场价格。

从某种意义上来讲，市场就是一个信息网络。更好地发挥市场在资源配置中的决定性作用，关键在于更好地发挥价格对资源配置的信号作用。计划价格的最大弊端就是它起不到资源配置的信号作用，甚至发出错误的信号。其根本原因就在于价格的形成机制不同。价格的资源配置作用相当于价格的功能。根据系统科学理论，一定的功能需要一定的结构来保证，这就自然对价格的形成机制提出了要求。为此，就必须对于价格形成机制有一个基本的了解，以加深对于价格概念的内涵与外延的科学理解。到目前为止，西方主流经济学的各种流派，都把价格作为一个不言自明的概念，即把价格看成一个黑箱。本文的主要任务就是打开价格黑箱，探讨价格形成的信息传播机制，这不仅是传媒经济学最为基础的问题，而且对于充分发挥市场在资源配置中的决定性作用具有重要的现实启迪。

二、供求索交的基本模式：他组织和自组织

探讨价格形成的信息传播机制，必须从商品供求索交的基本模式开始。了解价格的形成机制不仅是一个重要的学术问题，还具有重要的现实意义。经济学诺贝尔奖得主斯蒂格利茨（Joseph Stiglitz）认为，"导致法国大革命的一个重要原因就是面包价格的上涨"。从世界历史来看，许多国家社会动荡的导火索都是价格的上涨。因此，只有充分了解了价格形成的微观机制才能真正理解价格的本质，进而更好地发挥价格的资源配置功能。

为了探讨价格的形成机制，我们首先简要回顾一下西方经济学经典作家的相关论述。在亚当·斯密（Adam Smith）之前，关于价格形成机制的相关文献很少。著名经济学家约瑟夫·熊彼特（Joseph Alois Schumpeter）在其著名的《经济分析史》一书中指出："关于订价机制理论，十八世纪中叶之前没有什么好谈的。"这与以市场交换为基础的经济学科的诞生历史完全吻合。关于市场价格形成问题的最早论述可以追溯到亚当·斯密1776年出版的《对国民财富的性质和原因的研究》（简称《国富论》）。亚当·斯密区分了市场上商

品的两种不同的价格，即自然价格和实际价格。前者指商品的价值，后者指市场价格。亚当·斯密还详细讨论了"一种商品的市场价格的高低受供求比例关系支配的三种情况"：第一种情况，供不应求，价格上涨；第二种情况，供过于求，价格下降；第三种情况，供求相等，这时市场价格等于自然价格。亚当·斯密还指出，这三种情况不停地交错运动，使得市场的总供给和总需求趋于平衡。从这里的论述可以看出，亚当·斯密论述的其实是决定价格的影响因素，即供给与需求之间的关系，并没有涉及价格形成的微观信息机制。

300多年来，西方经济学关于价格形成机制的研究基本上都是沿着亚当·斯密的思路进行的。例如，作为古典经济学派的重要继承人大卫·李嘉图（David Ricardo）对亚当·斯密的价格理论进行了继承和完善，在其著名的《政治经济学及赋税原理》一书中提出了"相对价格理论"，明确提出"市场价格取决于供给和需求"。他还认为，"商品的价格会因为供给和需求的偶然或者暂时的波动而偏离其价值或自然价格"。当然，讨论价格的形成问题，必须提及法国著名经济学家萨伊（Jean-Baptiste Say）和他提出的萨伊定律。萨伊同样认为，价格是由供求决定的。萨伊定律指出，生产会创造自己的需求。与亚当·斯密和李嘉图一样，萨伊同样潜在地假定了价格信息传递的准确性。这在现实中往往是无法实现的。本文将在价格形成机制的数学模型部分采用粗集理论定量来讨论这一问题。

著名经济学家马歇尔（Alfred Marshall）对于价格理论的贡献是革命性的。和之前其他的经济学家不同，"他不再去研究价值本身，只是把研究的重点放在了价格上，以价格为中心，研究在市场上，供给和需求两种相反作用如何达到均衡，从而决定商品的价格"，其最重要的贡献就是提出了"均衡价格理论"。这一理论一直沿用至今。从这里的论述不难看出，马歇尔同样是从宏观上研究价格形成的决定因素，而没有论及价格形成的微观信息机制。

与所有上述经典作家不同，著名经济学家米勒（Merton Miller）的工作触及了价格形成的微观信息层面。米勒指出，在价格制度下，"没有集中决策系统的干预，真正起作用的是个体之间的相互影响"，"市场包括的一个重要因素是信息的交换，比如价格、数量和质量等。实际上，市场是信息的收集者，这些信息反映出消费者、生产者和资源所有者的选择"。后者反映的是市场价格的资源配置功能。

综上所述，在把价格作为一个黑箱的条件下，如果其他条件不变，供给和需求确实是影响市场价格的决定性因素。正是从这个意义上讲，经济学诺贝尔奖得主萨缪尔森（Paul A. Samuelson）指出，只要学会了供给和需求，鹦鹉也能成为经济学家。市场价格是市场交换的尺度。从本质上讲，西方经济学从19世纪诞生之初就是以市场交换为基础的，其目的是通过市场实现供求索交，这里的市场相当于一个中介手段或中介系统，其基本功能就是进行信息交换（见图2）。

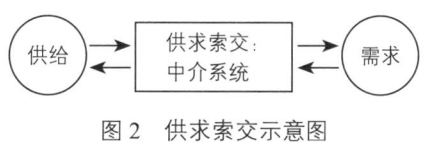

图2 供求索交示意图

人类社会的经济发展到以货币等作为交换的中介手段的第三阶段之后，产生了供给与需求的分离，进而使得依靠中介系统实现供求索交变成了一般情况。为了实现供求索交，中介系统存在两种不同的运作机制：他组织和自组织（见图3、图4）。所谓他组织，就是通过经济系统之外力量的特定干预实现经济系统的供求索交，他组织的典型代表就是所谓的计划经济，与之对应的价格叫作计划价格；所谓"自组织"，就是在没有外界特定干预下实现经济系统的供求索交。根据系统经济学观点，市场是经济系统自组织的一种特殊方式，其本质是信息自组织。从根本上讲，市场的概念是人类社会发展到19世纪的历史性产物，发展到今天，其内涵、外延和实现的手段都发生了很大的变化。自组织是系统科学的一个重要概念，自组织理论是系统科学的一个重要分支，有着十分丰富的内容。将市场看作信息自组织的一个特殊方式，为市场和价格形成机制的研究开拓了广阔的理论空间。在供求索交他组织和自组织机制的基础上，自然就派生出供求索交的第三种机制："他组织+自组织"型中介系统（见图5）。经济学诺奖得主萨缪尔森所说的"混合经济"总体上就属于这种情况，当然并不完全一样。实际上，市场价格在经济系统通过信息自组织中介系统实现供求索交过程中具有关键作用。在上述宏观背景的基础上，我们就可以深入价格形成的微观信息机制了。

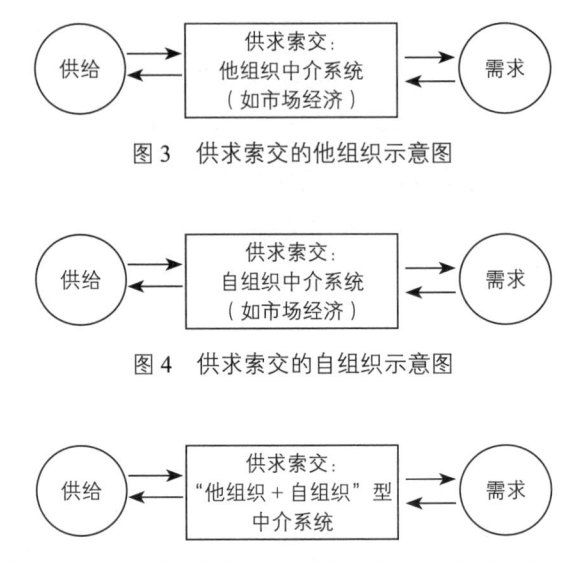

图 3　供求索交的他组织示意图

图 4　供求索交的自组织示意图

图 5　供求索交的"他组织+自组织"型中介系统示意图

三、价格形成的信息自组织机制

本文主要研究市场价格形成的信息传播机制，对应于经济系统通过自组织中介系统实现供求索交的情况（见图4），其核心是市场价格的自组织形成机制，关键是经济系统各个微观主体之间的信息交流与传播，进而产生宏观层面的市场均衡价格（简称市场价格）。这里涉及微观信息和宏观信息两个层面，相当于发生了层级过渡和信息简并，从各个不同的微观价格合成和转化为宏观层面的单一信息即宏观价格。我们可以将这一过程简略地说成"微观多变，宏观少变"。实际上，"微观多变，宏观少变"是不同层次系统之间信息变化的一般规律。会骑自行车的人大都会有这样的经历，初学骑车时往往把车把拿得死死的，不允许对前进方向丝毫的偏离，结果很容易摔倒，等熟练到一定程度之后反而不再把车把控制得死死的，而是允许车把随时随地地微调，反而骑得更稳、更容易保持前进的宏观方向。

在经济学中，通常把市场划分为消费者市场和生产者市场。其均衡状态被称为一般均衡，对应的价格就是所谓的市场均衡价格或市场出清价格，简称价格。除了特殊说明之外，现代经济学文献中提及的价格均为市场均衡价格。本文稍后将会说明，计划价格可以被看作市场价格的极限情况。为了论述的方便，我们首先给出市场的一个形式化描述。我们用市场参与者（agents）统一表示消费者和生产者，用 A 表示市场参与者集合，$A = \{a_1, a_2, \cdots, a_n\}$，其中 $a(i = 1, 2, \cdots, n)$ 代表第 i 个市场参与者。如果用 Ad 和 As 分别表示消费者集合和生产者集合，则有 $A = A_d \cup A_s$。如果用 M 表示市场，则得到市场的如下形式化表示：$M = (A, f)$。

根据系统经济学研究，可以将 f 表示为如下形式：$f = A^2 \times W$。这里的 A^2 表示所有定义在 A 上的二元关系的集合，代表不同市场参与者之间的关系，不同参与者之间相互联系的主要方式之一就是信息交流；W 是广义权重，表示不同市场参与者之间关系的强弱或重要性等。信息传播现象中的"人微言轻"就可以用广义权重 W 的不同来描述。市场的本质就是参与者之间的相互关联和信息相互交流。正因为如此，我们可以把市场看作一个信息网络。没有市场参与者之间的相互关联和相互信息交流就没有市场，自然也就没有市场价格。计划价格是政府通过行政决策制定出来的，没有不同微观主体之间的这种信息交流和磋商（negotiation），因此，计划价格属于经济系统的外生变量，这是计划价格不能发挥资源配置信号作用的根本原因。

下面我们就来具体讨论价格形成的基本过程和信息自组织机制[①]，其主要表现为两次层级跃迁和信息简并。

（一）价格形成的第一次层级跃迁和信息简并

系统经济学认为，企业存在的根本理由在于通过为社会提供合格的产品和服务来发挥养育社会的功能。也就是说，产品必须具有满足人的各种需求

---

① 哈肯. 信息与自组织[M]. 郭治安, 译. 成都：四川教育出版社，2010：23, 77.

的使用价值。生产任何一种产品都需要一定的广义资源投入,其中最为活跃的一项投入就是科技投入。随着科学技术的飞速发展,科学技术对于生产的重要性越来越高,以美国为代表的西方发达国家科技对经济的贡献率在70%以上。在中国,科学技术是第一生产力的观点已经深入人心,建立创新型国家已经上升为基本国策。各种工业产品的科技含量越来越高,如为了从技术上完整描述一部智能手机,往往需要上千个技术参数。产品的使用价值就是由沉淀在产品中的这些技术信息决定的,进而决定了产品的功能和用途。一般来讲,系统的功能体现在系统和环境的联系之中。因此,孤立的一个产品无所谓功能和用途,只有当产品和人发生联系并满足人的需求时,产品才具有了使用价值。我们可以将其形式化地表示如下:产品+人(消费者)→使用价值。我们用 Y 表示产品集合,用 C 表示消费者集合,用 V 表示使用价值集合,则有:Y×C→V。

使用价值是产品与人共同构成的较高层次系统出现的新特性,由此实现了价格形成过程中的第一次层级过渡:从技术层级向使用价值的过渡,而使用价值属于经济层级。因此,这一次层级过渡至关重要,相当于实现了从技术层级向经济层级的过渡。技术层级和经济层级具有本质的不同。技术层级的权威来自专业知识,经济层级的权威来自对于整体的最优。技术层级的很多问题具有唯一解,而作为经济层级的使用价值却因人而异。从信息的角度来讲,伴随着这一层级过渡,发生了信息简并。前面已经指出,为了从技术上完整描述一部智能手机,可能需要上千个技术参数,相当于上千个信息维度,相对比较复杂,除了专业的工程师,一般人很难完全了解。智能手机对于人的使用价值相对简单,只需要几个简单的参数就可以完备描述。从技术层级需要上千个参数到经济层级(使用价值)只需要少数几个参数,信息被大大压缩了,我们把这种现象称为信息简并。这就是价格形成过程中所发生的第一次层级跃迁和信息简并。

(二)价格形成的第二次层级跃迁和信息简并

在经济学中,使用价值只是一个过渡性概念,人们真正关心的是怎样从使用价值过渡到价格。前面已经指出，同一件产品对不同的消费者的使用价值通常是不一样的。也就是说，一般来讲，$v_i(y, c_i) \neq v_j(y, c_j)$，这里 $y \varepsilon Y$ 为某一个特定的商品，$c_i, c_j \varepsilon C, c_i \neq c_j$，代表两个不同的消费者，$v_i, v_j \varepsilon V$ 代表商品 y 对于消费者 c_i 和 c_j 的不同价值。例如，同一块面包，对于穷人和富人的使用价值大不相同。但是，同一个市场中的不同消费者不是各自封闭而是存在相互联系和相互影响的，主要表现为信息交流，由此形成了消费者之间的相互关联。虽然同一件商品对不同的消费者的使用价值不一样，进而消费者愿意付出不同的价格 $P_i (i = 1, 2, \cdots, n)$，但当消费者之间的微观信息交流达到一定的强度就会在宏观上达成一致，最后形成一个市场均衡价格 P。细心的读者将会发现，这里存在市场均衡价格的存在性和唯一性问题，其粗略的回答是，形成均衡价格的前提是一定要有消费者剩余和生产者剩余。消费者剩余是消费者的动力所在，生产者剩余是生产者利润的根本来源，由此决定了生产者参与的积极性。

从上面的论述不难看出，单个的消费者无法形成市场价格。市场价格是通过不同消费者之间的关联和相互信息交流产生的，其数学表示为：$C^2 \rightarrow P$，即消费者关联 → 市场价格。从 $P_i (i = 1, 2, \cdots, n)$ 到 P 是又一次层级过渡，同时再次发生了信息压缩，即又一次信息简并。$P_i (i = 1, 2, \cdots, n)$ 针对每一个微观消费者，因人而异，存在 n 个信息通道，而 P 只有一个。虽然价格 P 是由每一个微观消费者之间的相互作用共同形成的，或者说，每一个微观消费者对于 P 的形成都有贡献，共同决定了 P 的大小，但是，P 一旦形成就会反过来影响每一个微观消费者的决策和行为。采用哈肯（Hermann Haren）协同学的语言来讲，P 是微观消费者之间通过信息自组织行为产生的宏观秩序，其反过来又"使役"微观消费者，这里存在不同层次之间的过渡。市场均衡价格是一个新的信息通道，构成经济系统的第一个基本变量和内在尺度。一般来讲，每当有新的信息通道产生时，就需要引进一个新的学术概念或学术名词来描述这个新的信息通道。反过来讲，如果没有新的信息通道产生，就没有必要引进新概念或新名词。按照这种方法引进的学术概念的内涵和外延都非常清晰，不会产生混淆，有利于学术交流和学术讨论。

下面给出一个消费者关联的直观例子，假设市场中总共包括 7 个消费者，消费者之间的关联如图 6 所示，则可以将相应的消费者市场表示为 $M = (C, g)$，$C = \{c_1, \cdots, c_7\}$ 代表消费者集合，$g = \{(c_1, c_2), (c_1, c_4), (c_1, c_5), (c_2, c_3), (c_2, c_6), (c_3, c_6), (c_3, c_7), (c_4, c_5), (c_5, c_6), (c_5, c_7), (c_6, c_7)\}$ 代表消费者之间的微观联系。则可以把市场 M 划分为两个子系统 $M_1 = (C_1, g_1)$ 和 $M_2 = (C_2, g_2)$。从图 6 可以看出，$C_1 = \{c_1, c_4, c_5\}$，$C_2 = \{c_2, c_3, c_6, c_7\}$，$g_1 = \{(c_1, c_4), (c_1, c_5), (c_4, c_5)\}$，$g_2 = \{(c_2, c_3), (c_2, c_6), (c_3, c_6), (c_3, c_7), (c_6, c_7)\}$，

则有 $g_1 \cup g_2 \subset g$，即整体大于部分之和。c_1 与 c_2 之间的连线 (c_1, c_2)、c_5 与 c_6 和 c_7 之间的连线 (c_5, c_6) 和 (c_5, c_7) 正是产生整体大于部分之和的原因，也是产生市场均衡价格的原因。

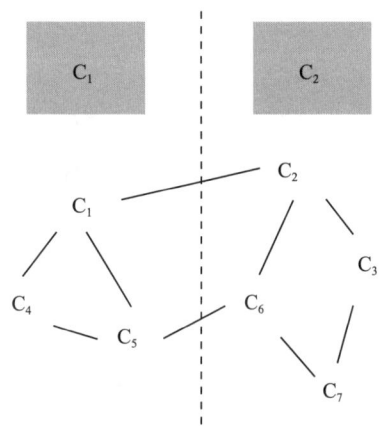

图 6　消费者关联与市场价格的产生示意图

一般地，假设市场行为主体为 A，可以按照某个半等价算子 θ 将 A 划分为若干相互有交叉的子集，即有 $A/\theta = \{A_1, A_2, \cdots, A_n\}$。满足 $A = A_1 \cup A_2 \cup \cdots \cup A_n$，$A_i \cap A_j = A_{ij} \neq \Phi$（$i, j = 1, 2, \cdots, n$）。从价格形成的角度来讲，不等于空集的 A_{ij} 对于市场均衡价格的形成具有决定作用（见图 7）。对此，我们可以结合拓扑空间的分离性进行深入讨论。在拓扑学中，根据空间分离性的不同，可以把拓扑空间划分为 T_1 空间、T_2 空间和 T_3 空间。具有不同分离性的空间具有不同的连通机制和信息传播方式。昝廷全将拓扑

学和传播学结合起来开拓了拓扑传播学方向[1]，对价格形成的信息传播机制研究具有重要的启迪作用。美国芝加哥大学伯特（Ronald S.Burt）引进的"结构洞"概念可以看作 A_{ij} 的特殊情况[2]，由此可以把价格形成的信息传播机制和社会网络结构研究有机地结合在一起，从而成为一个新的研究方向。

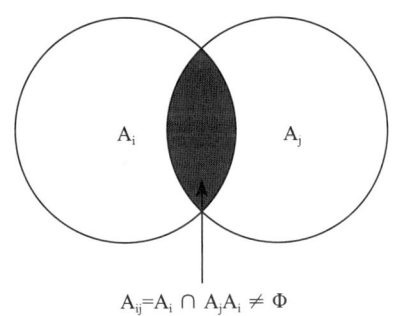

图7 对市场价格形成具有决定作用的"结构洞"示意图

顺便指出，与价格形成的信息传播机制相对的一个问题是，在市场价格已知的条件下，如何推得市场主体的微观信息分布，即市场主体的微观行为，以更好地了解市场完全竞争的内涵与条件。研究这个问题的理论工具就是哈肯在协同学研究中提出的最大信息原理。

四、价格形成的信息拓扑结构

一般来讲，机制是指结构与功能之间的关系。为了细化关于价格形成的信息传播机制的研究，必须深入了解市场信息网络的信息传播方式以及由此形成的传播空间特点[3]，因为没有不同市场主体之间的相互关联和信息交流就没有市场价格。根据市场信息网络拓扑结构的不同，可以把与价格形成相关的信息传播划分为四种基本类型：一步传播、n步传播、社交传播和超级社交

---

① 答廷全.拓扑传播学初探［J］.中国传媒大学学报（自然科学版），2006（1）：12-19.
② 伯特.结构洞：竞争的社会结构［M］.任敏，李璐，林虹，译.上海：格致出版社，2008：18.
③ 答廷全.论传播的分类及其数学模型［J］.中国传媒大学学报（自然科学版），2006（2）：7-10.

传播。现在逐一简要分析如下。

（一）一步传播

一步传播是指从信息的发出到信息的接收不经过中间节点，与信息传播的路径长短没有关系，应当在拓扑学意义上去理解。这又可以划分为如图8所示的（a）、（b）、（c）三种典型情况。在拓扑传播学研究中，昝廷全把信息的单向传播称为弱传播，把信息的双向传播称为强传播。图8（a）表示在价格形成过程中信息的弱一步传播；图8（b）表示在价格形成过程中信息的强一步传播；图8（c）表示在价格形成过程中信息的一对多一步传播。传统的人际传播、大众传播和互联网传播都是一步传播的典型案例，在市场发展的不同阶段不同的传播方式对价格形成的重要性亦不同。

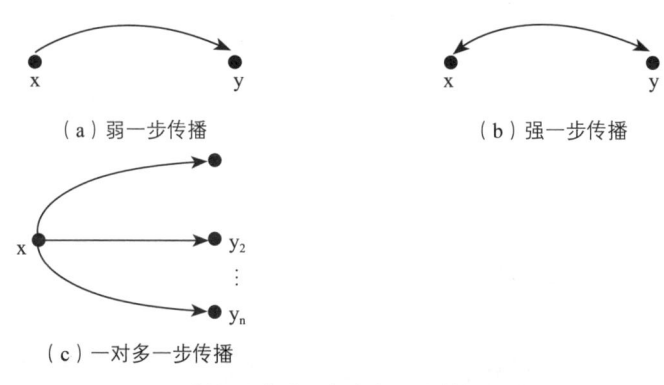

图 8　价格形成过程中信息一步传播示意图

（二）n 步传播

和一步传播不同，n 步信息传播是指在信息从发出到接收涉及 n+1 个信息节点（见图9）。n 步信息传播包括弱 n 步信息传播、强 n 步信息传播和混合 n 步信息传播三种情况，分别对应图中的（a）、（b）、（c）。信息的人际传播属于典型的 n 步传播。在信息的 n 步传播过程中，不断发生信息的信息折扣和信息增值，相当于存在一个信息的磋商机制，其在价格的形成过程中始终发挥着重要作用。

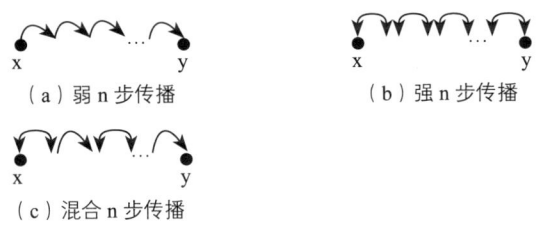

图 9　价格形成过程中信息 n 步传播示意图

（三）社交传播

在市场信息网络中，信息的一步传播和 n 步传播是形成价格的信息基础，但要真正形成宏观意义上的价格，必须进入社交传播的系统层级。图 10 显示的是由 5 个市场微观主体所形成的社交传播的典型拓扑结构。每一个社交传播都可以形成一个社区价格，即区域价格。对于同样一个商品，社交传播系统的不同可以形成不同的区域价格，这正是所有国内贸易和国际贸易的信息传播条件。每一个区域价格就相当于经济系统的一个半等价聚类。

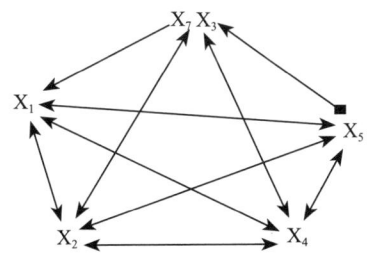

图 10　价格形成过程中信息社交传播拓扑结构示意图

（四）超级社交传播

超级社交传播对价格形成至关重要。所谓超级社交传播，是指由多个社交传播系统复合而成的信息传播系统。图 11 给出了由 4 个社交传播构成的超级社交传播示意图。一般来讲，在价格形成的实际过程中，通常是先通过社交传播形成区域价格，再通过不同社交传播系统之间的信息连通形成超级社交传播，进而形成经济系统整体层面上的市场价格。

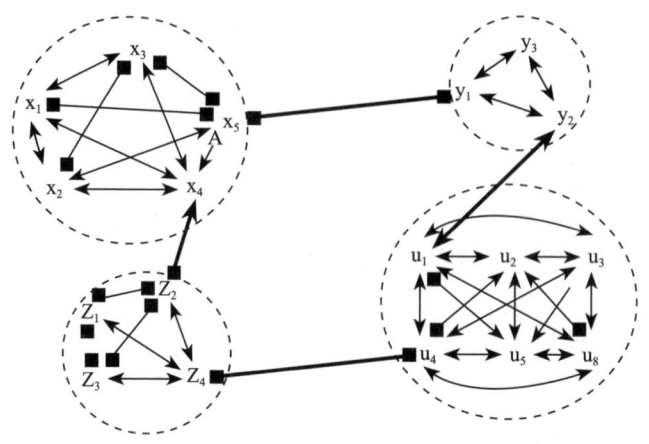

图 11　价格形成的信息超级社交传播示意图

五、结语

根据本文的研究，价格形成的信息传播机制的核心就是信息自组织。所有的自组织都有约束。对于价格形成来讲，最强的约束就是由政府直接指定价格。当然，这样就直接扼杀了价格形成的信息自组织机制。因此，政府对于房地产的调控，可以限购、限贷，但是不能限价，因为限价就会干扰价格形成的信息自组织机制，不利于发挥价格的资源配置功能。这可以看作本文研究的政策启迪意义。

价格形成的信息传播机制研究架起了传播学与经济学之间的桥梁，是传媒经济学的基本问题之一，对于建立既不同于应用经济学又不同于应用传播学的传媒经济学具有奠基意义。当然，本文的研究只是一个初步探索，旨在抛砖引玉，以期引起更多专家学者的关注、关心和批评指正。

智能传播系统模型及其经济学意义*

一、引言

近年来，智能传播已经成为传播学界和业界的一个热词。由人工智能与传播学相结合所催生的智能传播目前呈方兴未艾之势。例如，2000—2021 年仅在 Web of Science（SSCI）数据库中与智能传播相关的论文至少为 732 篇，在这 732 篇初级文献中引用的二级文献有 31,589 篇。[①] 但是，由于智能传播的历史较短，国际传播学会（ICA）2019 年才成立"人机传播小组"（ICA Human-machine Communication Interest Group）。[②] 关于智能传播的许多基本问题都还没有取得公认的看法，目前基本上还处于初步探索阶段。

智能传播作为一个新的学术概念，应当对应于一个新的信息通道。一般来说，只有当有新的信息通道产生时才需要引进一个新的学术概念。从宏观上讲，智能传播有三种研究倾向：第一，人工智能技术在传播领域中的应用，实际上属于应用人工智能的范畴，智能传播的早期研究基本上都是这种类型；

---

* 本文原载于《中国传媒大学学报（自然科学版）》2022 年第 4 期，与周仪涵、周赞合作，收入本书时略有删改。

① 周葆华，苗榕. 智能传播研究的知识地图：主要领域、核心概念与知识基础 [J]. 现代传播（中国传媒大学学报），2021, 43（12）: 25-34.

② GUZMANA L, LEWIS S C. Artificial intelligence and communication: a human–machine communication research agenda [J]. New media & society, 2019, 22(8): 70-86.

第二，传播学思想方法在人工智能领域中的直接应用，总体上属于应用传播学的范畴，这方面的研究工作比较少；第三，在人工智能与传播学有机结合的过程中派生出来的一些新问题，既不属于人工智能的简单应用，也不属于传播学思想方法在人工智能领域的简单应用。这些新问题不是一般意义上的新问题，而是对应于新的信息通道，需要发展一些不同于以往人工智能和传播学的概念、理论与模型，由此必将导致传播模式的革命，我们将这种新的传播模式称为智能传播的系统模型。根据智能传播系统模型，可以非常方便地讨论智能传播带来的社会经济影响。

二、人工智能与智能传播

简单地讲，所谓智能传播，就是智能与传播的有机结合，属于一种新的交叉科学探索。这里有机结合的意思就是产生了一个新的信息通道，因此需要引进一个新的学术名词"智能传播"来描述这个新的信息通道。将新名词和新的信息通道相对应，有利于对新名词的内涵与外延的准确理解与把握，避免因为使用同一学术名词表达不同内涵而引起的无效争论。在智能传播的语境中，智能主要指以人工智能技术为主，包括互联网、大数据、物联网等共同构成的科技群落。这个群落的主要功能就是模拟人的智能，并最终与人的智能合二为一。

为了深刻理解什么是智能传播，我们首先简要讨论一下什么是人工智能。虽然人工智能现在是一个学术热词，但对什么是人工智能，学术界并没有标准统一的说法，比较有代表性的定义就有三十多种。我们这里从系统科学的角度，给出一个关于人工智能的系统化定义：所谓人工智能，就是人为地构建一个人工系统去模拟人的智能。这个人工系统可以是物质的，也可以是非物质的符号系统，只要它能够模拟人的智能。也就是说，这里的人工系统可以是具体的物理或技术系统，也可以是抽象的理论与形式系统、半自然系统或仿生系统以及它们的复合。与人工智能密切相关的几个基本问题是：什么是人（人的本质是什么）？什么是人的智能（人的智能的最大特点是什么）？

人和人工系统的最大区别是什么？人工系统模拟人、模拟人的智能具有哪些哲理、数理与技理层面上的规定性？人工系统模拟人的智能具有三种基本方式：模拟输出（机器和人的行为等价），模拟"输入输出"（机器和人的反应等价），模拟"输入输出＋内部结构状态"（机器和人的反应过程等价）。一般来讲，人工系统是根据人的意志构建的，其功能往往更加强大，属于"增强现实"的范畴。所有的人工系统都是为了具有"增强现实"的功能。"增强现实"源远流长，眼镜、助听器、放大镜、显微镜、望远镜等都是较为早期的"增强现实"设备。

具有这种功能的物质化人工系统的典型代表就是人—机传播中的机器。具有这种功能的符号人工系统的典型代表就是能够完成特定传播任务的各种算法程序，如推荐算法。与此相关的智能传播方向为以人工智能为中介的传播研究（AI-mediated Communication）。这里强调的是以各种算法程序作为中介系统具有更加强大的观控功能，可以实现信息的更加高效的供求索交。更进一步，人工智能中介系统还可以扮演传播者（Communicator）角色，与此相关的就是人—机传播理论（Human-machine Communication），与之相关的是传播智能（Communicative AI）或传播机器人（Communicative Robots）概念。也就是说，智能机器人变成了人类社会性的交往伙伴。智能传播的第三阶段应当是人工智能与人工智能之间的传播（AI-AI Communication），或者称为自动传播（Automatic Communication），对应于"以物观物"，物联网就已经具有了这种意味。周葆华和苗榕[1]列举了两种典型的智能传播：第一，可以发生在生产环节，也可以发生在分发、使用环节；第二，不仅包括以智能技术为中介的人类交往过程（不限于人际范围）及其影响，也包括人类与智能技术交往的人机传播过程及其影响。我们认为，还应当包括 AI-AI Communication。

为此，需要把人的智能形式化或者要求其能够结构化表达，即必须将人

---

[1] 周葆华，苗榕. 智能传播研究的知识地图：主要领域，核心概念与知识基础［J］. 现代传播（中国传媒大学学报），2021，43（12）：25-34.

的智能变得可构造、可操作和可模拟。这里的可构造是指可以把人的智能按照一定程序构造出来；可操作是指可以按照一定的步骤实现出来；可模拟是指可以在某个物质或符号人工系统上重现人的智能。例如，可以将人们认为的"客观存在"，定义为在一定观控方式下，n个人或n次可控观察的不变性。[①]这就为"客观存在"找到了一个结构性表达：判断一个对象是否是客观存在的，只需进行"n个人或n次可控观察"，这就有了"可操作性"。这里通过人工系统所模拟的人的智能不仅包括认知以及在此基础上形成的决策[②]，还包括情绪[③]。

人工智能是人的智能观控能力的技术化，而人的智能观控能力从本质上讲是非个体化的，是社会相应能力的缩影。人只有通过社会化观控网络才能更有效地观控世界，由此决定了人工智能在宏观维度上的未来发展方向。这就是系统化的力量。

人工智能的主要功能就是模拟人的智能。人工智能＝投影＋赋形，首先将人的智能投影到机器上，然后用机器的智能"赋形"人的智能。这种"投影＋赋形"可能产生人类原先并不存在的智能，特别是机器具有了自学的功能之后更是如此。于是就出现了"机器最后是否会奴役人类"的问题。实际上，作为对人类智能的模拟，首先取决于对人类智能的认知，其对应的学科主要是脑科学、神经科学和认知科学。从总体上讲，人们对于大脑是如何工作的目前还不是很清楚。从这个意义上讲，机器可以超越个别人的智能，但不可能超越整个人类的智能。所以，我们认为，机器永远不会奴役人类。例如，医学专家系统把很多医生的知识做成知识库，然后变成有推理功能的知识库，最后就变成了一个专家系统，这个系统就是一个人工智能系统。这个专家系统的功能可以大于任何一个医生的看病水平，因为它整合了很多医生

---

① 张玉祥.广谱哲学浅说[M].北京：中国社会科学出版社，2014：60.
② 黄升民，刘珊.重新定义智能媒体[J].现代传播（中国传媒大学学报），2022，44（1）：126-135.
③ 隋岩.群体传播时代：信息生产方式的变革与影响[J].中国社会科学，2018（11）：114-134，204-205.

的知识和经验。但是，功能再强大的专家系统也不可能代替医学专家，只能是医学专家的辅助工具。但是，这些新型的智能传播主体确实带来了新闻与传播领域的一场革命。

三、智能传播主体

智能传播主体的出现是人类社会进入智能传播时代的标志。人工智能与传播结合的关键是要打开人的黑箱，以知识表征人的智能，由此就为人工智能与传播的结合提供了连通桥梁。现在所有的智能传播研究都忽视了这一点，都把人作为黑箱处理，这就使得现在的智能传播研究难以深入人的内部。实际上，在许多人文社会科学研究中，都把人作为研究的逻辑起点，即把人看作一个"黑箱"。传播学和经济学的研究也是如此。本来经济学研究人的需求偏好时应当打开"黑箱"，探讨决定偏好和需求的结构因素。但是，经济学恰恰采取了回避的办法，直接从偏好假设开始，即假设偏好满足三个基本公理，然后根据偏好"合成"需求。这样一来，就直接阻断了真实需求的客观决定因素和经济学的联系，使得经济学成为经济学诺奖得主科斯所说的"黑板经济学"。在系统经济学研究中，昝廷全将人这个"黑箱"打开，将人看作一个具有耗散结构的开放系统。与此同时，在关于传播有效性的研究中，昝廷全用"知识结构"来表征人，不同的人拥有不同的知识结构。根据系统科学原理，人的知识结构也是一个具有耗散结构的开放系统。于是，我们可以认为，偏好由人的知识结构决定。知识结构可以通过学习不断改善和提高，因此，偏好也将发生变化。例如，本来不喜欢吃辣椒的北方人到了四川久了，也会吃起辣椒来。这样一来，偏好就不再是一个不可分解的黑箱，而是变成了可以分析其变化机制的研究对象。用知识结构来表征人，对于智能传播来讲具有极端的重要性。从根本上讲，不仅信息产品消费与受众（消费者）的知识结构有关，知识结构更是传播主体的决定因素。

传统传播学研究的基本假设是传播的主体是人，传播是发生在人类之间的交往（Human Commucnication）。这与传统哲学认为的"人是最重要的认知主体"的思想完全一致。在传统认识论中，是不会论及除人之外的认识主体的。从以人作为传播主体扩展到智能传播主体，本质上对应于从以人作为认知主体扩展到广义认知主体。一般来讲，广义认知主体可以是一个广义系统，或者是一种坐标系，也可以是一个概念系统或作为认知参证框架的理论系统，自然也可以是一种观点或观网。当然，对于智能传播来讲，智能认知主体是广义认知主体的一种最重要形式。对人际传播来讲，人是唯一的传播主体。对大众传播和组织传播来讲，人变成了以人作为基元扩展形成的传媒机构和传媒组织。对群体传播来讲，人又变成了最重要的传播主体。与智能传播相对应的是智能传播主体。下面简要回顾一下传播主体的演化历程。

（一）智能设计与人的演化

赫拉利在《人类简史》中指出，现在的人类已经不是原来的人类，包括物质性身体和智能两个方面的变化。从人类演化生成的历程来看，其基本途径就是从物理走向化学、走向生物，然后走向历史。对物理和化学系统来讲，所发生的变化就是物理和化学变化，遵从物理和化学规律。生物系统的变化遵从"自然选择"，这种自然选择受到生物因素的限制。到了 21 世纪，自然选择的法则开始被打破，可以在基因生物层次上对生命进行干预，出现了智能设计（Intelligent Design）①，其标志着生命将由智能设计来操控。

到目前为止，智能设计至少有三种方式可以取代自然选择：生物工程（Biological Engineering）、仿生工程（Cyborg Engineering）和无机生命工程（Inorganic Life）。生物工程在生物层次上对人类进行干预，仿生工程结合有机和无机组织，创造出"赛博人"（Cyborg）。现在的每个网民都有两个身份，现实世界中的身份和虚拟世界的身份。现实世界的一个平民百姓可以是虚拟世界的国王。当然，最具革命性的仿生工程就是一个直接的大脑—计算机双向接口，到目前为止，这还只是一个大胆的设想。无机生命工程创造出完全

---

① 赫拉利. 人类简史［M］. 林俊宏，译. 北京：中信出版社，2017：373.

无机的生命。最典型的例子就是其能够独立运行的计算机程序和计算机病毒。基因程序设计（Genetic Programming）就是试图模仿基因遗传演化，希望能够创造出一个能够独立于创造者、完全自行学习演化的程序。这不仅涉及人—机传播，更打开了通向智能主体之间传播（AI-AI Communication）的通道。

（二）智能传播主体及其圆方模型

智能传播主体是指人类已经不是传统意义上的生命有机体，而是整合了智能媒介的新型主体。这里的整合概念十分关键，它表明此时智能传播主体不是人类的简单延伸，而是与人的知识相互融合、相互镶嵌，进而合二为一。这正是"后人类时代"的"赛博人"（Cyborg）思想的进一步延伸。但是，已有文献并没有说明人类与智能媒介如何整合，整合的机制是什么。本文提出了智能主体的圆方模型。我们用圆表示智能主体，用一个长方形表示与之对应的客体，其构成一个圆方模型（见图1）。在图1中，（a）表示智能主体嵌入客体内部，满足 $S_1 \subset O_1$；（b）表示智能主体和客体分离，满足 $S_2 \cap O_2 = \varphi$，这里 φ 表示空集。（a）和（b）相结合可以合成出功能更加强大的智能主体，图2

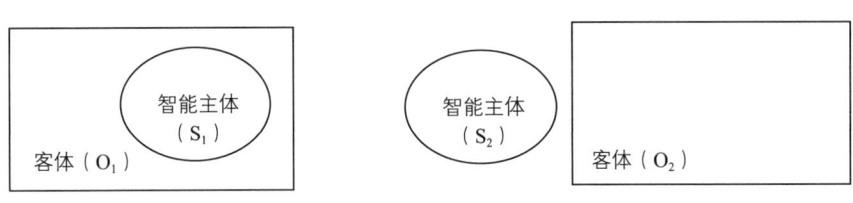

（a）智能主体嵌入客体内部　　　　　　（b）智能主体和客体分离

图1　智能主体与客体关系示意图

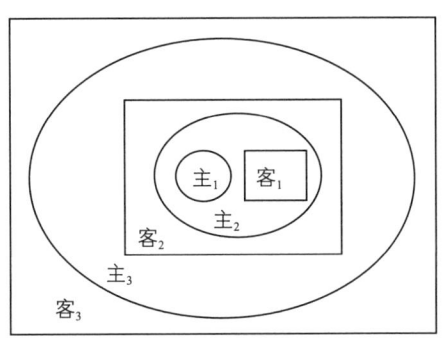

图2　智能主体三级整合示意图

示意的是智能主体的三级整合情况。在智能传播实践中，我们可以根据需要和具体情况进行任意次整合。

在文学领域很早就出现了"以物观物"的思想。这里的第一个"物"就相当于认知主体，第二个"物"相当于认知客体。王国维在《人间词话》第三篇"物我需两忘"中说，有有我之境，有无我之境。"泪眼问花花不语，乱红飞过秋千去""可堪孤馆闭春寒，杜鹃声里斜阳暮"，有我之境也。"采菊东篱下，悠然见南山""寒波澹澹起，白鸟悠悠下"，无我之境也。有我之境，以我观物，故物皆着我之颜色。无我之境，以物观物，故不知何者为我，何者为物。于是，我们从诗歌里就提出了一个问题：是不是任何物或者人造系统都可以作为认知主体或智能传播主体呢？答案是否定的，只有满足自主系统条件的物或人造系统才能作为认知主体和智能传播主体。

（三）智能传播主体必须是一个自主系统

所谓自主系统，是指能够通过内部结构对输入的信号进行加工和处理，产生出不同于原始信号的特殊反馈的系统。反馈信号的性质和内容取决于系统的内部结构。自主系统的关键是系统的内部结构。

质点是力学中的一个基本概念。质点只有质量，没有大小、没有内部结构。质点在受到外力的作用后，唯一的反应就是改变速度。也就是说，它对外部作用的反应永远局限在作用与反作用的范畴内。对于内部结构稍微复杂一点的系统来讲，受到外部刺激或接收外部信号之后，可能产生复杂的特殊反馈。例如，收音机接收无线电波后输出的是声音；当一个人看到一个美妙的工艺品后，会产生一种心情舒畅的愉悦感觉。也就是说，各种反馈信号已经不再具有与输入信号对应的反作用形式。

质点正是因为没有内部结构，对外部作用和输入的信息无法产生真正意义上的"加工"，所以只能改变运动速度。根据结构与功能之间的关系，一定的结构是实现某种功能的前提和保证，功能是系统结构的外部反应。自主系统的自主性主要表现为对外部作用和输入信号的加工处理，加工处理的方式取决于系统的内部结构。

人是一个典型的自主系统,既具有相对稳定的生物结构,又具有复杂的知识结构,由此决定了人可以对外部输入的物质、能量和信息产生特殊的反馈。经济系统和政府机构是与经济学研究相关的两个最重要的自主系统。上面所说的智能传播主体显然满足自主系统的条件。

综上所述,根据传播主体的不同可以把传播划分为三种基本类型:人与人之间的传播;智能主体与人之间的传播;智能主体与智能主体之间的传播(AI-AI Communication)。AI-AI Communication 颇有以物观物的意味,但又不完全一样。

四、传播系统模式

智能传播时代的到来自然要求传播理念和传播模式的革命。这里的"革命"是指随着智能传播时代的到来,对于传播模式的影响不是修修补补,而是整个传播范式的变化,从现在的研究范式走向系统范式,从现在的传播模式走向系统模式。

传统传播是典型的线性模式,具体表现为"点对点"和"点对多"。隋岩在总结传统传播模式的基础上,提出了基于互联网的传播属于群体传播。[①] 智能传播是一种包含智能主体的典型群体传播,其传播结构是一个复杂因果关系网络。处理这种类型传播的一个基本思路就是,在一定条件下,将某一因素主体化,同时将其他因素客体化,进而展开关于传播机制与传播模式的研究。从数学上讲,这种多对多的传播过程属于隐模拟的范畴。数学上的隐函数定理可以给出处理这种多对多传播的一些基本思路和具体数学方案。

根据系统科学观点,传播过程是一个系统工程,其对应于一个传播系统,我们可以将这个传播系统形式化地表示 $S = (A, B)$,这里 $A = \{a_i | i = 1, 2, \cdots, 6\}$ 表示构成传播系统的基本元素构成的集合,a_1 代表传播主体、a_2 代表传播

---

① 隋岩.群体传播时代:信息生产方式的变革与影响[J].中国社会科学,2018(11):114-134,204-205.

客体（受众）、a_3 代表中介系统、a_4 代表观测、a_5 代表控制、a_6 代表传播环境，如图3所示；$B \in A^2 \times W$，W 为广义权重。例如，人们常说的"人微言轻"就可以用这个广义权重来刻画，一般来讲，W 可以表示生克关系、因果关系、观控关系。通常的权重用实数表示，广义的权重既可以是一个向量，也可以是更一般的广义系统。传统传播学通常只包括传播主体、传播客体（受众）和中介系统三个基本要素，这里特别将观测、控制和传播环境内嵌到传播系统具有重要意义。从控制论来讲，观测是为了获取信息，而为了观测和获取信息往往必须辅以相应的控制。也就是说，传播过程是一个观测和控制相结合的过程。将传播环境嵌入传播过程的作用更加明显，比方说，喝茶是人们的日常生活方式，但在特殊的环境和语境中"喝茶"就具有了特殊的含义，在皖北农村地区的"喝茶"就代表吃晚饭。

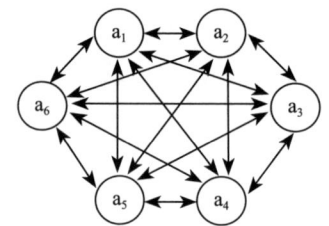

图3　智能传播系统模式的示意图

在智能传播实践中，每一个 a_i 都可以扩形为一个集合、一个系统或其他的传播系统。同时，每一个 a_i 可以内分层为不同的类型。这种内分层可以通过多次迭代生成，外扩形也可以通过多次迭代实现。这里，不仅作为传播主体的 a_1 存在内外扩形及其迭代生成问题，其他的 a_i（$i = 2, 3, \cdots\cdots, 6$）也都可以进行内外扩形。从人作为传播主体扩展为智能主体，就对应于 a_1 的内外扩变。实际上，现在关于智能主体的讨论主要局限于 a_1 的外扩形，未来的"脑—机"连接属于典型的对内扩形。至于迭代多少次，选用什么样的扩形系统需要根据具体条件而决定。智能传播主体就是通过人工智能系统进行扩变显生。对于不同的对象，可以建立不同的传播系统。根据系统的层次性原理，一种传播主体可以和其他传播主体结合成功能更加强大的传播主体，更有甚者，一种智能主体可以以其他智能主体作为观控手段或传播环境，自然也可以作为广义的传播客体。六元化的传播系统作为一个整体又可以作为另外意义下的传播系统的六元之一。也就是说，其可以是另外传播系统的广义主体、广义客体、传播环境与其他六元成分的对象化或物化与显生模型。对内扩形也有类似情况。

根据传播系统模型，传播主体只有与其他包括传播主体在内的成员、元素或子系统扩形为一个大系统才有意义，或者说，传播主体与传播客体在某种意义上构成主客体关系。也就是说，传播主体和传播客体之间不是完全独立的，而是存在某种连通性，进而构成一个大系统。从博弈论来讲，不同的博弈方首先必须共处于一个大系统，而后才能谈得上博弈。不在一个系统或者完全独立的各方无所谓竞争。当然，客体不相对于主体就不叫客体，但是作为客体的事物本身可以是另外意义上的主体，这样的客体从另外的意义上来看又离不开主体。主客体嵌入同一个系统，有时确实有物质性的广义软件关系，有时只是为了分析与认识而联系在一起。客体一旦进入这种大系统，就有个相对的主体问题。但是，我们必须区分"有主体才有客体"和客体的客观性两种不同的情况。客体的客观性用"n次或n人观测下的不变性"来描述。客体客观性的这个结构性定义对于虚拟空间或元宇宙研究至关重要。

一般来说，智能传播是在一定内外扩形观控结合的多层网络基础上侧重于观的方面的一种过程，这种观有观控结合及其他六元互馈的因素或作用，有实践的作用，即在一定内外扩形观控结合多层网络基础上侧重于控制方面的过程的作用。受众在接收到信息之后通常都会改变自己的状态，这就是控制的基本含义，也是传播效果。简单的观就是元素集之间的映射、同态，对应于模拟。复杂一点的观包括关系、结构、广义系统之间的映射、同态，对应于模拟。更复杂的观则是泛网的观控结合。智能传播往往有受众对传播主体或其某些子系统的控制的过程。在智能传播过程中，不只是简单的信息传播，其内部可能有很复杂的物质性观控互馈过程或广义软件的重组过程，即存在复杂的信息自组织过程。

传播环境的作用包括两个方面：第一，相当于增加了观控的维度。例如，

著名的朴金野（Purkyne）现象，它是指颜色的感觉会随着照明强度的改变而改变。在日光照射下，红和黄亮色比绿和蓝亮色显得亮些；相反，在黄昏时，绿和蓝显得亮些。也就是说，环境通过增加维度影响主客体之间的观控关系。过去的经验、心理状态以及一定心理活动所形成的准备状态都可以看作一种传播环境。人们在重复感知两个大小不同的圆锥之后，对两个大小相同的圆锥也会感知为不相等。这就是过去感知所形成的传播环境对当前事物感知的一定影响。这种现象就是定势错觉。错觉一旦升级为高级心理形态就会成为错误的社会心理，并成为影响智能传播效果的传播环境。第二，传播环境对智能传播主体具有明显的强化显生作用，可以使之升华为一种更高级、主观能动性更强的传播主体。

现在，简单讨论一下人作为传播主体与其他智能主体的差别。首先，人具有社会性，有自然语言和各种人造的广义系统作为其内外扩形的手段、工具与方式方法。因此，人的传播能力和传播行为从本质上讲是非个体性的，是社会相应能力的缩影再现加上个人能动性的再扩形。人的能动性的内外扩形正是物质世界高度升华的精神、意识与智能无限神奇难解的根源之一。其次，人不是简单地传播信息，而是在观控结合中传播信息，同时观控这种信息传播过程，观控主客体之间的关系，以及在高层泛网中来观控主客体关系。传播学目前还较少涉及这方面的研究，但这将是智能传播和元宇宙研究必须面对的重要研究课题。最后，人作为一个社会化的传播主体，其参与的所有传播过程都有一定的运筹目标和价值观念。①

五、智能传播的社会和经济影响

社会媒介化和媒介社会化是当前社会发展的大趋势。智能传播加剧了社会的媒介化进程。媒介社会化主要是指随着媒介的高度发达，特别是物联网、人工智能、云计算、大数据和智能算法的出现，使得社会连接与社会整合的

---

① 吴学谋.从泛系观看世界［M］.北京：中国人民大学出版社，1990：194.

方式发生了重大变化，媒介正在成为社会连接与整合的主导因素。从根本上讲，存在两种典型的社会整合方式：一是以中国为代表的家国同构，二是近代以来以英美为代表的契约社会。无论哪一种整合方式，都受到以互联网为代表的现代媒介的解构与重构。从哲学上讲，客观世界由物质、能量与信息三大基本元素构成，与之对应的，社会的连接与整合途径与方式可以划分为物质连通、能量连通和信息连通。昝小娜将物质、能量和信息连通的中介系统称为广义传媒，并将信息连通的中间系统称为狭义传媒。与社会媒介化对应的主要是狭义传媒。[①]

如果用 $E = \Pi E_i = E_1 \times E_2 \times (\cdots) \times E_m$ 表示各种媒介 E_i 的直积构成的集合，用 $A = \{a_i | i = 1, 2, (\cdots), n\}$ 表示社会系统 S 构成元素组成的集合，为了显化媒介对社会系统的连接和整合作用，可以将社会系统形式化地表示为：$S \subset A^2 \times E$。对于任何两个社会主体 a_i、a_j，和媒介元素 $e \in E$，如果有（a_i, a_j, e）$\in s$，我们就说社会主体（元素）a_i 和 a_j 通过媒介元素 e 建立连接和整合，如图4所示。这里的 e 一般来讲包含多种媒介，即 $e = (e_1, e_2, \cdots, e_m) \in E = \Pi E_i = E_1 \times E_2 \times \cdots \times E_m$。也就是说，$a_i$ 和 a_j 同时通过多种（最多有 m 种）媒介相连接。当然，不同媒介在不同的时空和环境条件下，所发挥的作用是不同的，这可以通过下标的组合和排序来描述。例如，e_{135} 表示第一、三、五种媒体的作用排在前三位，重要性排序依次为第一种媒介、第三种媒介和第五种媒介；而 e_{246} 则表示第二、四、六种媒体的作用排在前三位，重要性排序依次为第二种媒介、第四种媒介和第六种媒介。媒介元素 eijk(…) 的下标满足字典序规则。进一步地，我们可以把 e_i 选作分类准则对社会系统进行聚类分群，记作 $S/e_i = \{S_1, S_2, \cdots, S_K\}$，这里 $S_1, S_2, (\cdots), S_K$ 分别表示按照 e_i 划分出来的社会系统 S 的不同子系统。

智能传播催生的社会媒介化的最大特点就是社会主要广义资源的供求索

[①] 昝小娜.信息传播的时空矩阵模型及其经济学意义［J］.现代传播（中国传媒大学学报），2016（12）：164-166.

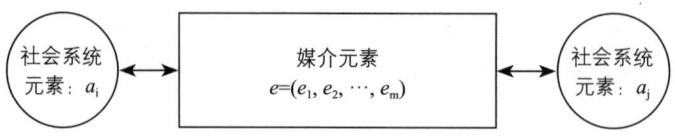

图 4 媒介在社会连接与整合中的作用

交可以通过作为中介系统的智能主体自动实现。①供给和需求是整个经济学中最为基础的问题。经济学诺奖得主萨缪尔森说,只要学会了需求鹦鹉也能成为经济学家。从宏观上讲,供求紧张是许多社会矛盾产生的根本原因。当然,这里的供求是指广义资源的供求,不是狭义的商品与服务。广义资源不仅包括自然资源、商品与服务,还包括青山绿水和自然环境等。在系统经济学研究中,昝廷全把广义资源划分为硬资源和软资源两种基本类型。②硬资源的最大特点是具有具体的物质形态,看得见摸得着,以原子为表征,使用上具有排他性,进而派生出数学上的可列可加性,这是经济学建模的基础。软资源以比特为表征,其载体的具体物质形态并不重要,使用上也不具有排他性,如信息是典型的软资源,除非人为限制,一般来讲信息资源和信息产品的使用并不具有排他性。信息资源的这一特点对于以智能推荐算法为中介的信息供求索交研究具有重要影响。

根据前面的论述,在智能传播环境下,我们得到广义资源供求索交的基本模式如图 5 所示。

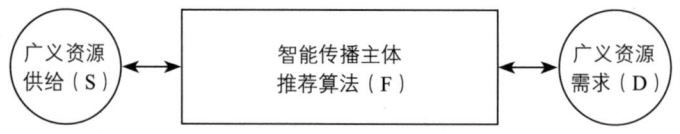

图 5 以推荐算法为中介的供求索交示意图

假设用 F 表示推荐算法的功能,S 表示广义资源供给,D 表示广义资源

---

① 昝廷全,周仪涵.信息自组织:价格形成的传播机制与模型[J].现代传播(中国传媒大学学报),2022,44(2):145-153.

② 昝廷全.论传媒与传媒经济系统:兼谈传媒经济学的研究对象及方法[J].现代传播(中国传媒大学学报),2006,28(6):98-99,97.

需求，E 表示影响供求索交的参数集合，则有：

$$F \subset S \times D \times E$$

这就是以算法为中介的供求索交的一般数学模型。也就是说，考虑媒介作用的供求索交是一个三元组，设 $s \in S$，$d \in D$，$e \in E$，供求索交可以形式化地表示为

$$F \subset \{(s, d, e)\}$$

当然，智能推荐算法本身也是媒介的一部分，这里为了突出它的作用将其异化了出来。

智能推荐特别把信息生产（信息供给）和信息需求联系起来，信息产品（如短视频和中长视频）的供求索交可以通过算法自动实现，并通过正循环机制形成所谓的信息茧房现象。根据系统经济学的系统生产理论，可以把生产过程分解为若干基本自然过程及其组合。在智能传播环境下，可以把生产过程，特别是信息生产过程转化为智能制造系统。简单地讲，就是构建生产系统的"物联网 + 智能传播 + 人工智能"模型。然后，将其与要素输入系统和商品与服务的输出系统信息进行整合，组成一个大系统。由此，智能环境下供求优化问题就转化为求解这个大系统的整体变分优化问题。我们可以把这个结论形式化地写成如下变分形式：供求索交优化 = $\delta f(\{物联网；智能传播；人工智能；参数空间\})$，这里 δ 表示变分，f 为变分函数。

智能媒介不仅通过推荐算法直接影响供求索交的实现机制和途径，还对供求本身产生形塑（Shaping）作用。假设用 A 表示供求主体构成的集合，$P(A) = \{D|D \subset A\}$ 表示集合 A 的幂集，即由 A 的所有子集组成的集合，用 $M = \prod M_i$ 表示媒介集合，其中 M_i 表示第 i 种媒介，用 G 表示供求索交的运筹目标，则媒介对供求的形塑作用就可以用将供求定义在论域 $P(A) \times M \times G$ 上面来表达。在不考虑媒介对供求的影响时，供求是定义在 $P(A) \times G$ 上面的二元关系，现在论域由 $P(A) \times G$ 扩展为 $P(A) \times G \times M$，由此将会导致供求与供求索交的一系列变化。

在人际传播中，不存在中介系统。虽然大众传播和组织传播中利用了中介系统，但此时的中介系统还不是智能意义上的自主系统。对于智能传播来

讲，社会媒介化已有的研究工作主要局限于信息供求索交的媒介化，这种媒介化既是信息生产方式的变化引起的，又反过来影响信息的供求关系。实际上，社会媒介化的内容要广泛得多，其涵盖所有资源，即广义资源的供求索交问题。其中的一个关键因素就是推荐算法。推荐算法的主要功能就是实现由信息的去中心化引起的供求多对多关系的单值化，主要方法就是等价聚类（根据信息标签和网民标签），据此可以打开算法黑箱，实现供求索交的优化。从智能传播的角度来讲，推荐算法的重要功能就是以自组织方式实现信息的供求索交，即信息自组织。所谓自组织，就是在没有外界特定干预的情况下实现信息的供求索交。

通过信息自组织方式实现供求索交是随着智能主体和智能传播新出现的一种经济现象。根据有关方面的报道，现在大约三分之一的证券交易是由人工智能主体自动完成的，人工智能主体根据市场行情自动作出买入和卖出的决定。这不仅是智能传播也是经济学在智能传播时代必须面对的新课题，其研究无疑具有重要的理论和现实意义。

六、结论与讨论

智能传播是传播学研究的一个新阶段。智能主体的出现是人类社会进入智能传播时代的标志。推荐算法是典型的智能传播主体，其核心功能就是信息自组织，由此引发了社会的高度媒介化，使得媒介在广义资源供求索交中的作用日益增强。关于这方面的研究目前才刚刚开始，智能传播系统模型为进一步的研究提供了一个话语平台，希望有更多的学界同仁，特别是青年学者加入这一研究行列，把智能传播研究不断推向前进。

元宇宙经济的基本哲理框架*

一、引言

本文把元宇宙经济研究划分为三个层次的基本问题：哲理、数理与技理。[①] 哲理层面的研究主要探讨元宇宙经济的宏观哲理框架，这是整个元宇宙经济研究的价值论基础。元宇宙经济哲理层次的研究是整个元宇宙经济理论大厦的基础，这个层次的问题不研究清楚，关于元宇宙经济的所有研究最终都会变成无源之水和无本之木。元宇宙经济是一个崭新的经济形态，首先必须在哲理层次上将其界定和描述清楚，由此才能使得关于元宇宙经济的进一步研究不会迷失方向。将元宇宙经济划分为哲理、数理和技理三个层次，相当于对元宇宙经济进行了一次商化和宏观化，为元宇宙经济研究提供了一个宏观参证框架，这样可以使得人们不至于迷失在由大量元宇宙经济现象构成的微观信息海洋里，也更容易揭示元宇宙经济的本质和每一阶段的主要矛盾。

---

* 本文原载于《现代传播（中国传媒大学学报）》2023年第5期，与刘伟达合作，收入本书时略有删改。

① 昝廷全.经济学研究的三个基本层次：哲理、数理与技理——兼论经济学家的标准与分类[J].数量经济技术经济研究，2001（12）：11-13.

二、元宇宙与虚拟世界的历史渊源

对于包括经济活动在内的所有人类活动的研究都必须进行历史的考察，而不能只是进行横断面式的科学抽象。对于元宇宙和元宇宙经济的研究亦是如此。虽然通常认为，电子游戏的出现实现了人与机器的互动与交融，完成了虚拟世界升级为元宇宙的关键一步[①]；大型多人在线网络游戏（massively multiplayer online role-playing game）的诞生突破了人和机器交互的限制，从人和机器交互发展到人和机器与人和人交互，为元宇宙的出现奠定了坚实的基础[②]。但是，从某种意义上讲，元宇宙思想的起源可以追溯到发生在7万年以前的认知革命。[③]认知革命的本质就是偶然的基因突变改变了智人的大脑内部连接方式，使得人类可以想象现实世界中并不存在的事物，由此，传说、神话、神以及宗教出现了。讨论虚构的事物是人类语言最独特的功能，其最为重要的意义就在于大家可以一起想象，编织出种种共同的虚构故事。不论熟人还是陌生人，只要相信同样的虚构故事，大家就能够进行合作。由此使得合作不再局限于熟人之间，实现了陌生人的合作。从熟人圈子里的合作到陌生人的合作，合作的规模大大提升了，实现了人类社会系统化水平的一次飞跃。[④]从熟人合作到陌生人合作的跃迁是人类社会的一大进步。从某种意义上讲，正是陌生人的合作开启了人与人之间的长程关联，进而使得大规模的社会行动成为可能，由此开启了人类社会的演化历史。这里讲的是虚构故事的系统化功能，其实，相信虚构故事直接构成了建立在虚拟世界之上的元宇宙经济的认知基础。"相信虚构故事"已经涉及元宇宙经济的真实性问题。

---

① POOLE S. Trigger happy: video games and the entertainment revolution [J]. Arcade publishing, 2004(29): 256–258.
② SCHWARZ A, SCHWARZ C, JUNG Y, et al. Towards an understanding of assimilation in virtual worlds: the 3C approach [J]. European journal of information systems, 2012(3): 303–320.
③ 赫拉利.人类简史：从动物到上帝［M］.林俊宏，译.北京：中信出版社，2017：56.
④ 昝廷全.科学＋艺术：探索真理的一般途径［M］//苏志武.学者的声音：学问之道.北京：北京广播学院出版社，2004：185–189.

从系统经济学层级战略的角度来讲①,建立在虚拟空间之上的元宇宙增加了人类合作与系统化的一个维度。层级战略的基本含义就是,许多在低维空间中没有解的问题,在高维空间中不仅可以有解,而且可以有最优解。2018年12月下旬,《经济学人》杂志曾经发文指出,许多发达国家的民众深感今不如昔,深陷一种"无所不在、险恶的衰落感"之中②,西方社会面临自由主义叙事下的重重危机,包括经济、政治、文化和社会的全方位困境,亟待重建经济发展范式和叙事逻辑。从层级战略的角度来讲,元宇宙和元宇宙经济的出现为当下社会经济阶层固化和价值观撕裂提供了一种超越性的解决方案,相当于增加了一个解决问题的维度。这个维度增加之后,西方自由秩序目前面临的许多重大政治、经济和文化问题并不是被解决,而是可能被完全取消或根本改变。③不仅如此,元宇宙经济还将带来经济总量的增加和人类生存方式的扩容。根据全球著名加密数据分析平台 Coin Gecko 2021 年 5 月的数据,全球加密货币总市值约为 2.55 万亿美元,而美联储经济数据库(FRED)同期公布的数据显示,美元流通量为 2.15 万亿美元,加密货币的总市值已经超越美元货币流通总量。从资产类型上来讲,元宇宙经济与传统经济的一个重大区别就是数字资产的出现。元宇宙经济中的数字资产是指基于区块链技术的一类具有经济价值的数字凭证,其可以是现实世界资产在虚拟世界中的逻辑映射,如数字地产、数字股票和数字期货等,也可以是由数字代币表达的数字权益或数字艺术品。④数字资产的创造和交易已经成为不同于传统经济的一种崭新的经济形态,其生产并不受制于物理世界的规则,显然大大扩充了人类经济活动的空间。数字资产与现实世界的资产的双向兑换意味着经济生产总量的扩容。元宇宙为人类系统水平的飞跃提供了一个层级战略意义上的

---

① 昝廷全. 层级战略 [J]. 数量经济技术经济研究,2003(4):105-108.
② ZIMMERMAN N. The world is fixed on the past[EB/OL].(2018-12-22)[2018-12-25]. https://www.e-economist.com/leaders.
③ 刘擎. 2000 年以来的西方 [M]. 北京:当代世界出版社,2021:7-9.
④ 袁园,杨永忠. 走向元宇宙:一种新型数字经济的机理与逻辑 [J]. 深圳大学学报(人文社会科学版),2022(1):84-94.

新维度，所有与虚拟空间信息传播与认同有关的工具和手段都对人类的系统化进程和元宇宙经济具有重要影响。由于元宇宙经济的特殊虚拟性质，元宇宙经济的整个机制基础就在于元宇宙经济的真实性。

三、元宇宙经济的真实性

元宇宙经济的生产、交换、流通都在数字虚拟世界中完成，因此，无论是与之相关的货币体系、经济体系、监管体系还是法律体系都将面临许多新的问题，具体的经济规律还有待于进一步探索和研究，一个建设性的做法就是回到元宇宙经济的价值层面。经济学的价值理论通常可以追溯到亚当·斯密的《国富论》，在此基础上形成的价值论典型包括生产成本价值理论、劳动价值论和边际效用理论等。我们认为，元宇宙经济研究的价值和意义在于元宇宙经济的真实性。一般来讲，意义的存在有一个前提，那就是主体认为对象是真实的。这个问题对于元宇宙经济研究来讲格外重要，元宇宙经济活动是真实的吗？或者说元宇宙经济可以看作现实经济系统的补充而存在吗？如果不能解决元宇宙经济的真实性问题，我们对元宇宙经济的研究将毫无意义。为此，我们必须简要讨论一下元宇宙经济的真实性问题。

从哲学上讲，真实是指主体对于对象的一种最基本的感觉和判断，在数学上表现为主体和对象之间的关系，而意义是建立在这种最基本关系之上的另一种主体和对象的关系，即主体对对象的评价，相当于关系的关系，即关系的复合。一般来讲，存在三种典型的真实性：终极关怀真实、价值真实和认知真实。[①] 所谓终极关怀，是指每个人独立地面对死亡，寻求能够超越死亡的终极意义。虽然一个人在活着的时候和社会存在千丝万缕的联系，可以从社会中获得各种帮助，但当死亡来临时，只能独立面对，社会不再有意义，基于群体的各种真实性消失了，终极关怀的真实性凸显了出来。超越生命极限是全人类的共同追求。把是否相信有来世作为分类标准，可以把人类文明

---

① 金观涛. 消失的真实：现代社会的思想困境 [M]. 北京：中信出版社，2022：99.

分为两种类型：一类不相信有来世，如中华文明和古希腊罗马文明；另一类相信有来世，如印度文明和希伯来文明。不同类型文明具有不同的超越视野，但对超越生命极限的渴望是共同的，只是实现的途径不同而已。元宇宙的一个重要作用就是帮助人类社会突破现有时空的限制，可以有选择地进入不受现实因素限制的虚拟世界，个人在这个虚拟世界里可以超越生命极限永续存在。不同轴心文明的终极关怀都建立在对真实性的认识之上，并由终极关怀的真实性统帅价值真实和认知真实。在传统社会中，从社会经济行动到纯粹的认知活动，都是围绕终极关怀的意义来展开的。中世纪天主教神学家经常用"科学成为神学的婢女"来描述终极关怀对认知目标与范围的限制与规定，其本质是科学与神学的关系。终极关怀的真实性对价值和经验的真实性之笼罩，在儒家道德意识形态中最为形象，求真的终极意义在于论证终极关怀的真实性。利用终极关怀的真实性塑造价值和认知的真实性必然导致认知精神被禁锢。现在我们知道，在西方社会认知理性的解放发生在对上帝的信仰和认知理性分离共存的天主教文明中，这也是为什么基于认知理性解放的现代科学起源于西方的主要原因之一。信仰可以使人从容地面对生死，认知理性则能够根据自身的真实性结构获得无限的发展，再也没有比它更高的真实性结构限制它了。更为重要的是，当只有一种超越视野时，社会是由该超越视野规定的有机体，一旦两种超越视野分离共存，"应然社会"就不再是终极关怀规定的有机体，而只能是契约社会。市场经济的本质决定了其可以在契约社会无限制扩张，独立自主的个人组成凭自己意愿改变的社会组织。在这两种动力作用下，认知理性根据自身真实性结构的扩张也就不可阻挡，由此导致了西方现代社会的诞生。西方社会发展至今，出现了一系列矛盾和问题，归根结底是真实性的丧失。[①]

元宇宙经济的真实性问题是所有元宇宙经济研究必须首先面对的问题，因为不论在现实世界还是虚拟世界，如果真假不分，结果只能是走向混乱和解体，这里的关键是真假标准和何为真假。虽然元宇宙经济研究的历史较短，

---

① 金观涛.消失的真实：现代社会的思想困境［M］.北京：中信出版社，2022：99.

但其哲理基础却可以追溯到 20 世纪初发生的哲学革命，即"哲学的语言学转向"。哲学的语言学转向使得人类第一次认识到自己是使用符号结构把握世界的，这是认识论的一次伟大革命。因为符号和对象之间的对应是一种约定，主体只能用符号结构把握对象的结构。这样，符号结构的真实性只能源于经验（结构）的真实性。由此可以得出一种结论：一切真实性均来自经验。如果上述观点成立，就根本不存在不同于科学真实的符号真实；而符号真实恰恰是元宇宙经济真实性的本质。因此，我们必须考察自哲学的语言学转向以来关于真实性演变的相关研究成果，在此基础上准确界定和描述元宇宙经济的真实性问题。

我们知道，虽然元宇宙是通过把现实世界投影到虚拟空间得到的，但元宇宙世界中包括"数字分身"在内的一切事物都和现实世界的对应物具有根本的不同。有些元宇宙空间中的对象和客体可能是现实世界相应对象在虚拟空间中的"数字分身"或"数字镜像"，而有些在现实世界中可能根本没有对应物，只是元宇宙系统自身通过自组织形成的，正是元宇宙经济相对自成系统的特性和自组织功能构成了元宇宙经济的最大特点，也是元宇宙经济具有自身规律进而有可能成为一个独立的经济学分支或研究方向的根本依据。这样一来，真实性问题就变成了元宇宙经济研究必须首先面对的最为基础的哲理问题。

元宇宙经济涉及经验真实和符号真实两种真实性。一方面，人们通过符号系统观控现实世界，由此决定了符号系统和经验世界必须同构，这样符号系统才能反映经验世界的信息；另一方面，符号系统本身必须具有某种数学结构，由此才能保证符号系统表达的经验世界的信息是可靠的。符号系统必须具有的基本数学结构将在下文详细论述。这就是说，这个符号系统一边连着现实世界，提供现实世界的信息；另一边连着虚拟世界，并通过特定的数学结构保证符号系统所提供的信息的准确性。这个独特的符号系统就像是一座横跨在现实世界和虚拟世界之上的桥梁。① 实际上，符号系统通过具有特定

---

① 金观涛. 消失的真实：现代社会的思想困境[M]. 北京：中信出版社，2022：99.

的结构可以使得在符号不指涉任何经验对象时亦可以为真，这一点具有重大意义。我们知道，数学源于社会生产实践，但是，数学作为一门独立的学科一旦形成，就会产生许多源于自身完善的需要的研究专题，这些研究专题既不是直接来源于社会生产实践，又没有任何实际意义，但却可以预测原本未知的经验事实，其预见性的根源正是来自数学的符号真实，正所谓"《易》与天地准"。在科学发展的历史上，欧几里得几何公理体系是这方面的典范和现代科学的模板。现代科学之所以以欧几里得几何公理体系作为模板，正是因为欧几里得几何学是科学真实领域第一座横跨经验世界和符号世界的桥梁。通过这个桥梁，科学真实才能在符号世界和经验世界的互动中不断扩张，即真实性的符号表达不断转化为新的真实经验，后者又进一步扩大真实的符号表达，这也是元宇宙经济不断扩张的基本逻辑。

哲学的语言学转向的前半部分是对的，即人是通过符号把握和观控世界的，但是不够彻底。现在已经明确了，人类发明符号的现代意义在于，可以通过互联网建立不同于真实世界的虚拟世界，这个虚拟世界同样具有真实性，这个真实性不同于现实世界的科学真实性，而是具有自身特点的符号真实性。实际上，具有符号真实性的元宇宙世界超越了现实世界，元宇宙世界更能实现人的自由全面发展。[①] 吕鹏特别从"元宇宙促进劳动时间的自由"和"元宇宙促进劳动空间的自由"两个方面论述了元宇宙在促进人的自由全面发展方面的作用。现实世界所发生的一切社会生产活动都是在一定的时间和空间范围内进行的。也就是说，现实世界的所有经济活动都要受制于一定的时间和空间，而具有虚拟性质的元宇宙世界解除了所有的时间和空间约束。昝小娜[②] 在信息时空矩阵模型的基础上详细论证了互联网信息传播的跨时空特性，这是元宇宙诞生的信息基础。元宇宙的生成过程决定了我们可以将元宇宙看作现实世界的一部分。这是区分现实世界和虚拟世界的一个重要标准，也是元宇宙经济研究必须认真对待的一个重要特殊性。

---

① 吕鹏."元宇宙"技术：促进人的自由全面发展［J］.产业经济评论，2022（1）：20-27.
② 昝小娜.短视频供求索交的自组织机制与模型研究［J］.现代传播（中国传媒大学学报），2023，45（2）：160-168.

元宇宙经济研究的一个重要意义就是通过建立横跨现实世界和虚拟（符号）世界的桥梁，实现现实世界和虚拟世界的互动，使得各自的范围在互动中不断扩大，特别使得相应的现实经济处于不断扩张之中。元宇宙经济在虚实诱导转化和不断扩张之中不变的基点是必须满足充分可观控特性。

四、元宇宙经济研究对象的充分可观控特性

回顾互联网的发展历史，早期的互联网只有少量的节点，采取的是端到端的黑箱方式，观控性极差，事实上不允许参与者观控网络的内部信息，那些后来加入的节点单位只能在外部控制自己的通信信息。建立在区块链技术之上的元宇宙经济的可观性和可控性都得到了空前的提高。我们有理由认为，未来经济发展的制高点就是建立在区块链技术之上的元宇宙经济。因此，对于元宇宙经济的研究具有重要的战略意义。根据前面的论述，不管元宇宙经济现象表面上如何丰富多彩、多种多样甚至变化莫测，但是，作为元宇宙经济的研究对象必须具有真实性（包括经验真实和符号真实），否则就无法对其进行研究。于是，问题就转化为如何定义和判断元宇宙经济的真实性。根据系统科学和系统经济学研究，真实性必须具有充分可观测和充分可控制特性（简称为充分可观控特性）。我们赞成这样一种观点，"只有进入人的观控方式，客体才能成为认识的对象"[①]。因此，作为元宇宙经济的研究对象，我们必须找到相应的观控方式。这里的观测和控制是广义的，观测是指获取对象事物的状态及其变化的信息，控制是指改变对象事物的状态和变化方式。观测和控制被合称为观控。人类智能的核心就是观控能力。所谓人工智能，从某种意义上讲，就是能够模拟人的观控能力的人工系统，包括物质系统和符号系统。因此，脑科学、神经网络、思维科学、心理学等关于人的观控能力的相关研究是人工智能的基础，对于人的观控能力微观机制研究工作的突破是人工智能进步的前提条件。当然，仅有这些还远远不够，还要求观控能力必

---

① 张玉祥.广谱哲学浅说［M］.北京：中国社会科学出版社，2014：11-17.

须能够形式化和在机器上实现,由此可以看出著名数学家吴文俊先生关于数学定理机器证明工作的人工智能意义。到目前为止,关于人的观控能力和思维机制的研究工作还很初步,人类对于自身的了解远远落后于对外部世界的认识,正是从这个意义上讲,人工智能还有很大的发展空间。因此,以人工智能作为核心技术之一的元宇宙经济可以说方兴未艾。从数学上讲,可以把观测看成一个映射 $f: X \to f(X)$,这里 X 表示元宇宙经济研究对象,f 为观测方式,$f(X)$ 为观测得到的结论。

为了定义和判断元宇宙经济研究对象的真实性,仅有可观性是远远不够的,还必须将其与可控性结合起来。一般认为,近代科学诞生的标志就是可观控实验。我们在系统经济学研究中,将可观控实验放松为充分可观控实验。我们认为,即使在自然科学中,要做到完全的可观可控也是困难的,例如,在所有的科学实验中,万有引力都很难排除和控制。科学实验只要能够做到充分可观控,进而能够发现控制变量和被控制变量之间的因果关系即可。在经济学和人文社会科学中,所有的实验都很难做到完全的可观可控。因此,充分可观控实验的概念在经济学研究中尤为重要。与充分可观控实验对应的是充分可观控建模。因此,建立元宇宙经济模型的基本思路就是充分可观控建模。

在解释"李约瑟之谜"的时候,林毅夫先生认为,正是由于现代科学建立在充分可观控实验之上,中国依靠人口众多的试错机制才失去了优势。我们认为,这种解释确实具有一定的合理性。当然,不赞成这一观点的人马上可以找到一个反例:我国的天文学研究迄今依然主要依赖于观测,但我们并未没有走在世界前列。对此,我们只能说另有原因。从现实情况来看,现代科学实验都是观控结合的。对元宇宙经济来说,几乎所有的元宇宙经济活动和运行过程都是观控结合的。设 $x \in X$ 为某个元宇宙经济研究对象,人们可以首先通过控制手段 g(g 通常表现为通过可控变量施加的变换)将其改造为 $g(x)$,然后利用 f 对其进行观测,具体表现为合成映射 $f \cdot g: X \to f(g(X))$,这里的"·"表示函数与映射的复合:$g: X \to g(X)$,$f: g(X) \to f(g(X))$。如果用 F 表示 $f \cdot g$,则可将先控后观的观控结合观察形式化地表示为

$F: X \to F(X)$，其与单纯观察时的数学表达在形式上完全一致。不仅如此，如果令 $g = IX$，IX 为 X 上的恒等映射，则有 $F = f \cdot g = f \cdot IX = f$，即单纯的观察是观控结合观察的特殊情况。这样，我们就把单纯的观察和观控结合的观察在数学表达式上统一了起来。

前面已经指出，充分可观控实验是现代科学诞生的基础。从实验类型来讲，我们可以把实验划分为物理实验、思想实验和虚拟实验三种类型。在元宇宙诞生之前，通常的充分可观控实验都是物理实验，其满足物质世界的真实性原则。与物理实验相对应的是思想实验。所谓思想实验，就是人们可以在脑海里进行描述、推演和逻辑推理。思想实验的一个最典型的例子就是"薛定谔的猫"。薛定谔（Erwin Schrodinger）是一位伟大的物理学家，是量子力学的主要创始人之一。"薛定谔的猫"是假想中的猫，它被放置在一个装有少量镭和氰化物的密闭容器里。发射性元素镭具有衰变的可能性，如果镭衰变，就会触发机关打碎装有氰化物的瓶子，猫就会死；如果镭不衰变，猫就会存活。根据量子力学原理，由于放射性的镭处于衰变和不衰变的叠加状态，猫就应当处于死猫和活猫的叠加状态。这种既死又活的猫就是所谓的"薛定谔的猫"。整个实验都是在思想上假想的。和具体的物理实验相比，思想实验具有许多物理实验所不具备的优势。例如，思想实验可以设想许多在物理世界无法或极难实现的观控条件，扩大了实验的范围，而且，即使实验失败也不会造成太大的物理或经济损失。元宇宙出现之后就出现了虚拟实验，人们可以在虚拟空间中设计实验。所谓虚拟实验，就是通过互联网、仿真技术、模拟技术在虚拟空间中观测控制变量、状态变量和被控制变量之间的因果联系，进而揭示经济系统的变化规律。显然，虚拟实验是物理实验和思想实验的拓展。由此，我们再一次发现，元宇宙的出现相当于提升了我们分析运筹经济问题最优解的维度。

实际上，可控性不仅是比客观性更强的条件，而且观控结合相比单纯的观察具有本质的不同。对于元宇宙经济研究来讲，所面对的基本上都是观控结合的经济活动。在许多情况下，单纯的观察可能被现象和假象所蒙蔽而无法揭示问题的本质与规律，这时就要通过对对象施加适当的控制使其处于特定的状态、过程或环境当中,从而获得本质的认识,而且只有观控结合的实验才具有无限扩张的可能。实现扩张的具体机制就是不断将被控变量转化为控制变量,并将其仪器化。从本质上讲,技术就是自然规律的仪器化。仪器随着更多自然规律被揭示而不断扩张,进而实现马克思所说的"机器生产机器"和大工业生产。这正是充分可观控实验的出现使近代科学取得突飞猛进的根本原因,也是工业革命的引擎。但是,仅仅具有可观控特性还不能保证元宇宙经济研究对象具有真实性,进而具有研究价值。与此同时,在元宇宙经济系统中,经由体验所表达的价值诉求是多元的,此时"认同"便成为决定数字产品价值兑现的直观依据,如数字分身的价值认同是否一致?如何确定价值认同的范围和集合(对应于数学上的等价聚类)?这种价值认同是否会被广告或营销等通过设定具有特殊利益导向的特定分类算子蓄意构建和操纵?这就要求元宇宙经济研究对象必须具有普遍可重复性,由此才能进入元宇宙经济的研究视野。

五、元宇宙经济研究对象的普遍可重复特性

作为元宇宙经济的研究对象,仅仅具有充分可观控特性还不够,还必须具有普遍可重复特性。普遍可重复性是元宇宙经济真实性和价值认同的基础。报道的人体特异功能现象包括耳朵认字、利用意念移动物体和真人穿墙等。有人认为,这些所谓的人体特异功能现象不过是骗人的魔术,著名哲学家、经济学家于光远先生就曾著有《反"人体特异功能"论》,该书汇集了他对特异功能等伪科学的批判文章。有人亲自看过表演而对此坚信不疑,著名科学家钱学森先生也曾撰文论述人体特异功能问题。[①]1982年5月25日,钱学森给中宣部副部长郁文写信说:"我也向您表白我的判断,我并以党性担保:人体特异功能是真的,不是假的;有做假的,有骗人的,但那不是人体特异功能。"我们认为,人体特异功能现象的存在可能是真的,但一直没有成为科学

---

① 钱学森. 对人体科学研究的几点认识 [J]. 自然杂志, 1991 (1): 3–8.

研究对象，其根本原因可能就在于它不具有普遍可重复性。

所谓普遍可重复性，是指在同一种观控方式下，n 个人或 n 次观控的结果是一致的。这里的 n 可以趋于无穷。在科学史上与普遍可重复性有关的一个著名例子就是 X 射线的发现。1861 年，英国科学家威廉·克鲁克斯（William Crookes）在做实验时发现，通电的阴极射线管有放电产生的光线，克鲁克斯将其拍下来显影后发现整个感光板上一片模糊。于是，克鲁克斯认为感光板存在质量问题，于是就把它退还给了厂家。时隔 34 年之后的 1895 年，德国物理学家威廉·伦琴（Wilhelm Rontgen）在实验中也发现了克鲁克斯看到的同类现象。与克鲁克斯不同的是，伦琴不是简单地观测，而是通过不断地改变控制条件，让现象可靠地重现。由于这个现象能够可靠地重现，伦琴认为该现象一定不是实验误差造成的，而是有着某种必然性。伦琴进一步猜想该效应应当是由一种看不见的射线引起的，由于当时人们对该射线的性质缺乏了解，故将其命名为 X 射线，这里的"X"就代表未知的意思。该现象能够"可靠地重现"非常关键。由于该实验可以被其他人重复，X 射线的存在很快得到了科学界的承认，人们也称 X 射线为伦琴射线。对于元宇宙经济研究来讲，我们可以不需要客观实在论，但必须遵守普遍可重复这一原则。唯有如此，关于元宇宙经济的研究才具有了真实性基础和判别标准。当然，这里的真实不仅是现实世界的客观真实（与单纯的观察对应），还包括虚拟世界的符号真实，二者统一于普遍可重复原则。

现在给出普遍可重复的简单数学表达。在此之前，我们要明白普遍可重复的实质是什么。所谓实验的普遍可重复，是指对于同一个对象，使用同一个观控方式，n 个人或者 n 次的观控结果是一致的。注意这里的"一致"和"完全相同"具有细微的区别，下面的数学表达更能充分地显示这一区别。假设元宇宙经济的观控对象集合为 X，$x \in X$ 为某一个具体观控对象，观控方式为 f，则观控结果为 $f(x)$。设 f_i 是第 i 个人或第 i 次使用同一观控方式 f 的观控，则 $f_i(x)$ 就是对同一对象 x 的第 i 个人或第 i 次的观控结果。同理，设 $f_j(x)$ 是第 j 个人或第 j 次使用同一观控方式 f 对同一观控对象 x 的观控结果。对于任意的 i 和 j（$i \neq j$），如果 $\{f_i(x), f_j(x)\} = \theta$，$\theta$ 为定义在 $\{f_n(x)$

$|n=1,2,\cdots\}$ 上的等价算子 θ，即 $f_i(x)$ 和 $f_j(x)$ 属于一个等价类，我们就说该实验是普遍可重复的。也就是说，普遍可重复的数学含义是，对于元宇宙经济的同一个观控对象，使用同一个观控方式，不同人或不同次的观控结果属于同一个等价类。显然，属于同一个等价类的元素不一定完全相同，只需具有等价类内全体元素共同具有的性质。$\{f_i(x), f_j(x)\} = \theta$ 意味着观控的结果不依赖任何人的主观意志或者观控的次数，正是在这个意义上我们说元宇宙经济的该观控对象具有值得研究的真实性，而不管这个对象是物理存在、社会存在还是纯粹的符号系统。

承认符号真实是元宇宙经济乃至整个元宇宙研究的基础。随着相关研究的进展，人们现在已经发现，当数学符号不指涉任何现实对象时，依然可以在这个符号结构中获得其真实性。人们对元宇宙经济研究对象为真的判断，实际上是建立在研究对象和普遍可重复实验之间的一一对应之上。从本质上讲，普遍可重复实验是主体操作或想象操作的一种结构。当对象是符号时，它只要具有上述结构，对主体而言就是真的。也就是说，一个符号系统即使和现实无关，只要满足上述结构就具有真实性，就能成为科学研究的对象。这个发现对于元宇宙和元宇宙经济研究来讲至关重要。于是，元宇宙经济可以向着两个方向发展：一是在元宇宙领域发现基本的普遍可重复实验，以及通过这些基本的充分可观控实验的不断迭代实现进一步扩张，它代表新的元宇宙经济经验知识之积累；二是表达这些新的元宇宙经济事实的符号串根据深层结构组织起来，这就是元宇宙经济理论的公理化系统之形成。其共同基础就是元宇宙经济数理层面的各种模拟关系和模拟模型。

六、结语

元宇宙经济是继互联网经济之后一个崭新的经济形态，具有极大的不确定性。本文把元宇宙经济划分为哲理、数理与技理三个层次，至少有两个方面的好处：一方面，从宏观上为元宇宙经济研究提供了一个基本分析框架，所有关于元宇宙经济的研究都可以投射到这三个坐标轴上，据此可以发现每

一部分研究工作的强弱。广义地讲，可以根据这种思路仔细分析自1969年颁发经济学诺贝尔奖以来所有诺奖得主的工作在这三个坐标轴的投影和分布，从而正确理解和认识每位诺奖得主的工作在整个经济学大厦中所处的位置和角色，发现经济学发展的方向与脉络。[①] 另一方面，元宇宙经济哲理、数理与技理之间的关系更加彰显了元宇宙经济研究的本质和主要矛盾。元宇宙经济的哲理（观念）层面属于元宇宙经济研究中最为基础的工作。元宇宙经济哲理和数理层次的研究被统称为元宇宙经济理论，属于元宇宙经济规律层次的探讨和认识世界的范畴，认识世界的目的在于改造世界，这就自然引出了元宇宙技理问题。实际上，对元宇宙经济来讲，实践走在了理论的前面，这更加显示出对于元宇宙经济进行理论研究的紧迫性和必要性。

本文旨在为元宇宙经济研究提供一个宏观哲理框架，还需要通过大量的细部和定量研究去丰富和发展。不妥之处，欢迎大家批评指正。

[①] 沈自强. 诺贝尔经济学奖得主的学术贡献分布：哲理、数理和技理 [J]. 中国传媒大学学报（自然科学版），2014，21（6）：13-19.

元宇宙经济研究：数理与应用理法[*]

一、数理：元宇宙经济的基本数学模型

马克思曾经指出，一门科学，只有当它成功地运用数学时，才能达到真正完善的地步。前面已经指出，由于元宇宙经济的特殊性，定量研究对于元宇宙经济来讲具有特别的重要性。不过，这里的定量是指广义的定量。在科学历史上，定量最早与"测量问题"有关。定量研究的第二个阶段是测度论，其核心内容是三个度量公理，或称距离三公理：距离非负性、对称性和三角不等式（三角形任意两边距离之和大于第三边距离）。定量研究的最新发展是系统科学意义上的广义量化，只要求其测度能够辨别异同和排序并具有足够的运算性质即可，其根本原因在于只要能够辨别异同，就可以进行排序和操作，进而进行运筹分析和优化。广义量化往往表现为结构模型的形式，其基础是集论模型。因此，本节所介绍的元宇宙经济基本数学模型采取的都是集论形式，可以结合具体的元宇宙经济问题或专题进行细化。

（一）元宇宙经济的广义供求分析

为了建立元宇宙经济的基本数学模型，首先必须从元宇宙经济的基本问

---

[*] 本文原载于《现代传播（中国传媒大学学报）》2024年第5期，与刘伟达合作，收入本书时略有删改。

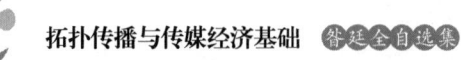

题开始。经济学诺贝尔奖得主萨缪尔森曾经调侃地指出,"只要学会了供求,鹦鹉也能成为经济学家"。和纯粹现实经济一样,供求问题依然是元宇宙经济学研究的基本问题。因此,建立元宇宙经济基本数学模型的工作可以从元宇宙经济的广义供求分析开始。广义供求分析是传统供求分析的引申与拓展,主要是指广义资源的供求分析。广义资源是昝廷全[①]在系统经济学研究中引进的一个新概念,是自然资源概念的引申与推广,其不仅包括以原子为表征的硬资源,还包括以比特为表征的软资源,以及硬资源和软资源之间的关系,元宇宙经济中数字资产显然属于广义资源的范畴。软资源具有不同于硬资源的供求索交机制和实现途径,昝小娜[②]比较详细地探讨了智能环境下以推荐算法为中介的中视频供求索交问题,揭示了中视频供求索交机制与实现途径与一般硬资源的异同。从某种意义上讲,软资源是元宇宙经济的核心资源。因此,对于元宇宙经济来讲,必须从传统的供求分析拓展为广义供求分析。

元宇宙经济系统中的生产和消费可以脱离现实的物理约束,因而呈现出与现实世界生产与消费完全不同的经济逻辑和供求规律。例如,在基于区块链技术的游戏平台上出现的对"数字土地"进行销售的数字房地产业务。"数字土地"是观念产物的极端代表。既然是观念的产物,从理论上讲可以是无限的。根据传统经济理论,只有满足"有用 + 稀缺"才能具有价值,于是在元宇宙经济中就出现了人为的制造稀缺性,即规定一个"数字土地"的上限。例如,Decentraland 中规定数字土地一共只有 92,598 个地块,其中的 43,689 个地块可以被销售,其余还有 33,886 个街区地块、9438 条道路和 3588 个广场。也就是说,元宇宙经济中稀缺和现实世界的稀缺具有完全不同的内涵,现实世界的稀缺是真正物质意义上的稀缺,元宇宙经济中的稀缺纯粹是观念上的稀缺。人们的行为接受观念的支配从客观上决定了人文社会科学和纯粹自然科学的根本区别,人们把经济学称为经济科学的准确含义应当是假定决定人们行为(特别是经济行为)的观念不变,相当于将观念悬置的情况。在

---

① 昝廷全.泛系理论概述[J].系统工程,1988(6):19-20.
② 昝小娜.短视频供求索交的自组织机制与模型研究[J].现代传播(中国传媒大学学报),2023,45(2):160-168.

这种情况下，经济学就具有了和自然科学相同的品格。用户生产内容（User Generated Content，UGC）是元宇宙经济典型的产品生产方式之一，即用户生产内容，用户取代企业成为最重要的生产单元。2021年3月，罗布罗斯（Roblox）登陆资本市场，被称为"元宇宙经济第一股"，其本质上是一个游戏平台，它本身不提供游戏，只是为用户提供制造游戏的工具，由用户根据这些工具自行开发游戏，然后在平台上发布并邀请他人参与游戏。平台为用户提供的游戏开发工具对应于元宇宙经济的智能环境，因此，元宇宙经济供求分析必须拓展传统供求分析的内容，将环境因素的影响纳入其中。

元宇宙经济广义供求分析显化了在元宇宙经济中供求关系存在的环境和供求索交的作用机制与实现途径与传统经济的不同，从而获得了某种哲理和数理上的突破。经济学家们很早就知道交通等基础设施对于经济发展的重要作用，但是较少将其与供求分析和供求索交的环境因素联系起来，元宇宙把环境对供求索交的影响充分显化了出来，对以比特为表征的软资源供求索交来说更是如此。一般来讲，供求索交在传统经济环境下的实现机制和在元宇宙环境下的实现机制具有非常大的不同，当和智能环境下叠加在一起时更是如此。供求主体在某些情况下是合一的，在另外的情况下又可以是分离的，分离又可以有程度上的不同，分离的程度可以用实数区间 [0，1] 来描述，这里可以采用扎德创立的模糊数学思想与方法进行建模处理。从哲理层次来讲，模糊数学并没有太多的突破，其贡献主要体现在技理层次。

任何现实经济活动都是在特定的时空框架内展开的，因而受制于特定的时空。从数学上讲，经济活动的时空约束相当于经济活动的论域，经济活动的最终目的就是寻求在这个特定的时空论域上的最优解。正因为存在时空约束，所以才有资源禀赋理论、比较优势理论和各种贸易保护政策等，甚至各种自由主义和全球化与反全球化思潮都是建立在时空约束之上的，如果没有时空约束，许多原有的经济命题都将失去意义。虚拟空间解除了时空约束，因此建立在虚拟空间基础之上的元宇宙经济具有了全新的经济图景和广阔的发展空间，其与现实经济相融合不仅催生了"自成系统"的元宇宙经济，还将大大促进现实经济的发展。从系统经济学的角度来讲，元宇宙经济的兴起为现实经济提供了更为广阔的发展空间，相当于提高了经济系统的系统化水平；与此同时，增加了现实经济的运筹维度，对应于层级战略的提升。

根据上面的论述，现实经济的供求索交定义在"时间×空间"的论域之上。也就是说，现实经济的供求索交都是在特定的时间和空间约束框架内实现的，并且只能在这个特定的时空约束范围内寻求供求索交的最优解。由于元宇宙经济涉及虚实两界，因此元宇宙经济供求索交的基本论域从现实经济的"时间×空间"扩展为"时间×空间×虚实"，比现实经济系统的时空论域增加了一个"虚实"维度，具有重要的层级战略意义。从运筹学角度来讲，论域的扩展往往意味着存在更加优化的解，或者最优解更容易实现。设 θ_1 表示时间上的同时和异时，θ_2 表示空间上的同地和异地，θ_3 表示现实空间和虚拟空间，并用 $G=$"时间×空间×虚实"表示供求论域，于是我们得到：$G/\theta_1=\{$同时，异时$\}$，$G/\theta_2=\{$同地，异地$\}$，$G/\theta_3=\{$虚，实$\}$，这相当于对于论域 G 的三种聚类。这个结论看起来似乎很平常，但是它们之间可以有多种析取和合取，由此可以推出许多不平凡的结论。例如，$G/\theta_1\cap\theta_2$、$G/\theta_2\cap\theta_3$ 和 $G/\theta_1\cap\theta_2\cap\theta_3$，进而可以令 $H=\cup G/\theta_i=G/\theta_1\cup G/\theta_2\cup G/\theta_3$，然后再对 H 进行分类。记 δ 为 H 上的等价关系，则 H/δ 就可以较好地表征元宇宙经济中供求索交的本质，若用 S 表示供给，D 表示需求，则供求索交相当于 $(S, D)\in\delta$。一般来讲，$S\cap D\neq\emptyset$（$\emptyset$ 为空集），典型的包括以下三种情况：$S=D$，供求平衡；$S\subset D$，供不应求；$D\subset S$，供过于求。其中每一种情况的发生都与从 H 到 H/δ 的商化过程有关，这充分显示了元宇宙经济中的供求索交与现实经济中的供求索交的本质差异。

更一般地讲，元宇宙经济中的供求索交是在虚实融合的广义社会化观控泛网中实现的，其中任何一个网结的变化都可能波及许多网结甚至整个网络，进而影响供求索交的实现。国际贸易的本质就是广义资源在全球范围内的供求索交与供求平衡。因此，元宇宙经济的出现将对国际贸易的实现机制和交易规则产生重大影响。

（二）现实世界与虚拟世界的典型模拟关系

数字孪生技术和数字主线技术是元宇宙经济的两个基本支撑性技术，其背后的逻辑就是现实世界和虚拟世界之间的模拟关系。吴学谋在泛系方法论研究中提出了多种模拟概念，本文尝试将其应用于元宇宙经济研究。假设 R 和 R' 分别表示现实世界和虚拟世界，$f \subset R \times R'$，若 f 对两端都是满的，即 $x \cdot f \neq \emptyset$（$x \in R$，$\emptyset$ 为空集），$f \cdot y \neq \emptyset$（$y \in R'$），则称 f 为 R 和 R' 之间的隐模拟。也就是说，只要现实世界的事物在虚拟空间中至少存在一个"像"，而且虚拟世界的每一个"像"在现实世界中至少存在一个"原像"就满足了隐模拟的要求。从这里不难看出，隐模拟比数字孪生技术更为根本，隐模拟是理解元宇宙经济最底层的数学结构。从这里的分析不难看出，隐模拟并不排除多多对应。但是，在现实经济活动中，一一对应通常才是人们追求的目标，于是，多多对应的单值化变得十分重要。例如，数学分析三大定理之一的隐函数定理的本质就是如何实现隐函数的单值化。在隐模拟的基础上，如果可以把 f 写成投影和赋形的复合，就向着单值化迈进了一大步，于是就得到了硬模拟的概念。具体来讲，如果 $f \subset R \times R'$ 是 R 和 R' 之间的一个隐模拟，$f = f_1 \cdot f_2^{-1}$，这里 $f_1: R \to f_1(R)$，$f_2: R' \to f_2(R')$，$f_1(R) = f_2(R')$，则称 R 和 R' 之间是硬模拟，如图 1 所示。熟悉卷积定理的读者可能已经发现，这里关于硬模拟的定义在形式上与卷积定理很像，事实上确实如此，硬模拟的定义确实受到了卷积定理的启发。如果令 $B = R \times R'$，则 B 相当于现实世界和虚拟世界之间的桥梁，其对于发挥元宇宙的资源整合功能具有重要意义，关键是要具有充分的可观性。

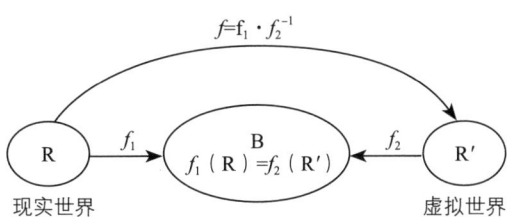

图 1 现实世界和虚拟世界硬模拟示意图

(三)元宇宙经济虚实可观性的数学度量

元宇宙经济具有两个方面的作用:首先,元宇宙经济作为一种新的经济形态,是未来经济发展的一个新方向,从某种意义上讲,谁先掌握元宇宙经济谁就控制了未来经济发展的制高点;元宇宙经济的另外一个重要作用就是通过虚实融合促进实体经济的发展,一个重要的前提条件就是从 $f(R)$ 可以充分观察 R。根据经典科学研究,可逆过程确定了控制系统的可能性。由于经济系统既包括可逆过程也包括不可逆过程,因此,一般来讲,经济系统只能部分可控。但是,对于元宇宙经济来讲,情况稍有不同,人们至少可以做到充分可观控。假设用 R 和 R′ 分别表示现实世界和虚拟世界,二者之间的模拟关系为映射 $f: R \to R'$,所谓元宇宙经济的虚实可观性,是指从 $f(R)$ 可以精确地推出 R。一般来讲,由 $f(R)$ 很难实现对 R 的精确观察,只能观察到 R 的一个商系统 $R/f \cdot f^{-1} = \{R_i | i=1, 2, \cdots, n\}$,这里 $f^{-1} = \{(x, y) | (y, x) \in f\}$,$f \cdot f^{-1}$ 为 f 和 f^{-1} 的复合,$R/f \cdot f^{-1}$ 表示根据 $f \cdot f^{-1}$ 对 R 的划分所产生的商集,$R_i(i=1, 2, \cdots, n)$ 为这个商集的元素。这里涉及功能可分与结构可分的关系问题。一般来讲,功能可分不一定导致结构可分。例如,从功能上讲,一元等于两个五角,但你无论如何都无法将一张一元的纸币撕成两个五角。中医脏腑和西医脏器关系的本质就是功能可分与结构可分的关系问题,中医脏腑是根据功能划分的,而西医脏器是根据结构划分的,这就是中医脏腑和西医脏器的根本区别。元宇宙经济的许多问题都面临这种功能可分与结构不可分的矛盾。也就是说,由功能的聚类分群派生的结构聚类往往具有一定的模糊性和虚拟性。这时如果存在关于 R 的某种限定信息或可控变量,如引进 $C \subset R$,这时由 $f(C)$ 可以观察 $C/f \cdot f^{-1}$ 或者 $C/g \cdot g^{-1}$,这里 g 是 f 在 C 上的限定,如限定 g 恰好使得 $g \cdot g^{-1} = I(C)$,这里 $I(C)$ 为 C 上的恒等关系,这时就可以由 $f(C)$ 或 $f(R)$ 精确地观察 C。特别之处,如 C 是按照选择公理从 $R/f \cdot f^{-1}$ 中选代表选出来的,即从每一个 R_i 中选一个代表,则 C 是可观察的。于是,可以得出如下结论:

(1)若 $f \cdot f^{-1} \cap C^2 = I(C)$,$C \subset R$,则由 $f(C)$ 可以完全观察 C。

(2)若 $f \cdot f^{-1} \cap C^2 = C^2$,则由 $f(C)$ 或 $f(R)$ 完全不可观察 C,相当于 f

使 C 黑箱化。

（3）若 $f \cdot f^{-1} \cap C^2 \subset C^2$，表示 $f \cdot f^{-1}$ 被限制在 C^2 上，这时满足 $I(C) \subset f \cdot f^{-1} \cap C^2 \subset C^2$，表示 C 具有部分可观性。

从上面的表述可以看出，这里的 $f \cdot f^{-1} \cap C^2$ 相当于衡量可观性的一个标准，其越接近 $I(C)$ 可观性越高。在一定条件下，R 和 R' 的可观性和可控性可以互换，而且元宇宙经济中虚实结合的观控可以改变或促进另外的观控，这就使得元宇宙经济的观控和运作非常复杂。但是，元宇宙经济现象无论如何复杂和丰富多彩，都必须满足前面所说的充分可观控和普遍可重复原则，必须具有包括符号真实在内的真实性，最低要求是必须满足自反性和对称性。如果不满足自反性，元宇宙经济的本体或者元宇宙经济现象的存在性就建立不起来，连自己都不能确定自己的事物是主体还是客体，当然也无法被人感知，因此人们也就不能通过元宇宙经济现象去认识元宇宙经济的本体运动，这种现象只能处于老子所描述的混沌不分的状态中。如果不满足对称性，就无法区分不同元宇宙经济现象之间的相互作用，元宇宙经济现象即使具有自反性而存在，它们聚在一起时也无法表现出可以被人们感知的不同运动规律。因此，如果元宇宙经济现象彼此建立不起对称性，元宇宙经济现象就无法为人们带来任何关于元宇宙经济本体运动规律可以被感知的信息，人们也就无法对元宇宙经济问题进行研究，这是元宇宙经济虚实转化必须满足的必要条件。

（四）元宇宙经济虚实之间的诱导转化

现实经济和虚拟经济的联系与诱导转化是元宇宙经济的生命之所在。数字资产与现实资产的双向流通是元宇宙经济的关键。数字资产与现实世界的资产的双向兑换意味着经济生产总量的扩容。作为数字资产与现实资产实现双向兑换的第一个例子就是 Roblox 作为互联网游戏平台首先实现了平台数字代币 Robux 与美元的双向互换。这可以看作元宇宙经济的早期雏形。元宇宙经济最根本的技术跃迁是建立在区块链技术之上的新的底层协议。区块链的本质是分布式记账技术，为虚实两界的诱导转化提供了便于大众进入和参与的门槛。从纯粹数学的意义上讲，转化确实是一个重要的数学手段与方法。例如，有些微分方程在原来的论域上可能无法或者很难求解，但如果将其由原来的定义域转化到一个新的论域上，可能就比较方便求解，由微分方程到差分方程的转化就是将微分方程的论域由原来的连续区间转化到离散区间的结果。现实经济和虚拟经济之间的诱导转化，一方面使得虚拟经济有了价值锚定基础，另一方面可以大大促进现实经济的发展，从而把人类经济活动推向一个新阶段。因此，虚拟资本和现实资本之间的双向互换和诱导转化对于元宇宙经济至关重要。吴学谋曾经一般性地讨论了转化的数学意义，我们在这里尝试将其在泛系方法论中提出的关于两个集合之间诱导转化的讨论用于现实经济和虚拟经济之间的诱导转化研究。

设 $f \subset R \times R'$ 为现实经济和虚拟经济之间的模拟关系，$Es[R]$ 和 $Es[R']$ 分别表示定义在现实经济 R 和与之对应的虚拟经济 R' 上的半等价关系全体，δ 是定义在 R 上的半等价算子，即 $\delta \in Es[R]$。显然，根据 δ 可以对 R 进行半等价聚类，记为 $R/\delta = \{R_1, R_2, \cdots, R_m\}$。一般来讲，$R_i \cap R_j \neq \emptyset$（$i \neq j$，$\emptyset$ 为空集）。在 f 和 δ 的基础上，我们可以构造 $f^{-1} \cdot \delta \cdot f$，显然 $f^{-1} \cdot \delta \cdot f \in Es[R']$，即 $f^{-1} \cdot \delta \cdot f$ 为 R' 上的半等价算子，于是，我们可以利用 $f^{-1} \cdot \delta \cdot f$ 对虚拟经济 R' 进行聚类，所得到的商集为 $R'/f^{-1} \cdot \delta \cdot f = \{R'_1, R'_2, \cdots, R'_n\}$，一般来讲，$R'_i \cap R'_j \neq \emptyset$（$i \neq j$）。也就是说，通过 R 上的半等价算子 δ，可以把 R 上的分类 R/δ 转化到 R' 上的分类 $R'/f^{-1} \cdot \delta \cdot f$。由于在模拟关系 $f \subset R \times R'$ 中，R 的位置可以和 R' 在形式上互换，因此这里关于现实经济和虚拟经济诱导转化的分析是对称的，可以根据所研究的元宇宙经济具体问题进行选择。这里的半等价聚类划分出来的类与类之间具有交叉和重叠具有重要的现实经济意义，正是因为存在类与类之间的交叉和重叠，才使得现实经济和虚拟经济都具有了无限扩张的可能性，同时为现实经济和虚拟经济交叉融合相互促进提供了桥梁，其对应于斯坦利·米尔格兰姆（Stanley Milgram）在20世纪60年代提出的小世界理论中的弱关系的重要性。小世界理论也被称为六度分割理论（Six Degrees of Separation）。该理论指出，你和任何一个陌生人之间所间隔的人不会超过六个，这是整个社会网络的基础。社会性就是建立在社网络之上的增值性和服务。小世界理论和互联网的结合越来越密切，已经发展出一个专门的术语"社会软件"（Social Software）来描述这种结合的成果，其在元宇宙经济的虚实转换中具有基础性作用，值得深入研究。

虽然半等价聚类在元宇宙经济的拓展方面具有关键作用，包括现实经济和虚拟经济的拓展以及二者之间的互动升级，但是，在元宇宙经济的日常运作过程中，最常遇到的还是虚实等价聚类之间的诱导转化。在处理复杂问题时，首先将其等价聚类，然后再考察不同等价类之间关系的思想，在中国古典哲理中源远流长、最著名的例子就是在混沌状态中分出阴阳。老子提出的"道可道，非常道"和"名可名，非常名"的思想用今天的语言来讲，就是对现象的感知，可以通过对符号的操作来把握；而且，老子已经注意到了现象世界的符号系统与本体世界的对应物之间存在差异。这种思想可以看作元宇宙经济虚拟之间诱导转化的历史原胚。从"易与天地准"的符号到场景，再到元宇宙是人类认识水平的飞跃，同时是经济发展阶段的跃迁。

（五）从场景到元宇宙：场景数学描述的启迪价值

前面已经提出，可以把元宇宙经济看作互联网经济发展的新阶段。因此，对于元宇宙经济的研究可以在互联网经济的发展演化轨迹中展开。互联网对于人类社会的最大影响就是带来了一场信息传播方式的革命。元宇宙经济的信息传播特点，使得元宇宙经济和传播学具有密不可分的关系。正因如此，最早涉及元宇宙经济研究的学者大多是传播学者或传媒经济学者，或者具有传播学背景。从传播学角度来讲，传播已经从人际传播发展到了群体传播、社交传播和超级社交传播，传播的最新形式就是场景传播[①]。从某种意义上讲，可以将元宇宙看作场景的迭代与升级。场景（context）概念是传播学者梅罗维茨（Joshua Meyrowitz）在麦克卢汉和英尼斯的媒介理论和戈夫曼的拟剧论基础上提出的。场景的本质是对碎片化信息的一种组织，使得每个人不再是信息意义上的一个个独立的个体，而是场景中的人，这个场景可以是

---

① 蔡雯. "场景"概念的兴起[J]. 中国社会科学院报，2017（1）：3.

戈夫曼所理解的教堂、咖啡厅、诊所等具有物理实在的空间概念，也可以是由媒介信息所营造的心理与行为的环境氛围。梅罗维茨进一步区分了"作为文化环境"的媒介环境和"作为内容"的具体场景。斯考伯指出，互联网时代的"context"应该是基于移动设备、社交媒体、大数据、传感器和定位系统提供的一种应用技术，以及由此营造的一种"在场感"。喻国明提出[1]，在碎片化的移动互联时代，用户更加需要的是：以人为中心，以场景为单位的更及时、更精准的连接体验。根据信息传播的时空矩阵模型[2]，互联网解除了信息传播的时空局限，与此同时也带来了信息的碎片化，于是场景理论应运而生。场景通过对碎片信息的系统化组织可以提供更加全面和准确的信息，不仅可以克服信息碎片化的弊端，实现更有效的信息传播，使得场景具有"潜会诊"作用，其作用正像结合上下文（context）可以更好地理解一个单词的意义一样，而且场景本身变成了一个信息通道，场景由此变成了社会连接的一个基本变量。元宇宙不是对一个个离散事件的映射和模拟，而是对场景的映射、模拟、赋形、组织和系统化。

假设 I 表示信息集合，场景化就对应于 I 的商化，即存在映射 $f: I \rightarrow I/\delta$，这里 δ 为等价或半等价算子，$I/\delta = \{I_i | i = 1, 2, \cdots, n\}$ 为 I 根据算子 δ 划分出来的等价或半等价类组成的集合，称作 I 的商集。这里的每一个等价或半等价类 I_i 就相当于一个场景，每一个人都位于一定的场景之中。在以场景作为连接方式的社会中，每个人都通过特定的场景以"在场"的方式参与社会实践活动。昝廷全、周仪涵[3]讨论过"超社交"传播，把每一个"社交"单位作为信息传播的基本单元，其和场景具有某种对应关系，"超社交"传播就对应于以场景作为基本变量的社会连接范式。场景是媒介作为人的关系连接在现

---

[1] 喻国明. 未来媒介的进化逻辑："人的连接"的迭代、重组与升维——从"场景时代"到"元宇宙"再到"心世界"的未来[J]. 新闻界, 2021（10）: 54-60.

[2] 昝小娜. 信息传播的时空矩阵模型及其经济学意义[J]. 现代传播（中国传媒大学学报）, 2016, 38（12）: 164-166.

[3] 昝廷全, 周仪涵. 信息自组织：价格形成的传播机制与模型[J]. 现代传播（中国传媒大学学报）, 2022, 44（2）: 145-153.

实世界的最高形式，其进一步发展就是元宇宙。因此，关于场景的数学描述对于元宇宙经济建模具有重要的基础和启迪价值。元宇宙经济从诞生起就侧重和依靠定量和建模，由此决定了元宇宙经济的可操作性和运作层面的技理特点。

二、技理：元宇宙经济理论的应用理法

（一）元宇宙经济的技理特点

前文已经指出，元宇宙经济的实践走在了理论的前面。也就是说，在对元宇宙经济的哲理和数理没有进行深入系统研究的前提下，已经取得了技理层次的单项突破，具体体现为元宇宙经济相关产业的发展。一般来讲，元宇宙经济的哲理和数理被统称为元宇宙经济理论，元宇宙经济的技理被看作元宇宙经济理论的应用理法。元宇宙经济理论（哲理＋数理）与技理之间的关系和科学与技术之间的关系同构。科学和技术不同，二者既相互联系，又有所区别。科学的目的在于探索自然规律，而技术的目的是规律的应用。从渊源上讲，科学可以追溯到"通过探索外部规律以实现此世目标"的古希腊传统。从本质上讲，各种规律通常表现为某种变换下的不变性，物理学中的能量守恒定律是指状态变换下的不变性，动量守恒定律是指碰撞变换下的不变性，角动量守恒定律是指旋转变换下的不变性等。技术的主要目标是把科学发现的各种规律转化为仪器，把规律中所涉及的控制变量和观察变量之间的因果关系固定化，以扩大认知主体的可控变量的集合，拓展生产的可能性边界，并帮助我们进一步发现新的自然规律。在现代科学诞生之前，科学与技术基本上是分离的，现代科学诞生之后情况发生了巨大变化。我们知道，充分可观控实验是现代科学诞生的标志。充分可观控实验打开了科学原理、科学实验与新技术之间的互动通道，实现了三者之间的反馈加速增长，其再与市场经济结合起来更是如虎添翼，由此开启了新一轮的产业革命。元宇宙经济技理先于哲理和数理的情况正好彰显了对元宇宙经济哲理、数理与技理交叉融合的新特点。元宇宙经济充分体现了科技进步和市场经济之间的深度融

合，元宇宙经济运行的法则和相关技术相互交融，二者无法分开。元宇宙相关技术不仅直接影响元宇宙经济的生产函数，还将对元宇宙经济分配的正当性基础产生重要影响。

（二）元宇宙经济系统设计（技理）的基本步骤

元宇宙经济应用理法的核心是元宇宙经济的系统设计，大致可以归纳为以下七个步骤（简称发展元宇宙经济的"七步法"）：

（1）确定目标：$G = \{g_i | i = 1, 2, \cdots, m\}$。任何经济活动都是合目的性与合规律性的统一，元宇宙经济活动亦不例外。要创建一个元宇宙经济系统，首先，要确定这个元宇宙经济系统的目标是什么。然后，根据系统经济学的目标反索原理，确定需要什么样的硬部和软部等。

（2）构建元宇宙经济系统的广义硬件集合：$A = \{a_i | i = 1, 2, \cdots, n\}$，对应元宇宙经济的各种硬件设施，现在国家大力发展的新基建基本上都属于这个范畴。

（3）构建元宇宙经济系统的广义软件集合：$B = \{b_i | i = 1, 2, \cdots, k\}$，对应于元宇宙经济系统的各种软件设施和信息模块。

（4）构建元宇宙经济系统的广义结构：$S = (A, B)$。

（5）构建元宇宙经济系统的环境支撑系统：$E = \{e_i | i = 1, 2, \cdots, l\}$。

（6）构建元宇宙经济系统的广义机制：dE/dF（E 和 F 之间的广义变变关系），这里 E 和 F 可以是 G，A，B，E 中的任何一个，即 $E, F \in \{G, A, B, E\}$。

（7）根据元宇宙经济系统的不同目标要求和功能优化，进行结构优化，即变化加减某些 a_i，b_j 或 e_k，由此实现元宇宙经济的优化与持续健康发展。

以上介绍的是发展元宇宙经济基本理法的完整步骤，在元宇宙经济实践中，有时可能只涉及其中的某些步骤。当然，在上述七步法的基础上，我们可以通过不断地反复复合得出更多的技理理法，这充分体现了元宇宙经济的丰富性和广阔的发展空间。用户生产内容（UGC）和基础设施智能化是元宇宙经济最为显著的特点。

（三）元宇宙经济基础设施的特点

马克思在《资本论》中指出，"工业生产方式的革命，尤其使社会生产过程的一般条件即交通运输手段的革命成为必要"。他紧接着进一步指出，工场手工业时期遗留下来的交通运输手段无法适应大工业的生产方式。马克思把当时的交通运输手段称为"社会生产过程的一般条件"[①]。实际上，交通运输手段只是社会生产一般条件的一部分，社会生产过程的一般条件应当具有更加丰富的内容。按照现在的语言来讲，交通运输手段属于经济系统基础设施的范畴，但社会生产过程的一般条件并不等于交通运输手段。基础设施最初是指建筑物的底座和底层结构，在20世纪40年代以后被经济学吸收，用来表示为社会生产提供一般条件的行业和设施。

按照马克思的观点，基础设施随着工业生产方式的革命而变化。因此，基础设施在不同的经济发展阶段具有不同的内涵和外延。与传统工业经济相对应的典型基础设施包括"铁公机"即铁路、公路和机场，电网、管道、物流等以及不同网络之间的技术协调与社会组织。随着数字经济时代的到来，数字基础设施（Digital Infrastructure）作为一种新的基础设施形态正在逐步形成。数字基础设施的本质是"数据驱动"，通常包括设备层、网络层、服务层和内容层四个部分。数字基础设施是元宇宙经济基础设施的基础，元宇宙经济基础设施是数字基础设施的升级与拓展。数字基础设施的服务层和内容层在提供服务的过程中将数字化技术嵌入其中，从而生产和收集用户和社会的数据，由此拓展了传统基础设施的范畴和意义。元宇宙经济基础设施更是超越了传统基础设施的技术范畴，不仅为元宇宙经济的运行提供公共服务创造公共价值，还直接参与元宇宙经济的生产和流通，甚至直接成为元宇宙经济的一个构造性组成部分。因此，从元宇宙经济技理层次来讲，元宇宙经济基础设施与传统基础设施既有相似性也存在巨大差异，这决定了我们必须从宏观上高度重视元宇宙经济研究模式的特殊性。

[①] 马克思. 资本论（第一卷）[M]. 北京：人民出版社，2018：198-201.

三、结语

元宇宙经济横跨现实世界和虚拟世界的特点从根本上决定了数学特别是模拟关系及其诱导转化的数学模型在元宇宙经济研究中的突出作用。本文提出的元宇宙经济基本数学模型属于普适性很强的集论模型,旨在为元宇宙经济定量研究奠定一个基础,需要结合具体的元宇宙经济问题将其具体化。元宇宙经济哲理和数理层次的研究被统称为元宇宙经济理论,属于元宇宙经济规律层次的探讨和认识世界的范畴,认识世界的目的在于改造世界,这就自然引出了元宇宙技理问题。实际上,对元宇宙经济来讲,实践走在了理论的前面,这更加显示出对于元宇宙经济进行理论研究的紧迫性和必要性。本文特别提出了元宇宙经济技理层次的特点,并在此基础上提出了发展元宇宙经济的"七步法",为发展元宇宙经济提供了基本理法。当然,"七步法"只是一个宏观导引,需要在元宇宙经济实践中具体问题具体对待。

系统营销的三个基本原理*

人类社会已经进入系统时代，个人与个人之间、家庭与家庭之间、企业与企业之间、产业与产业之间、地区与地区之间、国家与国家之间，已经变得越来越相互依赖，构成了一个多层次、高维度的复杂系统，系统已经成为人们的基本生存方式。

这是一个营销的时代，个人需要营销，企业需要营销，地区需要营销，国家需要营销……任何层次的经济系统都需要营销。所谓系统营销，是指一个经济系统向其他经济系统推广或推销自己的广义商品，其包括物质产品、服务甚至某种价值观念。根据系统经济学的观点，按照组织水平的不同，可以把经济系统划分为个人经济系统（最小经济单元）、家庭经济系统、企业经济系统、产业经济系统、地区经济系统、国家经济系统和全球经济系统。高层次经济系统的行为以低层次经济系统为载体，其功能要通过低层次经济系统的行为来反映，低层次经济系统的行为要受到高层次经济系统的约束和影响，并以高层次经济系统为背景来展开。不同层次经济系统之间的这种关系同时决定了个人营销、家庭营销、企业营销、产业营销、地区营销与国家营销之间的联系与转化。

本文首先提出系统营销的基本概念，论述了系统营销的三个基本原理，提出了系统营销的层级结构，论述了不同层次经济系统的营销之间的联系与转化，期望为整合营销学、关系营销学、组织营销学等营销理论，提供一个

---

* 本文原载于《企业活力》2002 年第 9 期，收入本书时略有删改。

统一的理论基础和分析框架。

一、系统营销第一原理

从整合营销、关系营销、组织营销等走向系统营销,是营销发展的必然趋势。从本质上讲,整合营销、关系营销、组织营销等都是系统营销的特例。

系统营销第一原理:首先完备地列出各种相对独立的可能营销手段,以这些营销手段作为元素去构建一个营销系统,然后采取系统优化理论找出这个营销系统的最优营销功能,由此决定实际营销手段及其组合的选择。

案例1:郑州卷烟厂是年产值达16亿元人民币的国有大型企业,其在2001年向市场推出了一种新型香烟"新世纪",当时郑州卷烟厂邀请我们为其作营销方案。

案例分析:根据系统营销第一原理,我们首先列出各种可能的营销手段,并考虑到烟草行业的特殊性,有些营销手段,如电视广告和直接的路牌广告等营销手段不允许使用。然后,利用余下的各种营销手段去构建一个营销系统,进而找出这个营销系统最佳营销效果时所对应的营销手段及其组合。

昝廷全在《系统经济学》(第二卷)中提出了经济系统评价的一般模式:

经济系统评价 = f(评价主体,评价客体,主体与客体之间的关系,评价手段,评价环境)

也就是说,评价结果是评价主体、评价客体、主体与客体之间的关系、评价手段、评价环境的函数。对同样一个评价客体,不同的评价主体会得出不同的评价结果,即通常所说的"仁者见仁,智者见智"。对同样一个评价主体,随着评价客体的变化,评价结果也会发生变化。这里我们特别注意到,评价主体与客体之间的关系对于评价结果具有重要影响,正如生活中所说的"儿不嫌母丑",其原因在于他们是母子关系,这里儿子是评价主体,母亲是评价客体。"情人眼里出西施"也属于这种情况,因为他们是情人关系,所以不管对象本身美丑,他都认为美似西施。现实生活中经常遇到这样的情况,热恋中的情侣都认为对方是世界一流、独一无二的,一旦情侣关系不复存在,他们都会抱怨对方没有"如此美丽"。受这种思想的启发，我们进一步引申出系统营销的第二原理。

二、系统营销第二原理

系统营销的第二原理：应当尽量在营销主体和营销对象（目标客户）之间建立起某种（些）特殊关系，使得营销对象（目标客户）和营销主体大系统化，把营销客体（目标客户）自身变成营销主体的一部分。

案例2：一些著名歌手在举行演唱会时，邀请台下的观众和他（她）一起演唱。

案例分析：当歌手单独在台上演唱、观众在台下观看时，观众是评价主体，演员是评价客体，这时观众对演员的演唱效果会比较挑剔，如果台下的观众与演员一起演唱，观众和演员在一定程度上"大系统化"，观众自身的表现构成了演唱效果的一部分，这时观众对演员演唱效果的评价也包含了对自身表现的评价，其评价结果自然要好于演员单独演唱的情况。

案例3：在旅客列车上，聘请旅客担任治安联防员，通过保护者和被保护者之间的关系转化，使部分旅客成为旅客列车治安保卫的一部分，使二者变为一个系统的成员。

案例4：在商品销售中，挑选部分客户担任商品质量监督员，通过建立这种与客户的关系，使之与厂商大系统化，转化为厂商的一部分，这往往会使这类顾客变为满意顾客，甚至忠诚顾客。满意顾客是指没有投诉的顾客，忠诚顾客不仅自己满意，而且主动向其他目标客户宣传。

三、系统营销第三原理

系统营销的第三原理：在个人经济系统、家庭经济系统、企业经济系统、产业经济系统、地区经济系统和国家经济系统的层级结构中，较低层次经济系统的营销是所有较高层次经济系统的函数，即

个人营销 = f个人（个人，家庭，企业，产业，地区，国家，参数）

家庭营销 = f家庭（家庭，企业，产业，地区，国家，参数）

企业营销 = f企业（企业，产业，地区，国家，参数）

产业营销 = f产业（产业，地区，国家，参数）

地区营销 = f地区（地区，国家，参数）

国家营销 = f国家（国家，参数）

案例5：中国封建社会实行皇帝世袭制度。皇帝的儿子自然是新皇帝，而不管他实际能力如何。这是个人营销完全取决于其家庭因素的极端例子，正如民间流传的"龙生龙，凤生凤，老鼠生来会打洞"。这种情况可以表示为：

个人营销 = f个人（家庭，参数）

案例6：两个完全相同的企业，一个位于经济发达地区，一个位于经济落后地区。在企业营销过程中，虽然客观上这两家企业的自身情况完全相同，但人们往往会首选位于经济发达地区的企业。这是企业营销取决于地区经济系统的典型例子，其对应于以下情况：

企业营销 = f企业（地区，参数）

在经济实践中，作为系统营销第三原理的应用，如果企业位于发达地区或发达国家，就应当强调和强化企业的地区特色，如果企业位于经济落后地区或欠发达国家，就应当尽量淡化和避免企业的地区特色。这就体现了参数的转化作用。

临界战略初探*

波特在最近出版的《日本还有竞争力吗?》一书中指出日本公司和美国公司的一个重要差异就是战略问题。日本公司之所以输给美国公司,主要是因为战略上的失误。日本公司的做法是做和竞争对手一样的事情,但要争取比竞争对手做得更好。在这个基础上,日本公司提出了全面质量管理(TQM)、连续改进(Continuous Improvement)、精益管理等。这些方法在一定条件下确实使日本公司在一定时期内产生了非常积极的效果。我国在20世纪80年代也曾积极推广日本公司提出的全面质量管理模式。波特通过对比日本和美国公司战略和管理模式的差异之后指出,日本经济近年来的持续低迷,一方面是由于日本国家模式的失当,另一方面是由于日本公司战略上的失误。美国公司的优势在于战略选择,在于及时开发和发现新兴产业和有市场前景的新产品,其核心是创新理念和创新能力。

根据系统经济学观点,经济系统具有非线性和非平衡特征,其中最为突出的就是存在临界点和分岔。[①] 日本公司和美国公司战略管理上的上述区别与临界战略管理密切相关,准确地说,日本公司之所以输给美国公司,主要是因为临界战略的不当选择。

---

* 本文原载于《数量经济技术经济研究》2002年第10期,收入本书时略有删改。
① 昝廷全.系统经济学(第一卷):概念、原理与方法论[M].香港:香港经济与法律出版社,1995.

一、临界战略的概念

"临界"的概念最早源于物理学,意思是说,对于一个物理系统来说,其性质随着物理参数的变化而变化,当物理参数达到或超过某一阈值时,物理性质将发生突变,超导现象就是典型的临界行为。诺贝尔奖获得者普里高津(Prigogine)在研究非线性热力学系统时发展出了一套从混沌到有序的科学理论,其核心思想之一就是在分岔点上的选择。将这种思想用于经济学研究,经济系统的非线性与非平衡特征就是经济系统的复杂性和多样化产生的根源。

根据经济系统的非线性和非平衡特征[①],当控制参数达到某一阈值 λ 时,经济系统将发生分岔。此时,在临界点上的经济系统面临多种途径选择。其典型结构为,在分岔点上,经济系统面临三种可能的分支:原分支、机会(分支1)和危机(分支2),如图1所示。在经济实践中,经济系统在分岔点上所面临的选择可能很多,但总体上可以划分为上述三种类型。经济系统在分岔点上具体选择哪一个分支取决于经济系统所掌握的知识、信息,以及偏好和对未来的预期。我们把经济系统在分岔点上的选择称为临界战略。

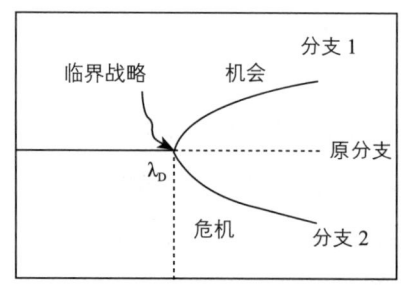

图1 经济系统的分岔与临界战略的典型结构

经济系统的临界状态和分岔点类型与控制参数密切相关。在经济系统建模时,环境对经济系统的影响就表现为参数,经济系统的环境发生变化就导

---

① 昝廷全. 系统经济学(第二卷):理论与模型 [M]. 北京:中国经济出版社,1997.

致控制参数发生变化。环境对经济系统的非平衡约束能够使隐藏在经济系统非线性特征之中的复杂动力学行为充分展现出来。经济系统的临界状态和分岔行为是经济系统复杂动力学行为的典型表现形式。

根据上面的论述，我们可以把经济系统的战略分为两种类型：临界战略和非临界战略（常规战略）。临界战略是指经济系统在临界点或分岔点上的道路选择，常规战略适用于经济系统在每两个分岔点之间的范围。

根据临界战略的思想不难看出，前面论述的日本公司的全面质量管理、连续改进和精益管理方法适用于非临界的常规管理，但是不适用于处于临界状态的战略管理。因此，在企业管理中，首先要对企业所处的状态进行宏观评判，判断它是否处于临界状态。如果处于临界状态就必须采用临界战略管理，而不能使用一般的企业管理模式。日本公司失败的一个重要原因，就是当它面临多种选择处于临界状态时固守旧有的战略，没能顺应环境及时地选择新战略；而美国公司及时地抓住了临界战略选择的机会，从而把日本公司甩在后面。从本质上讲，临界战略选择的成功是使美国公司领先日本公司的关键。

二、临界状态的特点

临界状态是经济系统的非线性动力学行为的一种表现形式，平衡是相对的，非平衡是绝对的。现实中的经济系统都是与环境不断交换资本、要素、产品、服务和信息的开放系统。从另一个方面来讲，经济系统与环境之间的广义流也是对经济系统的一种约束。这种约束使得经济系统偏离平衡态。任何偏离平衡态的状态都被称为经济系统的非平衡态。经济系统与环境之间的交换和广义流也被称为经济系统的非平衡约束，在远离平衡的状态，由于没有细致平衡条件，导致经济系统演化方程中的非线性发挥作用，使得演化方程可能具有多重解，从而产生分岔和混沌现象。因此，非平衡展现了隐藏于非线性之中的潜力，而它在平衡态或邻近平衡态（线性平衡态）时却只保持"潜伏"状态。

在经济系统的非线性和非平衡区域，随着环境和控制参数的变化可以把经济系统驱动到处于分岔点上的临界状态。在分岔点和临界状态上，经济系统具有三个典型的特点。

第一，在临界状态，很多传统的经济学规律都不再成立。在临界状态，经济系统遵守非线性动力学规律，这时，传统的经济学规律不再发挥作用。一个典型的例子就是股票市场的暴涨和暴跌。对股市的这种现象，利用传统的经济学词汇显然是无法准确刻画的，它是非线性系统的一种初始敏感现象，即初始条件的一个微小变化就会导致用它的幅值无法衡量的结果。再比如，萨伊定律在临界点上不起作用，消费者购买或不购买一种新产品并不完全依赖于价格。

第二，经济系统在分岔点上的选择没有普遍遵循的规律，主要取决于经济系统所掌握的知识、信息、偏好和对未来的预期。对于企业来说，正是这种分岔点上的选择体现着企业家的才能、智慧和眼光。这也是企业家和一般员工的区别之一。在企业的经营过程中，随着环境的变化会存在很多分岔点，这种分岔点上的选择从宏观上决定了企业的命运。日本公司和美国公司比较优势的交替变化正好说明了这一点。对于个人来讲，这种分岔点上的选择从总体上决定了人生的整体价值。

第三，岔点和临界状态的出现与更替，对特定的经济系统来讲，主要取决于环境的变化。一个经济系统是否存在分岔点和临界状态，都首先要求经济系统是一个非线性经济系统。因为对于线性经济系统来讲，它的每一个特定的相互作用组合都对应且仅对应于一个状态。我们可以通过确定经济系统的两个状态在状态空间中画出一条直线。据此，可以追踪经济系统的过去，也可以预测其将来。因此，这类经济系统从本质上讲是简单的。非线性经济系统只有在非平衡区域内随着环境的变化才有可能被驱动到一个具有多种可能途径的分岔点和临界状态。从数学上讲，就是随着参数的变化，经济系统的演化方程出现多重解。在这里环境的变化，即参数的变化，是一个十分重要的约束条件。例如，中国加入WTO，使得中国企业的经营环境发生了重大变化，这就有可能把中国的很多企业驱动到一个具有多重选择的分岔点和临界状态。目前中国的企业面临的正是这种状况，这就要求中国企业必须做出战略选择，不是常规性战略选择，而是本文所提出的临界战略选择。

在经济实践中，如何判断一个经济系统或者一个企业是否处于临界状态具有十分重要的意义。从数学上讲，判断一个经济系统是否处于临界状态十分简单，关键是看原来的解是否稳定、有没有开始出现多重解。从实际操作上讲，当一个企业发展到一定阶段，可能还积累了许多资金，但一时找不到下一步的发展方向，在这种状况下企业往往处于重要的分岔点和临界状态。

三、临界战略：危机管理和机会管理

临界战略的典型结构为机会分支、危机分支和原分支。对于经济系统的危机分支的管理已经引起了人们的注意，并专门发展了危机管理理论。例如，哪里发生了地震，哪里发生了水灾，哪里发生了坠机事件，政府都会紧急派去相应的工作队。这时工作队的工作就属于危机管理的范畴。但是，对于经济系统在临界状态不是选择了危机分支应当如何管理，现在还未引起学术界和实业界的足够重视。更为重要的是，虽然人们都知道机会重要，但是不知道如何辨识机会、当机会来临时如何抓住机会和利用机会等，针对这些问题，急需发展关于机会管理的专门理论。

层级战略*

一、引言

近年来,随着迈克尔·波特的著名三部曲——《竞争战略》《竞争优势》《国家竞争优势》等管理学经典著作的相继问世,国内外掀起了关于战略研究的热潮。[1] 从抽象的理论研究来看,以科斯和诺斯为代表的新制度经济学打破了传统主流经济学理论假设的局限性,提出不完全信息、有限理性等基本假设[2][3],为经济学分析提供了较为合理的研究背景和分析前提。然而,从他们所使用的研究方法来看,新制度经济学的分析架构仍旧是新古典的,其研究结果也有待进一步挖掘和深化。为此,本文将运用系统经济学的基本理论与研究方法,针对新制度环境的基本特征,把系统分析引入不完全信息和有限理性的经济学研究,从而提出经济系统可持续发展的层级战略思想。

---

* 本文原载于《数量经济技术经济研究》2003 年第 4 期,收入本书时略有删改。
[1] 波特.竞争战略[M].陈小悦,译.北京:华夏出版社,1997.
[2] 科斯,阿尔钦,诺斯,等.财产权利与制度变迁:产权学派与新制度学派译文集[M].刘守英,等译.上海:上海人民出版社,1994.
[3] 诺斯.制度、制度变迁与经济绩效[M].刘守英,译.上海:上海三联书店,1994.

二、战略的层级结构

层级战略的提出源于经济系统所具有的层次性。经济系统的层次性是系统经济学的重要概念之一。

在经济系统中，根据组织水平的不同，即选择 (f, θ, D) 相对性分类准则中的 θ 为组织水平，则可以把它划分为家庭经济系统、企业经济系统、产业经济系统、区域经济系统、国家经济系统、全球经济系统 6 个层次，如图 1 所示。

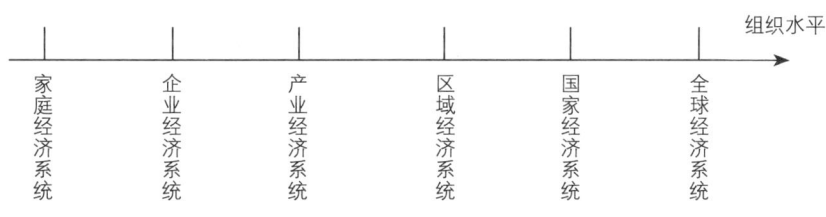

图 1　不同组织水平的经济系统

不同层次的经济系统和学科的对应关系如图 2 所示。

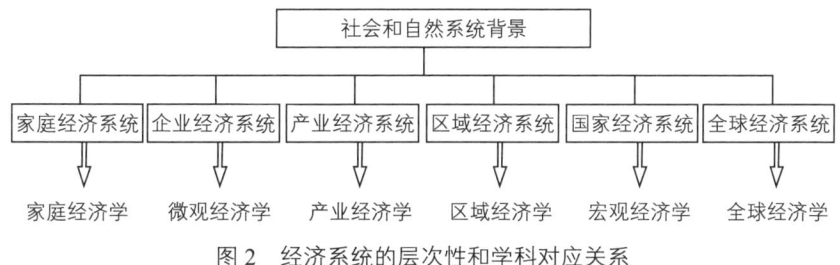

图 2　经济系统的层次性和学科对应关系

战略问题是我国社会主义市场经济制度建设过程中，各层次经济系统谋求长期可持续发展必然面对的一个关键性问题。根据经济系统的层次性及其与经济学科之间的对应关系，可以自然地推导出战略的层级结构：家庭战略、企业战略、产业战略、区域战略、国家战略、全球战略，如图 3 所示。

战略的层级结构包含两层含义：第一层含义是，战略是多层次的，在现实中存在不同层次的战略，典型的战略形式包括上述 6 种类型。第二层含义是，各个不同层次的战略之间存在一定的关系。一般来讲，高层次经济系统

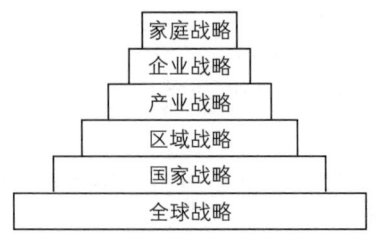

图 3　战略的层级结构

的战略对低层次经济系统的战略安排具有决定性作用。它为低层次经济系统的战略安排规定了一个基本范围，或者说设置了一个基本框架。在这个框架范围内，低层次经济系统可以自由地选择和安排经济战略，但不能超出这个框架，更不能与其相抵触。这就是不同层次战略之间的一般关系。

从时间和空间尺度上讲，高层次经济系统的战略所涉及的时间尺度和空间范围要比低层次经济系统的战略所涉及的时间尺度和空间范围更大。这是由高层次经济系统的特征时空尺度大于低层次经济系统的特征时空尺度这一客观属性所决定的。相对于企业战略来讲，国家战略要稳定得多。一个企业的管理战略可以根据情况随时修改，这样可以增加企业的竞争力，有利于企业的发展。但是，一个国家的战略就需要保持相对的稳定性。

一般来讲，与高层次经济系统的战略相比，低层次经济战略具有派生性、相对性和多样性的特点。具有相同的高层次经济战略的不同低层次经济系统，或者说，具有相同战略环境的经济系统，可以根据不同的具体情况而具有各不相同的战略安排。对于中国来讲，地域广阔、区域经济发展不平衡，要求我们必须探索出一套适合中国国情的战略体系，包括不同的区域战略、产业战略、企业战略和家庭战略等。

与战略的层次性相对应的是战略的全息性。战略的全息性根源于经济系统的全息性特征。战略的全息性是指不同层次的战略之间存在着一些共性的东西。从家庭战略、企业战略、产业战略、区域战略、国家战略和全球战略的已有研究成果中不难发现，它们之间共性的东西就是它们作为一种长期发展规划所具有的全局性和整体性。战略的层次性和全息性源于经济系统的层次性和全息性。

三、层级战略思想

（一）层级战略的含义

具体来说，层级战略是从新制度经济学的不完全信息和有限理性等基本假设出发，将系统经济理论引入经济学分析，通过粗粒化和宏观化的处理方法，将某一层次的经济系统放置在更高层次上进行观控的经济学思想和分析方法。

不完全信息和有限理性是新制度经济学在进行理论分析时的基本假设。越来越多的实证研究表明，这一假设更为合理和切合实际，它是展开经济学分析的理论背景和内在前提。

粗粒化和宏观化是处理不同层次经济系统问题的重要方法，也是层级战略思想的核心部分。简单地说，它是一种忽略局部复杂性、将局部事物进行宏观化处理的分析研究方法。

将低层次经济系统放置在更高层次上进行观控是层级战略思想的关键所在。在经济系统的有关论述中不难看出，每个层次的经济系统都有自己独有的特征和规律。一般来说，高层次的经济系统是以低层次的经济系统为载体的。高层次经济系统的功能通过低层次的经济系统来体现。低层次的经济系统是高层次经济系统的子系统或经济元，高层次的经济系统制约和支配着低层次经济系统的状态和行为，也就是说，低层次经济系统的发展和变化是以高层次的经济系统作为其背景来展开的。

从研究程序上讲，每个层次的经济系统可以单独研究，也可以同时进行研究，没有哪一个层次的经济系统更为优越。但是，当研究某一特定层次的经济系统的动态机制时，就必须在深入相对较低层次经济系统的同时，更为注重其较高层次经济系统的研究。这一方法在低层次经济系统存在大量信息不完备、有限理性和不确定性条件下尤为适用。

（二）层级战略的依据

层级战略思想是在系统经济学特征尺度的有关理论基础上提出的[①]，其基本依据是"宏观少变，微观多变"的科学规律。

特征尺度概念最早提出时是针对一般系统而言的。时间和空间是研究系统变化的基本时空框架。无论是有限还是无限的系统都有其一定的时间延拓和空间展开，空间和时间通过一定的过程联系在一起。我们把能够体现经济系统过程特征或者说经济系统本质变化的最小时间跨度叫作特征时间尺度。系统的每一变化过程的特征时间尺度从客观上决定了我们研究它所需要的资料的最短长度和研究周期。特征时间尺度越长，涉及的空间范围亦越广。我们把与特征时间尺度相对应的空间范围称为系统的特征空间尺度。特征时间尺度和特征空间尺度合称特征时空尺度，简称特征尺度。

从经济系统的层次性出发，特征尺度具有以下特点：层次越高，特征尺度越长。不同层次经济系统的特征尺度如图4所示。

经济系统的层次越高，体现经济系统本质变化的最小时间跨度越长，经济系统越少变；反之，经济系统的层次越低，体现经济系统本质变化的最小时间跨度越短，经济系统越多变。归纳起来，反映了"宏观少变，微观多变"的科学规律。

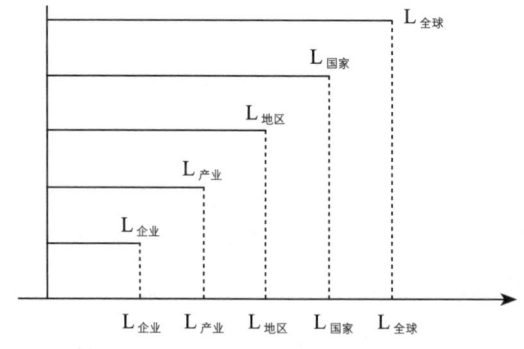

图4　不同层次经济系统特征尺度

[①] 昝廷全.特征尺度理论与企业发展战略的层级结构［J］.中国工业经济，2002（5）：86—90.

(三)层级战略的操作

层级战略思想在实践过程中的一个核心内容就是粗粒化和宏观化处理方法的运用。具体到应用层次,一个最简单的办法便是分类。分类是科学研究当中常见的一种方法,它通过寻找不同事物之间所具有的共性,界定事物的基本特征,从而促进人们在认识领域的不断深化。从其本质上说,分类的过程也就是微观宏观化的过程,即粗粒化的过程。在实践当中,应注意根据研究对象的特点选择适当的分类标准。

除了从系统本身的因素出发,采用粗粒化、宏观化的处理方法之外,对经济系统的非平衡约束进行观控是层级战略在实践过程中应注重的另一方面。经济系统的演化是通过适当的非平衡约束来实现的,或者说,演化受问题中出现的参数变化的影响。为此,层级战略在操作过程中除了要着眼于系统的自身因素之外,还应充分关注系统的非平衡约束,特别是系统控制参数的变化。

制度的拓扑模型*

制度是制度经济学的核心概念之一，制度的深入研究对于制度经济学，乃至整个经济学都具有十分重要的意义。本文试图建立制度的拓扑模型，这是制度建模的根本出路。

一、制度研究的一般模式

在制度经济学研究中，关于制度的研究应当包括哲理、数理和技理三个层次，即制度研究的哲学基础和定性分析框架、数学模型和定量研究、制度的应用研究和制度设计。对同一层次的制度问题，一般来讲都是从定性分析走向定量研究，从哲学层次（P）走向数理层次（M）。同一制度问题不同层次研究之间的关系与转化规律如下：

哲理（P_n）→ 数理（M_n）→ 哲理（P_{n+1}）→ 数理（M_{n+1}）→……

也就是说，在第 n 层次上的数理研究的基础上，或者说，当第 n 层次上的数理分析出现局限性时，就会要求在更高层次（第 n+1 层次）上的哲理突破，提出制度研究新的哲理框架以扩大原有理论的解释范围，化解原来层次上理论的局限性。

不难看出，要想使制度研究逐渐深入，即从第 n 层次深入到第 n+1 层

---

* 本文原载于《数量经济技术经济研究》2003 年第 8 期，收入本书时略有删改。

次，第 n 层次的数理研究（M）是必不可少的关键环节。换句话说，缺乏第 n 层次的定量研究，就无法从对制度第 n 层次的哲理研究升华到第 n + 1 层次的哲理研究。

二、行为空间的分类与栅格表示

制度的本质是对行为的约束和观控。为了建立制度的拓扑模型，首先必须从哲理层次上理清楚基本思路，在此基础上才有可能建立其有价值的数学模型。[①] 根据制度是行为空间中封闭曲线的思想，我们首先要对行为空间进行认真的分析和研究。所谓行为空间，就是经济主体各种可能的行为共同构成的抽象数学空间。行为空间中的每一个点就代表一种可能的行为。各种经济主体的具体行为不计其数，从制度设计的角度来看，人们不可能针对每个具体的行为都设计出一种具体的制度，只能把每一类行为作为制度设计的基本对象单元。从数学上来讲，与制度设计所对应的行为空间不是引入拓扑结构的欧几里得空间 R^n，解决问题的关键是要对欧氏拓扑空间进行转化，即必须从 R^n 上的常用拓扑空间转向它的准商拓扑空间。从 R^n 的常用拓扑空间到 R^n 上的准商空间的转化带来了行为从无限到有限的转化、从微观到宏观的转化、从不可操作到可操作的转化，最终表现为从形系统到影系统的转化。这里形系统表示现实存在的所有行为，影系统表示划分出来的行为商空间，即

行为商空间 = $(B/d(f, \theta, D), f'(B/d(f, \theta, D)))^2$

这里 B 表示现实存在的各种具体行为构成的空间，$B/d(f, \theta, D)$ 表示用分类相对性准则 (f, θ, D) 进行商化所得到的行为商系统，$B/d(f, \theta, D) = \{B_1、B_2、\cdots\}$、$B_1$，$B_2$，$\cdots$ 表示不同类型的行为，f' 表示不同类型行为之间的关系。实际上，这个形式化表示也显示出了原型行为空间与模型行为空间之间的关系，这种关系被称为形影关系。

[①] 昝廷全. 制度的数学模型与制度设计的两个基本准则 [J]. 中国工业经济，2002（2）：66–69.

三、制度的拓扑模型

制度可以用行为空间中的一条封闭曲线来表示，我们将该曲线称为制度曲线。

将行为空间商化之后可以将其用栅格空间来描述，因此，我们可以用栅格空间中的封闭曲线来描述制度（见图1）。

制度曲线必须是封闭曲线，其意义在于它能够清晰地区分出制度内部和制度外部。在行为空间中、制度内部的行为被认为是制度所允许的，制度外部的行为被认为是制度所不允许的。在制度内部和制度外部之间往往存在一个制度边界，制度边界是对科斯提出的"制度灰色地带"的形象刻画。在图1中，每一个小方格就相当于一个基本的行为类型，对特定的制度 L 来讲，一个小方格中的所有行为被认为是等价的，即要么全是制度 L 允许的行为，要么全是制度 L 不允许的行为。在栅格空间 B/θ 中、全部包含在制度曲线 L 内的小方格的就构成了制度内部（见图2），是制度明确允许的行为集合。

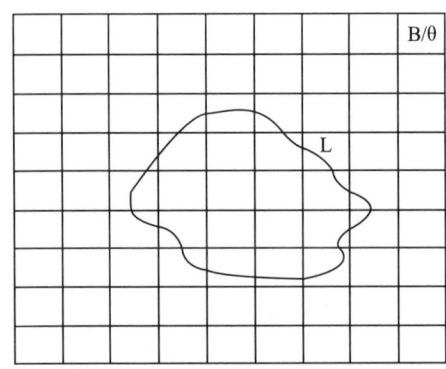

图1　可以用栅格空间 B/θ 中的封闭曲线 L 描述制度

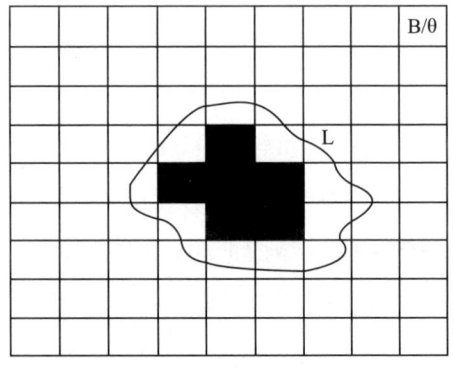

图2　制度内部（制度内近似）
Institutionin（1）L=L/θ

在栅格空间 B/θ 中，制度曲线 L 外部与制度曲线 L 完全不相交的小方格的全体就是制度外部（见图3），是制度 L 明确不允许的行为。

制度外部等于栅格空间 B/θ 减去 L·θ，L·θ，被称为制度外近似（见图 4），与之相对应，我们也称制度内部为制度内近似。

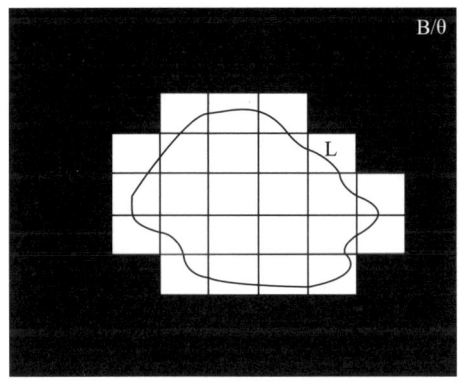
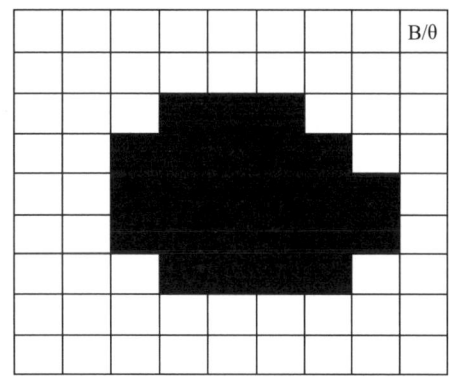

图 3　制度外部：
Institutionext（θ）L=B/）−L·1）

图 4　制度外近似：
Institutionex（（）L−L·（1

显然，制度边界 B∩d（θ）L 等于制度外近似减去制度内近似（内部），如图 5 所示。

常用的栅格空间中的格子都是大小相同的正方形。在这个条件下，正方形的边长就成为区分栅格空间的量度。栅格空间的格子是由 R^2 上的某个相容关系 θ 对 R^2 商化后得到的，这样，对行为的分类准则 θ 确定了，栅格空间就唯一确定了。

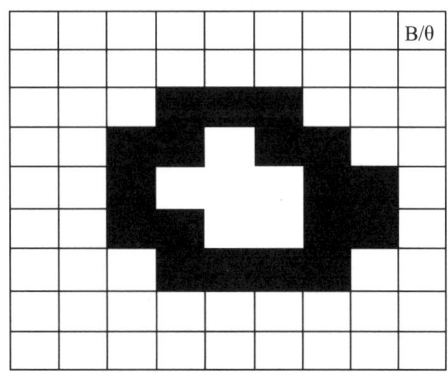

图 5　制度边界
Bnd（θ）L=Institutionex（θ）L−Institutionin（θ）L

四、结论性讨论

制度建模的根本出路在于拓扑模型。为了建立具有可操作性的制度拓扑模型,我们必须从描述行为空间的欧氏拓扑空间 R^n 转向它的准商拓扑空间 R^n/θ,其哲理依据在于我们不可能为每个具体行为都设计一个专门的制度,制度设计只能针对某些基本的行为类型(行为等价类)。行为空间的商化空间可以用栅格空间表示,因其具有较好的直观性,同时不失数学结果的普适性。

尽可能使制度边界趋于零是制度设计的一项基本准则,本文的研究表明,可以通过对栅格空间的加细具体做到这一点(见图 6)。

本文的研究是制度拓扑建模的第一步,还有大量的问题需要研究。

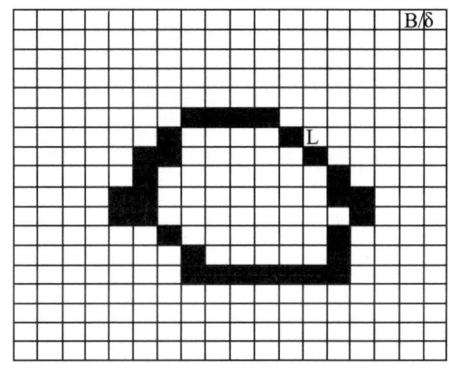

图 6　制度边界变小的方法:栅格加细

关于系统经济学研究的若干问题*

随着科学技术的进步，社会经济的发展，人类向自然攫取的强度和速率与日俱增，进而产生了全球性的人口、资源、环境、经济和社会等问题。这些问题之间存在着复杂的因果生克关系，构成了一个"问题群"。要对这样的"问题群"进行有效的分析和运筹，任何传统的单一学科都显得无能为力，因而必须采取多学科联合攻关的方式。最近，由国际高等研究机构联合会（IFIAS）、国际社会科学协会理事会（ISSC）和联合国大学（UNU）联合制定的"全球变化中的人类作用计划"（HDGCP）[①]（明确提出要根据问题来组织不同学科的力量，而不是相反。由于问题本身的复杂性和综合性，需要发展一些新的概念、理论与方法，需要有一种新的思维方法和概念性框架。实际上，这种新型的科学范式正在出现，就是系统科学。钱学森认为，系统学是系统科学的基础学科。本文从学科发展规律的论述开始关于系统学的产生发展、基本概念、公理化结构的讨论，提出系统学的基本研究内容可以划分为五个方面：特征时空尺度问题、进化问题、稳定性问题、系统的观测与控制问题及系统评价问题，并逐一进行简要论述。

---

* 本文原载于《系统工程理论与实践》1993年第6期，收入本书时略有删改。
① 昝廷全.全球变化中的人类因素计划（HDGCP）[J].地球科学进展，1991（1）：73-76.

一

任何一门学科的产生和发展，都有其独特的社会历史条件和推动发展的因素。按照辩证唯物主义和历史唯物主义的观点，首先，社会生产实践的需要是任何学科产生和发展的直接动力因素，其次，学科发展所处历史时期的科学技术的整体发展水平是一门学科产生和发展的内在动力因素。例如，电子计算机的出现对系统科学的巨大推动作用。实际上，系统科学正是顺应了学科发展的规律，在20世纪社会生产实践的需要和科学技术高度发达的基础上产生并发展起来的。

虽然系统工程方法的应用可以追溯到古代，如我国战国时期（公元前250年）秦国太守李冰父子主持修建的都江堰水利工程，但是系统科学作为一门学科的历史还很短，其本身的学科结构还很不完善，以致有人说："系统科学本身并不系统。"实际上，这是任何一门学科的发展所必然要经历的阶段。为了便于关于系统学学科建设的讨论，我们首先谈一谈一门学科的结构构成。一门学科的完整结构是由概念、公理以及运用严密的逻辑推理得到的结论（定理）三者构成。学科发展初期，主要是通过对被分解开来的研究对象的某些侧面的研究，形成一些具体概念、范畴、原理和定律，它们之间也许并无什么联系。随着有关研究对象的知识量的积累和增加，通过综合整理，抽象出一些更具普适性的基本概念、原理和定律，借助于逻辑手段，将其组成一个严密的理论体系。

二

"系统"（System）是系统科学的中心概念之一。因此，弄清楚系统的定义对系统学的研究来说具有基本的重要意义。什么叫系统？几乎有多少个从事系统学研究的人就有多少种说法。比较通用的一种说法是，系统是由一组相互联系、相互影响的元素组成的集合。根据辩证唯物主义世界观，世界上的万事万物都是相互联系、相互影响的，是不是把世界上的万事万物都看成系统就可以了呢？如果仅仅是这样还有什么必要创立系统学呢？事情并不这样简单。系统学是比哲学低一个层次的研究，系统学中的系统概念具有特定的含义。

系统学中的系统要求各组成元素和子系统之间相互联系、相互影响是相对于某一明确的特征而言的。更重要的是，系统各元素与子系统之间的相互联系相互影响的强度使系统相对于其特征而言要具有整体性。例如，在一片空旷的土地上栽上许多小树。当树苗很小时，尽管树苗之间也存在万有引力作用，但树苗之间的生态相互作用还很微弱，还不足以使这一片树苗构成一个生态系统。这是因为此时还不具有生态学意义上的整体相互作用[1]。具体一组元素什么时候可以被看作一个系统，系统形成的标志是什么，如何测度等问题，这方面的研究并未引起足够的重视。但其对系统学的研究至关重要且有着强烈的应用背景。例如，生命的起源问题和人工系统的设计与组建问题等都与系统的形成问题密切相关。泛系方法论（Pansystems Methodololgy）关于泛权场网模型的研究使这方面的研究有了重要进展[2]。

三

每门学科都有自己的基本概念和术语。但是，对概念的定义一定要符合简单化原则。新定义的概念越少越好。因为一门学科的发展水平并不取决于新概念的多寡，新概念越少越易于学习和掌握，使人们在认识世界和改造世界的过程中更加自由。

对学科的新概念的定义和理解，应该放在一定的科学背景之下，要放在一定的理论框架之中。特别是在当代新学科新概念不断涌现的情况下，新的学科名词层出不穷，对一些概念的定义和理解也有些混乱，有时同一名词在

---

[1] 昝廷全，刘宗超.非线性生态系统的复杂动力学行为研究（Ⅲ）[J].应用数学和力学，1991（7）：607-612.
[2] 昝廷全，吴学谋.经济系统的泛权场网模型与运筹方法[J].系统工程，1991（5）：20-24.

不同的学科或领域中含义相去甚远。目前，学术界关于熵（Entropy）的争论部分就是因对熵的理解混乱造成的，经典热力学中关于熵的概念最早由克劳修斯（Clausius）提出，其定义式为：

$$\Delta S = \frac{Q}{T}$$

其中，Q 为环境供给系统的热量，T 为温度，ΔS 是所研究的热力学过程不可逆程度的一种测度。统计力学中熵的定义由如下 Boltzmann 关系式给出：

$$S = k ln w$$

其中，k 为 Boltzmann 常数，w 为分子热运动的热力学 n 率。这就是说，熵是分子热运动状态的概率大小的度量，也可看作分子热运动的混乱度或无序度。

信息论和控制论中熵的定义式为：

$$H = -\sum p_i ln p_i$$

其中，P 为概率。当各运动状态以等概率的方式出现时，上式可简化为：

$$H = ln w$$

由以上的叙述可以看出，有两种熵的概念：一种是热力学熵，它只能用于描述系统的热运动这种特定的运动方式，另一种是来自信息论和控制论的广义熵，它可用于描述系统的从热运动到生命活动的任何一种物质运动方式的混乱度或无序度。广义的负熵与信息等价，是系统有序程序的度量。显然，热力学熵是广义熵的特例，后者是前者的延伸和推广。如果混淆了不同水平上的熵，就会得出错误的结论而使争论变得毫无意义。因此，在系统学研究中，应当尽量避免出现具有不同含义的相同概念名词，以免引起概念上的混乱局面。

顺便指出，科学术语都应有其明确的内涵和外延，而自然语言的含义往往具有多义性和模糊性。因此，我们在阅读文献时一定要注意科学术语和自然语言的区别，有时虽然二者在字面上相同但意义却大相径庭。此外，在科技论著的写作中要尽量使用科学术语（科普读物除外），以保证学术思想的准确表达。例如，我国经济学界近年来使用"经济滑坡"概念的含义往往令人很难准确把握。当然，人类永远也离不开思辨与自然语言。科学概念和术语是律化了的自然语言，属于人工语言的范畴，它为思维提供了较好的载体。①

四

系统科学的形式化结构之所以至今还没有建立起来，最主要的原因是其公理系统没有明确地构建起来。所谓公理，就是某种"第一原理"，是一门学科理论的基石和出发点，是一种不需要证明的前提或假设。例如，爱因斯坦（Einstein）相对论中的光速不变原理和物理定律的协变原理在整个相对论的发展过程中是不需要证明的两条假设（公理）。当然，公理的提出也不是凭空想象的，它是对大量客观事实和科学实验的高度概括与总结。一门学科的公理应当满足如下四个条件：

（1）公理之间互不矛盾。
（2）每条公理相互独立。
（3）公理系统要具有完备性。
（4）公理要尽可能少。

定理是应用概念、公理（原理），加上逻辑推理而形成的科学结论。根据定义不难看出，人们可以很方便地根据因果小环境原理进行定理的形式推广。例如，改动概念的定义、对公理或定理的前提进行限定或放宽，都会得到新的"定理"，即原来的定理的形式推广。"新定理"的价值和取舍取决于它的意义。

关于系统科学的研究方法已有很多文献论述，这里仅仅着重指出一点：还原论思想方法的背景从数学上讲是线性系统理论，其满足叠加原理，即

$$L\sum_i (C_i X_i) = \sum_i C_i L(X_i)$$

只有非线性理论才能真正解决还原论与整体论之间的争论，在不同的参数取值情况下，其可能满足"整体大于部分之和""整体等于部分之和"和

---

① 张保平，昝廷全. 系统动力学流图的泛系分析［J］. 天水师专学报，1991（4）：47–49，52.

"整体小于部分之和"①。

当然，还原论与整体论或系统论之间的差别远不只是线性与非线性的问题。传统还原论的观点把事物机理的探索逐步还原为下层子系统的机理，包括强行割断子系统之间的某些相互联系的作用，特别是非线性的相互作用，其还原相当于一种硬还原。类似的还有历史上的机械论。与还原论的观点不同，整体论或系统论观点倾向于严谨精细而又整体的思维方式，强调"个体来而复去，而整体却一直维持着"的整体特性，强调系统的各子系统相互构成对方的环境因而不得不相互协变，从广义系统的观点来看，系统论观点强调了系统的"软件"的作用②。

另外，在这里顺便谈一谈学科发展水平、定性研究与定量研究之间的关系。一般地讲，对同一物质运动层次而言，学科的发展都是从定性走向定量，定量研究又反过来促进定性的发展。它们三者之间是辩证的关系。因此，在学科的发展过程中片面地强调定性研究或定量研究都是不妥当的。没有定性就无从进行定量研究，没有定量作支持，定性就会显得苍白无力。所以，不能笼统地说一门学科定量研究越多其发展的水平就越高，这句话只对同一物质运动层次而言才是有意义和正确的。

五

系统学的研究内容大致可以划分为五个方面：特征时空尺度问题、进化问题、稳定性问题、系统的观测与控制问题和系统评价问题等。特征时空尺度问题、进化问题和稳定性问题属于系统自身的变化规律，而系统的观控和评价是加进了人的因素后，在系统的前三个问题的基础上发展起来的。下面对前述五个方面的问题逐一进行简要论述。

---

① 昝廷全，吴学谋. 经济系统的泛权场网模型与运筹方法 [J]. 系统工程，1991（5）: 20-24.
② 吴学谋. 从泛系观看世界 [M]. 北京：中国人民大学出版社，1990: 194.

1. 特征时空尺度问题

时空尺度是研究系统变化的时空框架。这里首先要区分两种概念：本征时间和本征空间。无论是有限还是无限的系统，都有其一定的时间延拓和空间展开。时间和空间通过一定的过程发展联系到一起，如冻结壁冻土圈层的时空变化等。[1][2] 不同的运动过程的时间尺度不同，各个过程之间的差别甚大。例如，地质时代就是一个相当漫长的时间跨度，而某种生命过程的时间跨度也许只有几分钟，甚至稍纵即逝。我们把能够体现系统过程特征的时间跨度叫作本征时间。系统的每一种变化过程的本征时间决定了我们研究它所需要的资料系列的最短长度和研究周期。本征时间越长，涉及的空间范围越广。我们把与本征时间相对应的空间范围称为系统的本征空间。本征时间和本征空间合称本征时空。关于本征时间和本征空间之间的定量关系还有待于进一步研究。

人们选择的研究问题的时间区段的空间范围与本征时空不同，它不是唯一地由系统自身的变化过程决定的，而是根据人们的研究兴趣和可能条件等许多因素共同决定的。但是，必须与系统的本征时空尺度相匹配。只有这样，才能真正揭示事物变化的规律，使研究工作具有科学意义。例如，试图利用几分钟时间区段内的资料系列来研究全球变化的规律恐怕不会得出什么有价值的结论。但是，研究问题时对时间和空间尺度的选择也要顾及实际情况，如果时间尺度选得太长，与当前利益脱离太远，政府和公众不感兴趣，或者人们很难看到问题的结果，研究工作都将难以进行。例如，《国际防灾十年计划》选择的时间尺度是十年，《二〇〇〇年的中国》课题选择的时间尺度是 10 的数量级等。

系统思想认为，系统具有层次性。系统的不同层次的运动变化过程具有不同的特征，人们可以对其进行分门别类的研究。例如，对生态系统的各层次而言，每个层次都有其特殊的变化过程和规律，人们可以同时对个体生态

---

[1] 昝廷全. 系统方法在冻土研究中的应用［J］. 自然杂志，1985（11）：825-829.
[2] 昝廷全. 交叉科学研究：应用系统分析［M］. 兰州：甘肃科学技术出版社，1989.

系统、种联生态系统、群落生态系统等进行研究，也可以单独地对其中某一个层次的生态系统进行研究，从研究程序上讲，没有哪一个层次比其他层次更为优越①。人们所选择的时空尺度应与所研究层次的变化过程的特征时空尺度相匹配。通过系统的物质流、能量流和信息流的数量变化关系可以标示系统的本征时间和本征空间，本征时间和本征空间经过一定的发展过程可能会在某处发生耦合，我们称其为系统变化的"时间耦合现象"。这里，"耦合"是一个特化的概念，专指时间和空间上最大振幅同步的现象。我们曾经利用这一思想讨论过经济系统的"时空耦合效应"②。

2. 进化问题

我们知道，现实中的系统都是长期进化的结果并在持续演化。但是，在以牛顿力学为代表的经典科学中，系统被看作一部机器，它的各组成部分由相互作用力联结在一起，对系统的解释就等于对这种相互作用力的描述，而对系统如何具有这样的特征并没有提供任何解释。实践证明，这种理论适合描述可逆过程。

受牛顿机械论世界观的影响，法国经济学家瓦尔拉斯（Walras）提出了一般均衡模型（瓦尔拉斯模型及其各种变型是对经济系统的一种机械性描述）。他们描述了经济系统的"典型变量"之间的相互关系，而对于经济系统何以具有这种特征没有提供理论上的解释。尽管存在这种明显的缺陷，但由于当时社会生产力水平比较落后，经济系统处于近平衡状态，所以这种基本模式所提供的理论解释基本上能够与客观实际相符。

现代科学的研究表明，非平衡、非线性、不稳定、多样性才是系统的本质。各种各样的系统都是在非平衡的状态下演化的。演化可能导致系统出现新的结构，即使在相对简单的物质系统中也会发生质变。近年来，耗散结构理论和协同学通过对物质系统的研究在这方面有了重大进展。系统学的进化理论就是对这些研究成果进行理论上的综合与总结。

---

① 昝廷全.非线性生态系统的复杂动力学行为研究（Ⅰ）[J].应用数学和力学，1988（10）：925-931.

② 昝廷全.试论非线性经济系统的基本特征[J].兰州大学学报，1988（4）：13-18.

进化理论包括如下两个方面的研究内容：进化的微观机制研究和如何建立关于进化的数学模型。关于系统进化的微观机制研究，目前已经有了较多的成果。对于一个远离平衡态的系统，它的内部相互作用是非线性的，这样的系统具有"初值敏感性"，即能够使系统的小的输入被放大，导致对称破缺的不稳定性。这种不稳定性蕴含着系统行为的一个潜在的可能性空间，典型的可能性空间呈树状结构。树的不同分支之间具有本质的差异。在这种高度不稳定的临界状态，系统通过探索特定情景的稳定性，而且视关键时刻出现何种"涨落"而跃变到某一新分支，从而创造出系统新的结构。这样，系统新的进化机制就会自然生成。

为了建立描述系统进化的数学模型，就要把在"平衡模型"中未加考虑的微观多样性纳回到模型中来。众所周知，平衡模型由系统的"典型变量"组成，它们只不过与系统的平均值状态有关。实际上，系统存在着比在平衡模型中所考虑的多得多的微观多样性。因此，建立描述进化的数学模型的关键在于，如何重新考虑在平衡模型中未被考虑的非平均态效应，和从复杂的系统变量和行为中提炼出什么东西，并将其约化为进化模型。我们通过把系统的行为划分为理性主义和完全非理性主义两种极端类型来探索经济系统的进化模型，探索目前仍在进行中。[①]

3. 稳定性问题

稳定状态是系统十分特殊的状态。粗略地讲，所谓稳定状态，就是不随时间发生变化的状态。稳定性研究的重要意义不在于稳定性本身，而在于揭示系统在什么条件下将失去稳定，从而导致系统内部差异的产生和复杂行为的出现，进而产生新结构和新组织。稳定本身并没有意义，只有在演化中才能不断产生和提供进一步发展的机会和途径。

任何真实的系统都不会在时间推移过程中永远停留于某一固定的状态，这有系统的内部和外部两个方面的原因。从内部原因来讲，现实中的系统大都是由大量元素组成的巨系统，对于这样的系统只有从统计意义上去理解系

---

① 昝廷全.系统经济学探索：概念与原理[J].大自然探索，1991（2）：38-42.

统的状态变量值，它们要么是真实状态的平均值，要么是状态变量所能达到的最可几值。因此，理论值和实际观测值之间将呈现连续不断的偏离。这种偏离是源于系统的内部原因自发产生的（本征偏离），人们称其为"涨落"。顺便指出，近年来学术界有人把涨落分为"内部涨落"和"外部涨落"显然是不妥当的。所谓"外部涨落"，实际上指的是环境造成的"背景噪声"。从外部原因讲，任何系统都以其特定的方式与一定的环境相联系。环境通过与系统不断地交换广义流（物质流、能量流、信息流等）对系统的状态发生影响。因此，要想无比精确地控制系统的状态变量实际上是不可能的。由来已久的"实验误差"和"置信区间"就源于此。

与稳定状态相对应的是不稳定状态。把系统的状态分为稳定状态和不稳定状态是为了便于理论分析和研究的深入。稳定状态通常又被细分为李雅普诺夫稳定性（轨道稳定性）、渐进稳定性（渐进轨道稳定性）、局部稳定性和整体稳定性等。对于孤立系统的稳定性可用李雅普诺夫函数来准确刻画，而对于远离平衡的开放系统的稳定性目前还没有普遍的判别准则。后者恰恰是系统学的稳定性理论所要研究的主要内容。

既然严格意义上的稳定状态在实际中是很难存在的，我们可否换一个思路来研究这个问题：从实质上讲，稳定状态就是一种不变之中有所变，变中有所不变的泛对称状态。不难证明，前述各种稳定性都是特化的泛对称状态。我们也许可以用泛对称的思路来发展系统的稳定性研究，进而揭示系统的稳定与不稳定转化的一般规律。当然，其具体途径有待于进一步探讨，但这至少为稳定性研究提供了新思路。①

4. 观控问题

系统学的研究可分为三个方面或三个层次，即系统的本体论、系统的认识论和对系统的控制。它们分别对应于世界的客观属性、对世界的认识和对世界的改造。实际上，认识世界和改造世界常常是结合在一起的。系统学的观控问题主要研究这二者结合在一起的模式、功能和规律。

---

① 昝廷全.泛系理论概述［J］.系统工程，1988（6）：19-20.

这里的观测是指探取或获得对象事物的状态、内外结构、内外关系的情况与信息，这里的控制是指改变对象事物的状态或结构。观测与控制合称观控。观控的方式、方法、仪器、工具和某些中介系统等简称观控模式。观控问题自然涉及观控主体和观控客体的概念。泛系理论推广了认识论中主体和客体的概念，把对象事物看成广义的客体，与之对应的是广义主体。由这里的定义不难看出，广义主体和广义客体都是抽象模式化了的。例如，广义主体可以是一个抽象自动机，或者是一种坐标系，也可以是一种概念系统或作为参证框架的理论系统，自然也可以是一种观点。对认识论来说，最重要的主体是社会化的人或社会系统。

人作为广义主体与其他广义主体有极大差别。这是因为人具有社会性，有人造的广义系统作为其辅助手段、工具、方式方法与广义环境。人不只是简单地观测对象，而是在观控结合中观测对象，而且还观控这种观控过程，观控主、客体之间的关系。人的观控能力本质上是非个体性的，它是社会相应能力的缩影再加上个人能动性的结合再现。另外，人作为一种社会化的广义体，他的观控是有社会价值观的，如善恶观、生克观和运筹目标等。实际上，这也正是系统评价复杂性的根源之一。系统学的观控问题研究，除了为人们提供一种认识世界和改造世界的泛系观控模式之外，还可以具体推广传统控制论的研究，为人工智能的基础性研究提供新的突破口。

5. 系统评价问题

系统的评价是相对于单个（或某些）目标而言的。评价一个系统或设计一个系统首先都应该有一个明确的目标，然后才能确定评价标准，进而制订评价指标。系统的评价指标往往很多，其构成一个指标体系。指标体系中的某些指标之间可能是相互矛盾的，这就要求人们根据自己的偏好和理性的思考在其中作出选择。从纵向上讲，指标体系可以划分为短期目标、中期目标和长期目标，从横向上讲，指标体系可以划分为整体（利益）目标和局部（利益）目标。协调各种目标的基本原则是宏微兼顾，局部利益服从整体利益。不论从纵向还是横向上讲，指标体系之间都存在有复杂的因果生克关系，而且它们还与价值观和伦理观相联系，构成了一个复杂的因果生克关系网络。

我们具体发展了一些处理因果生克关系的数学模型与方法①，这里不再赘述。

顺便指出，在不指明目标系统的情况下，笼统地说系统的有序程度越高越好是不妥当的。例如，许多犯罪分子组成一个犯罪集团之后，其有序程度显然是提高了，但其对社会构成的危害反而更大。因此，在谈到系统的评价时一定要明确其目标是什么。

六

以上选择了系统学研究在当前所存在的一些典型问题进行了讨论，以求教于学界同行，使系统学研究沿着正确的道路不断向前发展。不妥之处，请不吝指正。

---

① 昝廷全.经济系统的泛结构及其泛系观控分析［J］.兰州大学学报，1990（2）：31-36.

复杂系统的泛系聚类方法[*]

泛系聚类方法是分析运筹复杂系统的一种新方法,其主要内容是利用泛系算子把各种各样的二元关系族转化成各种半等价关系(相容关系),然后按半等价关系进行聚类划分。[①] 在泛系聚类方法的基础上,本文介绍了与系统科学、哲学、自然辩证法、经济学有关的一些泛系理法。

一、泛系算子与泛系聚类

相容化算子 ε_i 和相等化算子 δ_i 合称泛系算子,记为 θ。所谓泛系聚类,就是利用泛系算子 θ 将广义系统或泛结构[②③]转化为某种相容关系类或相等化关系。也就是说,θ 为如下映射关系:

θ:广义系统 → 相容关系类或相等化关系类。

设 G 为给定的集合,定义幺关系

$I = I(G) = \{(x, x) | x \in G\}$

包含幺关系的二元关系被称为具有自返性,这样的二元关系总体记为

$R(G) = \{f | I \subset f\}, f \subset A^2$

如果 $f = f^{-1}$,则称其具有对称性,其总体记为

---

[*] 本文原载于《应用数学和力学》1992年第6期,与吴学谋合作,收入本书时略有删改。
① 昝廷全,汪懋康,李百炼.泛系生态聚类生克分析[J].科学探索,1986,6(3):47-48.
② 吴学谋.从泛系观看世界[M].北京:中国人民大学出版社,1990.
③ 吴学谋.逼近转化论与数学中的泛系概念[M].长沙:湖南科学技术出版社,1985.

$S(G) = \{f \backslash f^{-1} = f\}$

并用 $S_a(G) = \{f | f \cap f^{-1} \subset I\}$

和 $T(G) = \{f | f^{(2)} \subset f\}$

分别表示具有反对称性和传递性的二元关系集合。这里 $f^{(2)}$ 表示复合 fof。

令 $E_g[G]$，$E(G)$，$L(G)$ 分别表示半等价关系，等价关系与半序关系形成的二元关系集合，则

$E_g(G) = R(G) \cap S[G]$

$E(G) = R[G] \cap S[G] \cap T[G] = E_g[G] \cap T[G]$

$L[G] = R[G] \cap S_a[G] \cap T[G]$

记 ε_i 为相容化算子，G 为给定的集合，$g \subset G^2$，则 $\varepsilon_i(g) \in E_g[G]$，按 ε_i 相容的聚类是 G 的

一些子集 G_j，记为

$G = UG_j(d\varepsilon_i(g))$

这就是按相容关系对 G 的聚类。G_j 实际上是 G 中相对于 ε_i 的最大相容子集，它满足

$G_j = max\{D | D \subset A, D^2 \subset \varepsilon_i\}$

它们之间可能相交，也可不相交，子集的个数可能是无穷大（$|\{j\}| \to \infty$）。以 G_j 为元素形成的集合叫作 G 对 ε_i 的商集或商系统

$\{G_j\} = G/\varepsilon_i$

由 G 到 G_j 的自然转化或二元关系

$f_{ei} = \{(x, G_j) | x \in G_j\} \subset G \times (G/\varepsilon_i)$

叫作商化，其逆转化 f_{ei}^{-1} 叫作积化。下面我们给出 ε_i 的具体定义。

定义 1（相容化算子） 设 $I = \{(x, x) | x \in G\}$，$g \subset G^2$，我们定义

$\varepsilon_1(g) = g \cup g^{-1} \cup I$，$\varepsilon_2(g) = \varepsilon_1(g \cap g^{-1})$

$\varepsilon_3(g) = \varepsilon_1(g^i \cap g^{-i})$，$\varepsilon_4(g) = \varepsilon_1(g \circ g^{-1})$，$\varepsilon_5(g) = \varepsilon_1(g^{-1} \circ g)$

$\varepsilon_{i+5}(g) = e_i(\bar{g}) = \varepsilon_i(G^2 - g)(i = 1, 2, (\cdots), 5)$

其中 g^i 为传递包。

根据上述定义，算子 ε_1 具有基本的意义。现在，我们具体讨论如何利用

算子 ε_1 把一般二元关系转化为半等化关系。

设 $g \subset G^2$ 为一般的二元关系，要把 g 改造为相容关系，就是使 g 满足自返性和对称性：

（1）使 g 自返化，即 $g \to g \cup I$，$I \subset g \cup I$。

（2）使 $g \cup I$ 对称化，即 $g \cup I \to (g \cup I) \cup (g \cup I)^{-1} = g \cup g^{-1} \cup I$。

令 $\varepsilon_1(g) = g \cup g^{-1} \cup I$，则 ε_1 为相容化算子，即 $\varepsilon_1 ; P(G^2) \to E_s(G)$，这里 $P(G^2)$ 为 G^2 的幂集。

例1 设 $G = \{1, 2, 3, 4, 5\}$，$g = \{(1, 2), (2, 3), (4, 5)\}$，求 $e_1(g)$，并按 $e_1(g)$ 聚类。

解 根据定义 $e_1(g) = g U g^{-1} U I$。所以

$\varepsilon_1(g) = \{(1, 2), (2, 1), (2, 3), (3, 2), (4, 5), (5, 4), (1, 1), (2, 2), (3, 3), (4, 4), (5, 5)\}$

按 $\varepsilon_1(g) \in E_s[G]$ 对 G 进行聚类，有

$G = \cup G_j(d\varepsilon_1(g)) = \{1, 2\} \cup \{2, 3\} \cup \{4, 5\}$

由此可见，这是一个不分明聚类。

定义2（等价化算子） 设 G 为给定的集合，$g \subset G^2$，我们定义

$\delta_1(g) = [\varepsilon_i(g)]^i (i = 1, 2, \cdots, 10)$

$\delta_o(g) = max\{\delta | \delta \in E(G), \delta \leq g\}$

$\delta_{11}(g) = \delta_o[\varepsilon_2(g)]$，$\delta_{12}(g) = \delta_{11}(g) = \delta_{11}(G^2 - g)$

这里的改造方案是容易理解的，因为等价关系就是在相容关系的基础上加一个传递关系。

因此，把 $\varepsilon_i(g) \in E_s[G]$ 传递化，就变成了等价关系。

δ_i 算子把广义系统或泛结构转化为某种等价关系。若 $g \subset G^2$，则 $\delta_i(g) \in E(G)$，从而有 $G = \cup G_j(d\delta_i(g))$

这就是按等价关系对 G 的聚类。与相容聚类不同的是，等价聚类是一种分明聚类，即 $G_i \cap G_m = \varphi (1 \neq m)$。

例2 设 $G = \{1, 2, 3, 4, 5\}$，$g = \{(1, 2), (2, 3), (2, 2), (4, 5)\}$，求 $\delta_1(g)$，并按 $\delta_1(g)$ 对 G 进行聚类。

解 根据定义 $\delta_1(g) = [\varepsilon_1(g)]^i = [g \cup g^{-1} \cup I]^i$ 则有

$\delta_1(g) = I \cup g \cup g^{-1} \cup g \circ g^{-1} \cup g^{-1} \circ g \cup g^{(2)} \circ g^{-1} \cup g \circ g^{-(2)} \cup g \circ g^{-1} \circ g \cup g^{-1} \circ g \circ g$

$\cup \cdots = \{(1,2),(2,3),(4,5),(2,1),(3,2),(2,2),(5,4),(1,1),(4,4),(3,3),(5,5),(1,3),(3,1)\}$

按 $\delta_1(g)$ 对 G 进行聚类，我们得到

$G = \cup G_j(d\delta_1(g)) = \{1,2,3\} \cup \{4,5\} = G_1 \cup G_2$

这里 $G_1 = \{1,2,3\}$，$G_2 = \{4,5\}$。由此可以看出，在 G_1 与 G_2 之间没有 g 的联系，即 G_1 与 G_2 对于 δ_1 是解耦的。

二、$\delta(1,3)$ 解耦与对偶转化原理

上面定义的泛系算子对于处理复杂系统提供了方法论性的和数学化的原理。下面主要介绍由算子 δ_1 和 δ_3 引出的 $\delta(1,3)$ 解耦原理和由 ε_θ 算子引出的对偶转化原理。

$\delta(1,3)$ 解耦原理对于给定的 $g \in P(G^2)$，$G = \cup G_j(d\delta(g))$，设 $\delta = \delta_1(g)$，则 G_j 之间没有 g 通道相连，从而 G 能分解为相对于 g 的绝缘子系统的充要条件是 $\delta_1(g) \neq G^2$；设 $\delta = \delta_3(g)$，则 G_j 之间或者相对于 g 为不相连通，或者只有单向串联通道，因而 G 能分解为相对于 g 绝缘或单向串联的子系统的充要条件是 $\delta_3(g) \neq G^2$。

根据上述原理，δ_1 算子使复杂系统分解为没有 g 联系的子系统 $G/\delta_1(g) = \cup G_j$，其充要条件是等价关系 $\delta_1(g)$ 不等于 G^2。δ_1 对于系统解耦的这种作用实际上是一种对关系 g 的黑箱化作用。据此，可以为控制论中的黑箱方法研究提供新的思路和启迪。

设 $S = (A, B)$ 为一个要黑箱化的系统[①]，其中 A 为某一给定的集合，B 为 A 上的关系集合。利用 δ_1 进行黑箱化的基本思路是先形成一个扩展系统

---

① 昝廷全. 泛系方法论概述[J]. 系统工程，1988（6）：19–20.

$Q = (C, D)$，$S \subset Q$，$A \subset C$。然后作投影 $f: C \to E$，E 为引入的 C 的影系统，目的是使 $f(A) \in E$，即在投影 f 作用下，把系统 S 的硬部 A 变为 E 中的一个元素，因此，A 的内部被屏蔽了。其具体步骤如下：

（1）构造一个扩形系统 $Q = (C, D)$，$S \subset Q$，$A \subset C$。

（2）求出 $\delta_1(A^2)$。

（3）用 δ_1 对 C 进行商化。

由此得到

$$C/\delta(A^2) = \{\{x_1\}, \{x_2\}, \cdots, A | x_i \in A\}$$

这时，A 成为 $C/\delta_1(A^2)$ 中的一个元素，相当于把 A 的内部屏蔽了。如果 A 中有两点，则黑箱化后变为一点，相应的点间连线变为自返的。若 A 内的点与 A 外的点有联系，将不受此影响。这相当于 $f: C \to C/\delta_1(A^2)$，$f(A) = A \in C/\delta_1(A^2)$。

算子 δ_3 使系统分解为没有 g 联系，或者只有单向 g 联系的子系统，因此 $G/\delta_3(g) = \cup G_j$ 是对于 g 中非单向性联系的"黑箱化"屏蔽。

利用 $\delta(1, 3)$ 解耦原理，可以推得下面的大系统分解原理：

大系统分解原理 对于泛权网络 $g: G^2 \to W$，$D \subset W$，则 $G = \cup G_j(d\delta_1(g \circ D))$ 表示 G_j 为 D 水平上的不可约基砖。在图论上表示 G_j 内是按 $\delta_1(g \circ D)$ 连通的，而 G_j 之间是相对绝缘的，即 G_j 之间没有权重属于 D 的路相联。当把 δ_1 推广为 δ_3 时，则对应一种广义可约性，G_j 内有 D 水平的强连通（参见定义4），而 G_j 之间或者 D 水平绝缘，或者只有单向的联系。

算子 ε_θ 能够使远与近、连接与间断等关系相互转化。更一般地，我们有如下对偶转化原理：

对偶转化原理 设 $\theta = \varepsilon_s(\delta)$，则 $\delta = \varepsilon_\theta(\theta)$。对 $\delta = \varepsilon_1(g)$，$\varepsilon_2(g)$，$\varepsilon_s(g)$，有 $\theta = \varepsilon_7(g)$，$\varepsilon_s(g)$，$\varepsilon_s(g^1)$。

证明 先证当 $\delta = \varepsilon_1(g)$ 时，$\theta = \varepsilon_7(g)$。

实际上，当 $\delta = \varepsilon_1(g)$ 时，

$\theta = \varepsilon_8(\varepsilon_1(g)) = \varepsilon_1(\varepsilon_1(g)) = \varepsilon_1(g)[\varepsilon_1(g)]^{-1} \cup I$

$= g \cup g^1 \cup (g \cup g^{-1})^{-1} \cup I$

$= (\bar{g} \cap \bar{g}^{-1}) \cup (\bar{g}^{-1} \cap \bar{g}) \cup I = (\bar{g} \cap \bar{g}^{-1}) \cup I$

而

$\varepsilon_7(g) = \varepsilon_2(\bar{g}) = \varepsilon_1(\bar{g} \cap \bar{g}^{-1}) = (\bar{g} \cap \bar{g}^{-1}) \cup (\bar{g} \cap \bar{g}^{-1})^{-1} U I = (g \cap g^{-1}) \cup I$

所以，当 $\delta = \varepsilon_1(g)$ 时，$\theta = \varepsilon_7(g)$。

类似地，可以证明其他各式。

对偶转化原理可以有多种语义解释。这里我们从事物的联系与解除联系的角度给出其解释：

（1）当 $(x, y) \in \delta = \varepsilon_1$ 时，由于 $\varepsilon_1(g) = g \cup g^{-1} \cup I$，表示 x 与 y 之间或者正向连接一次或者反向连接一次，称一次连通；这时 $\theta = \varepsilon_\theta(\delta) = \varepsilon_7(g) = (\bar{g} \cap \bar{g}^{-1}) \cup I$，表示 x 与 y 之间既没有用 g 正向连接一次，也没有用 g 反向连接一次，称一次解耦。因此，δ 与 θ 在 ε_θ 的作用下恰为连通与解耦的相互转化。

（2）当 $(x, y) \in \delta = \varepsilon_2$ 时，由于 $\varepsilon_2(g) = \varepsilon_1(g \cap g^{-1}) = (g \cap g^{-1}) \cup I$，表示 x 与 y 之间既要用 g 正向连接一次，又要用 g 反向连接一次，称一步强连通。这时，$\theta = \varepsilon_2(\delta) = \varepsilon_\theta(g) = \varepsilon_1(\bar{g}) = \bar{g} U \bar{g}^{-1} \cup I$，表示 x 与 y 之间或者没有一次正向连接，或者没有一次反向连接，称一步弱解耦。因此，δ 与 θ 表示一步强连通与一步弱解耦的相互转化。

（3）当 $(x, y) \in \delta = \varepsilon_3$ 时，$\theta = \varepsilon_\theta(g^t)$。这时表示的是强连通与弱解耦之间的相互转化。

三、连通与解耦关系

所谓连通性，是指 x 与 y 之间存在着某种通路，使 x 与 y 之间可用联系连接起来。连通有多种方式，下面是一些具体定义：

定义3（连通性） 当 $(x, y) \in \varepsilon_1(g^t)$ 时，称 x 与 y 之间具有 g 连通性，或可用 g 连接。

根据上述定义，$\varepsilon_1(g^t) = g^t \cup g^{-t} \cup I$，若 $(x, y) \in g^t = g \cup g^{(2)} \cup g^{(3)} \cup \cdots\cdots$，表示从 x 到 y 或者连接一次，或者连接两次，或者连接三次，$\cdots\cdots$，若 $(x, y) \in g^{-t} = g^{-1} \cup g^{-(2)} \cup g^{-(3)} \cup \cdots\cdots$，表示从 y 到 x 或者连接一次，

或者连接两次，或者连接三次……

定义 4（强连通） 当 $(x,y) \in \varepsilon_3(g)$ 时，称 x 与 y 之间具有强连通，或可用 g 强连通。

根据算子 ε_3 的定义，$\varepsilon_3(g) = \varepsilon_1(g^t \cap g^{-t}) = (g \cap g^{-t}) \cup I$。若 $(x,y) \in (g^t \cap g^{-t})$，表示从 x 到 y 既要正向连接一次、两次……，又要反向连接一次、二次……

定义 5（n 步连通） 当 $(x,y) \in \varepsilon_1(g^{(n)})$ 时，称 x 与 y 之间为 n 步连通，或可用 g 连接 n 次。

根据 $\varepsilon_1(g^{(n)})$ 的定义，$\varepsilon_1(g^{(n)}) = g^{(n)} \cup g^{-(n)} \cup I$，因此，$(x,y) \in \varepsilon_1(g^{(n)})$ 意味着 x 与 y 之间或者正向连接 n 次，或者反向连接 n 次。

定义 6（n 步强连通） 当 $(x,y) \in \varepsilon_2(g^{(n)})$ 时，称 x 与 y 之间为 n 步强连通。

实际上，

$$\varepsilon_2(g^{(n)}) = \varepsilon_1(g^{(n)} \cap g^{-(n)}) = (g^{(n)} \cap g^{-(n)}) \cup (g^{(n)} \cap g^{-(n)})^{-1} \cup I$$
$$= (g^{(n)} \cap g^{-(n)}) \cup I$$

所以，$(x,y) \in \varepsilon_2(g^{(n)})$ 表示 x 与 y 之间既要正向连接 n 次，又要反向连接 n 次。

连通性的反面是解耦性，它是指 x 与 y 之间解除了某种联系，因而 x 与 y 之间不存在某种通路。与连通性相对应，解耦亦有多种形式，下面给出几种典型解耦的具体定义：

定义 7（强解耦） 当 $(x,y) \in \varepsilon_7(g^t)$ 时，称 x 与 y 为强解耦。

根据定义，

$$\varepsilon_7(g^t) = \varepsilon_2(\bar{g}^t) = \varepsilon_1(\bar{g}^t \cap \bar{g}^{-t}) = (\bar{g}^t \cap \bar{g}^{-t}) \cup I$$

当 $(x,y) \in \varepsilon_7(g^t)$ 时意味着 x 与 y 之间既没有正向连接，又没有反向连接，因而是完全解除了联系的。

定义 8（n 步强解耦） $(x,y) \in \varepsilon_7(g^{(n)})$ 时，称 x 与 y 之间为 n 步强解耦。

实际上，

$$\varepsilon_7(g^{(n)}) = \varepsilon_2(\bar{g}^{(n)}) = \varepsilon_1(\bar{g}^{(n)} \cap \bar{g}^{-(n)}) = (\bar{g}^{(n)} \cap \bar{g}^{-(n)}) \cup I$$

当 $(x,y) \in \varepsilon_7(g^{(n)})$ 时，意味着 x 与 y 之间既无 n 次正向连接，又无

n 次反向连接。

定义9（弱解耦） 当 $(x, y) \in \varepsilon_8(g^t)$ 时，称 x 与 y 之间为弱解耦。

根据定义，$\varepsilon(g^t) = \varepsilon_1(\bar{g}^t) \cup = \bar{g}^t \cup \bar{g}^{-t} \cup I$。$(x, y) \in \varepsilon_\theta(g^t)$ 表示 x 与 y 之间或者没有正向连接，或者没有反向连接。

定义10（n步弱解耦） 当 $(x, y) \in \varepsilon_\theta(g^{(n)})$ 时，称 x 与 y 之间为 n 步弱解耦。

实际上，$\varepsilon_\theta(g^{(n)}) = \varepsilon_1(\bar{g}^{(n)}) = \bar{g}^{(n)} \cup \bar{g}^{-(n)} \cup I$。当 $(x, y) \in \varepsilon_\theta(g^{(n)})$ 时意味着 x 与 y 之间或者没有正向 n 次连接，或者没有反向 n 次连接。

根据以上讨论，我们不难得到如下定理：

定理1 若 $G = \cup G_i(d\varepsilon_3(g)) = \cup G_j(d\varepsilon_\theta(\varepsilon_3(g)))$，则 G_i 是强连通，G_j 是弱解耦。

证明 根据定义

$$\varepsilon_3(g) = \varepsilon_1(g^t \cap g^{-t}) = (g^t \cap g^{-t}) \cup I$$

当 $(x, y) \in \varepsilon_3(g)$ 时，意味着 x 与 y 为强连通。设 $x, y \in G_i$ 且 $(x, y) \in \varepsilon_3(g)$，则 G_i 为强连通。

ε_θ 为对偶转化算子，ε_3 为强连通算子，所以，$\varepsilon_\theta(\varepsilon_3(g))$ 为非强连通算子，即弱解耦算子。

若 $x, y \in G_j$，且 $(x, y) \in \varepsilon_8(\varepsilon_3(g))$，则 G_j 为弱解耦。

定理2 若 $G = \cup G_i(d\varepsilon_1(g^{(n)})) = \cup G_j(d\varepsilon_7(g^{(n)}))$，则 G_i 是 n 步弱连通，G_j 是 n 步强解耦。

证明 根据定义，若 $(x, y) \in \varepsilon_1(g^{(n)})$，意味着 x 与 y 之间可用 g 或者正向连接 n 次，或者反向连接 n 次，故 $x, y \in G_i$ 为 n 步弱连通。

当 $(x, y) \in \varepsilon_7(g^{(n)})$ 时，表示 x 与 y 之间既没有正向 n 次连接，也没有反向 n 次连接，故 $x, y \in G_j$ 为 n 步强解耦。

定理3 若 $G = \cup G_i(d\varepsilon_1(g^t)) = \cup G_j(d\varepsilon_7(g^t))$，则 G_i 为连通，G_j 为强解耦。

证明 当 $(x, y) \in \varepsilon_1(g^t) = g^t \cup g^{-t} \cup I = g \cup g^{(2)} \cup g^{(3)} \cup \cdots \cup g^{-(1)} \cup g^{-(2)} \cup \cdots \cup I$，表示 x 与 y 之间是连通的。故 $x, y \in G_i$ 是连通的。

当 $(x, y) \in \varepsilon_7(g^t) = \varepsilon_2(g^t) = \varepsilon_1(\bar{g}^t \cap \bar{g}^{-t}) = (\bar{g}^t \cap \bar{g}^{-t}) \cup I$ 时，表示 x 与 y 之间既无正向连接，又无反向连接。故 $x, y \in G_j$ 为强解耦。

四、复杂系统的层次分析

层次性是一种客观存在的事物属性。从泛系观来看[①]，层次是事物之间的一种特殊的泛序结构，可以按照不同的方法或方案引出事物的层次结构。泛系聚类为复杂系统的分层提供了一种新的思路和方法。

设有广义系统 $S = (A, f)$，$f \subset A^a \times W$ 为泛权关系，$a \in \{n, [n], *\}$，其满足

$$A^{[n]} = A \cup A^2 \cup A^3 \cup \cdots \cup A^n, \quad A^* = A \cup A^2 \cup A^3 \cup \cdots$$

并设

$$\theta : P(A^a) \to E_\theta[A]$$

为泛系算子，则对于泛权水平 $D \subset W$，$\theta(f^0 D) \in E_\theta(A)$，这时有泛系聚类：

$$A = \cup A_i(d\theta(f o D))$$

或 $S = \cup S_i(d\theta(f o D))$

A_i 或 S_i 就是相应于 (f, D, θ) 的 S 的下层子系统。

由此可以看出，系统分层具有相对性，其相对性准则由泛权关系 f，泛权水平 D 和泛系算子 θ 联合组成。泛权水平 D 可作多种解释，如可表示在泛权关系 f 与泛系算子 θ 体制下元素连通或解耦的程序等。当 $f \subset A^2 \times W$ 为泛权网络时，取 $\theta = \delta_1$ 或 δ_3，则子系统 S_i 内外反映一种对 $f o D$ 水平的连通性反差，其也有 (f, D, θ) 相对性，这深化了我们对系统层次概念的理解：按一种准则不能进一步分层不等于按另一准则也不可能；按一种属性泛权为低层的广义系统，按另一种属性泛权可以为低层，也可以为高层广义系统。根据相对性准则 (f, D, θ) 的不同情况，可以展开关于复杂系统的层次分析的内容更加丰富的讨论。

[①] 吴学谋．从泛系观看世界［M］．北京：中国人民大学出版社，1990．

经济学研究的三个基本层次：哲理、数理与技理*

——兼论经济学家的标准与分类

一、引言

如果从亚当·斯密发表《国富论》的1776年算起，经济学至今已有200多年的历史，在这个过程中，经济学家们围绕每个时代的主要经济问题进行了大量的研究。这些研究有的侧重于经济学基本概念和基本理论的研究，有的侧重于经济学的数学模型研究，有的侧重于经济理论的应用研究，相对应地形成了各种各样的经济学流派和学术理论体系。

为了正确认识和理解这些经济学家的学术工作，以及这些大师们的工作在整个经济学大厦中处于什么样的位置和角色，本文把所有的经济学研究内容划分为三个基本层次，即哲理层次、数理层次和技理层次。按照这种观点，可以很方便地把历史上所有经济学的工作"投影"到这三个基本层次上。这样一来，就可以清楚看到哪些经济学家的工作侧重于哲理层次，哪些经济学家的工作侧重于数理层次，哪些经济学家的工作侧重于技理层次。有些经济学家对经济学研究的两个层次或三个层次同时具有贡献。

---

* 本文原载于《数量经济技术经济研究》2001年第12期，收入本书时略有删改。

二、经济学研究的三个基本层次：哲理、数理与技理

通过认真的探讨和思考，我们认为，似乎可以把所有的经济学研究划分为关于经济系统的哲理、数理与技理这三个基本层次的研究。[1][2] 经济学研究的哲理主要是指经济学研究的系统化的世界观，其生命在于创新性、普适性、宏观战略性与启迪思维的功能。传统哲学追求普适性，即探讨各种各样的"对所有的 x 而言，满足 P (x)"。经济学研究的数理强调模型、定量和确切性，主要追求各种各样的"存在 x，满足 P (x)"。我们把经济学的哲理与数理统称为经济理论。经济学研究的技理主要研究经济理论的应用，准确地讲就是经济学研究的技理主要研究经济理论的应用方法、技术与具体的应用理法（rationales）。

如果用 P、M、T 分别表示哲理层次、数理层次与技理层次的研究，用 ER 表示经济学研究、则可以把所有的经济学研究"投影"到哲理层次（P）、数理层次（M）、技理层次（T）上，即

$$ER = P \cup M \cup T$$

为了便于直观理解，我们用哲理（P）、数理（M）和技理（T）作为三个坐标轴撑起一个三维笛卡尔坐标系，则任何经济学研究都可以看作上述三维笛卡尔坐标系中的一个向量，可以表示为：

$$ER = ER|_P + ER|_M + ER|_T$$

这里 $ER|_P$、$ER|_M$ 和 $ER|_T$ 分别表示经济学研究 ER 在哲理、数理与技理三个坐标轴上的投影。根据每个经济学家的工作在这三个坐标轴上的投影情况、我们就可以很方便地辨认出每个经济学家属于哪一种类型：是偏重哲理层次、数理层次，还是技理层次，或者是跨涉不同层次的"百科全书式"的经济学家。

---

[1] 昝廷全. 系统经济学（第一卷）：概念、原理与方法论 [M]. 香港：香港经济与法律出版社，1995.

[2] 昝廷全. 系统经济学（第二卷）：理论与模型 [M]. 北京：中国经济出版社，1997.

不仅对整个经济学研究可以划分为三个层次，实际上，对一个具体的经济问题（Q）的经济学研究（ER）也可以划分为哲理、数理与技理三个层次，都可以相对地按照哲理（P）、数理（M）与技理（T）这三个层次来展开。

三、哲理、数理与技理之间的关系与转化

昝廷全[①]论述了系统学研究中定性分析与定量研究之间的关系。该论述也适应于经济学，那里的定性分析对应于本文的哲理层次，那里的定量研究对应于本文的数理层次。定性分析是定量研究的基础。没有定性分析、定量研究就会失去方向；没有定量研究作支撑、定性分析就会显得苍白无力。这也是经济学的哲理研究与数理研究之间的基本关系。

对同一层次的经济系统或对相同层次的经济问题而言，一般来讲都是从定性分析走向定量研究，从哲理层次走向数理层次，即

哲理层次（P_n）→ 数理层次（M_n）

这里 n 表示经济系统或经济问题的层次。通过对不同层次的经济系统或同一经济问题的不同层次的深入研究，我们发现了不同层次研究之间的关系与转化规律。每一个经济学新的研究方向的出现，最早都是因为在原来的层次上数理模型无法解释经济现实时所诱导出来的，即

数理层次（M_n）→ 哲理层次（P_{n+1}）

也就是说，当第 n 层次上的数理分析出现局限性时，就会要求在更高层次（第 n+1 层）上的哲理突破、提出新的哲理框架以扩大原有理论的解释范围，化解原来层次上理论的局限性。纵观整个经济学理论的发展，基本上都是沿着下面这样一种轨迹展开的，即

哲理（P_n）→ 数理（M_n）→ 哲理（P_{n+1}）→ 数理（M_{n+1}）→……

在自然科学中，最典型的范例就是物理学，特别是理论物理学，它是兼顾哲理、数理与技理三个研究层次最好的学科。这对整个经济学的学科建设

---

① 昝廷全. 关于系统学研究的若干问题［J］. 系统工程理论与实践，1993（6）：25-28，22.

也具有一定的示范和启迪作用。

我们把哲理和数理这两个层次的经济学研究称为经济理论，即

经济理论 = 哲理（P）∪ 数理（M）

经济学研究的哲理、数理与技理三者之间的关系，除了包括上面所论述的经济理论的发展过程中哲理与数理之间的关系，还包括经济理论［哲理（P）∪ 数理（M）］与技理（T）之间的关系。① 我们知道，经济理论的目的在于解释和指导经济实践，并最终接受实践的检验。前面已经指出，经济学研究的技理层次是经济理论应用于经济实践的桥梁和中介。从一方面来讲，经济理论所对应的技理层次的研究和突破对它的实践功能的发挥具有非常重要的影响。从另一方面来讲，经济理论也只有经受实践的检验才能称得上是真正的科学理论，经济实践是经济理论发展的不竭动力。这有点类似于理论物理和应用物理之间的关系。杨振宁和丁肇中的基本粒子理论，只有在实验物理学家吴健雄在实验室证明之后，才变成一种真正的科学理论而被世人承认并获得诺贝尔奖。

综上所述，经济学研究可以划分为哲理、数理与技理三个层次，即

经济学研究（ER）= 哲理（P）∪ 数理（M）∪ 技理（T）

经济理论包括哲理和数理两个层次，即

经济理论 = 哲理（P）∪ 数理（M）

应用经济学主要属于技理层次的范畴。经济理论（或称理论经济学）与应用经济学（技理层次）之间的关系类似于理论物理与应用物理之间的关系。

四、经济学家的标准与分类

根据本文的研究，我们提出关于经济学家的如下标准：

所谓经济学家，应当在经济学研究的哲理、数理和技理三个层次上，或者至少在其中的某一个层次上具有相对系统的原创性研究。严格来讲，只在

---

① 昝廷全. 产业经济系统研究［M］. 北京：科学出版社，2001.

其中的某一个层次上具有相对系统的原创性研究只能称得上是经济学专家。可以将这一思想粗略地表示为：

经济学家 = 哲理（P）∩ 数理（M）∩ 技理（T）

经济学专家 = 哲理（P）∪ 数理（M）∪ 技理（T）

根据这个标准，我们可以很自然地区分出哪些人够得上"经济学家"的称号，哪些人自称或被媒体称为"经济学家"其实并不具备经济学家的资格，或者至多算得上是一个"经济学专家"。一般来讲，人们通常把经济学家和经济学专家统称为经济学家。

现代数理逻辑奠基人和分析哲学创始人之一弗雷格（G. Frege）曾经指出：一个好的数学家，至少是半个哲学家；一个好的哲学家，至少是半个数学家。显然，这种说法有些偏激，但是它确实具有一定的合理性。根据经济学家的标准，再参照这种说法，我们认为，一个优秀的经济学家应有较好的哲学修养，并具有较高的数理思维水平。

根据上述关于经济学家的标准和本文的研究，我们可以对经济学家进行分类。首先，把经济学家划分为理论经济学家和应用经济学家（技理经济学家）两大类，而理论经济学家又可以细分为专长于哲理研究的经济学家和专长于数理研究的经济学家。关于经济学家的分类，可以使我们更清楚地认识和评价经济学家的类型和角色。